船舶智能化与绿色技术丛书

船舶总布置智能优化设计方法

陈顺怀　汪　皓　著

科学出版社
北京

内 容 简 介

本书重点介绍船舶总布置智能优化设计方法，主要内容包括船舶布置优化设计研究现状、智能优化求解技术发展概述、船舶拓扑布置优化设计建模方法、船舶几何布置优化设计建模方法、基于膜计算理论的智能扩散求解算法、船舶总布置优化问题的智能协同求解技术，以及船舶总布置智能优化设计案例。

本书可作为船舶与海洋工程及相关专业研究生的辅助教材，也可作为相关专业工程技术人员和管理人员学习和工作的参考书。

图书在版编目（CIP）数据

船舶总布置智能优化设计方法/陈顺怀，汪皓著. —北京：科学出版社，2022.7
（船舶智能化与绿色技术丛书）
ISBN 978-7-03-072554-7

Ⅰ.①船… Ⅱ.①陈… ②汪… Ⅲ.①船舶设计-研究 Ⅳ.① U662

中国版本图书馆 CIP 数据核字（2022）第 108028 号

责任编辑：杜 权／责任校对：高 嵘
责任印制：彭 超／封面设计：苏 波

科学出版社 出版
北京东黄城根北街 16 号
邮政编码：100717
http://www.sciencep.com

武汉市首壹印务有限公司印刷
科学出版社发行 各地新华书店经销

*

开本：787×1092 1/16
2022 年 7 月第 一 版 印张：12 3/4
2022 年 7 月第一次印刷 字数：300 000
定价：98.00 元
（如有印装质量问题，我社负责调换）

"船舶智能化与绿色技术丛书"
编委会

主编： 吴卫国

编委（按姓氏拼音排列）：

    陈　宁　　陈顺怀　　程远胜　　胡以怀

    李天匀　　李文华　　廖煜雷　　刘敬贤

    欧阳武　　裴志勇　　吴卫国　　余永华

    袁成清　　张勇明

"船舶智能化与绿色技术丛书"序

近年来,世界船舶产业发展聚焦"智能"和"绿色"两大热点。国际海事组织、国际标准化组织等国际组织将"绿色智能船舶"列为重要议题,国际主要船级社先后发布了相关的规范或指导性文件,世界主要造船国家大力推进绿色智能船舶的研制与应用,船舶绿色智能化也成为我国船舶制造业发展的新机遇和新挑战。

绿色智能船舶中的"绿色"是指船舶在制造、运营、拆解的全生命过程中,以"绿色"为设计理念,在确保船舶质量、满足船舶的使用功能基础上,最大程度地降低成本,减少污染,提高船舶的资源及能源的利用率,打造环境友好型和资源节约型船舶。我国已将"碳达峰""碳中和"目标写入"十四五"规划,为配合国家 2060 年实现"碳中和"的目标,造船与航运业正在广泛开展船体节能技术(包括水动力节能和创新节能技术),替代燃料及主、辅机节能技术,航态优化与能效管理等技术的研究与产品开发。

绿色智能船舶中的"智能"是指利用传感器、通信、物联网、互联网等技术手段,自动感知和获取船舶自身、海洋环境、物流、港口等方面的信息和数据,并基于计算机技术、自动控制技术和大数据处理分析技术,在船舶航行、管理、维护保养、货物运输等方面实现智能化,以使船舶更加安全、环保、经济和可靠。2015 年,中国船级社发布了全球首部《智能船舶规范》,综合考虑了船舶安全、能效、环保、经济和可靠的需求,将(商用)智能船舶分解为智能航行、智能船体、智能机舱、智能能效管理、智能货物管理、智能集成平台等。经过划分后,各部分自成体系,而整体上又涵盖了船舶上的各类智能系统。

当前,我国正处于世界新一轮科技革命和产业变革同我国转变发展方式的历史交汇期,发展绿色智能船舶是实现船舶工业转型升级、由造船大国向造船强国迈进所面临的千载难逢的历史机遇。我国船舶工业和航运业在绿色智能船舶领域进行了有益探索,相关科研攻关取得积极进展,船舶智能化与绿色技术的工程应用初显成效,已形成一定的技术积累和产业基础,基本与国际先进水平保持同步。为了给广大船舶科技工作者系统介绍船舶智能化与绿色技术的研究成果,将国内与国际研究相结合,更好地为国家海洋强国战略服务,科学出版社组织国内多所高校的专家学者编著了"船舶智能化与绿色技术丛书"。

"船舶智能化与绿色技术丛书"重点介绍新技术与新产品,注重学科交叉,理论与应用相结合,系统性、专业性较强。本套丛书的推出将在引领我国船舶与海洋工程领域的基础研究、原始创新和规模化发展,加快船舶与海洋工程建设水平,促进船舶与海洋工程领域研究成果转化和相关先进设备的产业化进程，推进我国成为海洋强国等方面起到积极的作用。

随着新技术特别是人工智能技术的迅猛发展，丛书内容难免会有缺陷与不足，但希望在我国船舶领域的高等学校、科研院所、造船企业及相关科技界的关怀下，在参加编著的专家学者的共同努力下，丛书的出版能够为我国船舶与海洋工程的技术进步与创新、推动船舶产业的"绿色化发展、数字化转型、智能化升级"做出应有的贡献，并为船舶与海洋工程界的科研人员和高等学校师生提供参考和指导。

吴卫国

2022 年 2 月 18 日

前言 FOREWORD

海洋是人类生存发展的第二空间，已成为世界各国关注的焦点。船舶作为海上作业活动的必然载体，主要用于水上航行运输或固定水域工程作业。海洋的开发利用与船舶工程技术的发展密切相关。

随着现代工业技术和计算机信息技术的飞速发展，船舶呈现出大型化、复杂化和自动化的发展趋势，并在国防军事、科考科研和国民经济等许多方面占据十分重要的位置。船舶设计与制造涉及国民经济产业序列中约 80%的行业，是一个国家综合国力的体现。船舶设计被誉为"造船之母"，是现代船舶工业发展的核心环节，对提升船舶工业的国际竞争力起到决定性作用。我国要保持船舶工业的国际竞争力，实现由世界造船大国到世界造船强国的转变，必须依托船舶设计与制造技术的全面进步，现代工业模式的转换，以及尖端复杂船舶设计与制造能力的提高。目前，计算机辅助设计技术在船舶产品的设计和建造中已得到广泛应用。针对船舶各设计阶段的特点，通过集成流体和结构分析与仿真软件、优化软件等，计算机辅助船舶设计在船舶型线优化设计和结构优化设计等方面取得了重大突破，部分研究成果已进入工程实用阶段。然而，船舶总布置设计作为船舶设计的起始环节和重要内容，计算机辅助船舶布置设计技术仍停留在辅助绘图的初级阶段。受船舶总布置设计方法和设计工具的限制，当今船舶总体设计仍是遵循沿螺旋迭代的单向设计，设计过程中存在大量反复。

本书围绕船舶总布置优化设计建模方法及智能协同求解技术展开研究，提出一种适用于船舶初步设计阶段的总布置优化设计方法；系统梳理船舶布置优化设计、智能优化算法及膜计算理论的发展历程和国内外研究进展；提出船舶拓扑布置的概念，并构建一种基于网络的船舶拓扑布置表征方法，实现船舶总布置在拓扑空间的表达，建立船舶拓扑布置优化问题的数学模型；分析船舶总布置的几何特点，实现船舶布置空间和不同类型布置对象的空间几何参数化表达，建立船舶几何布置优化问题的数学模型；提出一种全新的智能优化算法"基于 P 系统的扩散算法"，构建船舶拓扑布置与船舶几何布置之间的映射关系，建立船舶拓扑-几何布置优化问题的智能协同求解流程。

2021 年，"绿色智能内河船舶创新专项"项目获得工业和信息化部批复同意立项，武汉理工大学陈顺怀教授团队全程参与该项目的研究工作，联合中国船舶重工集团公司第七〇二研究所、武汉船用机械有限责任公司、武汉长江船舶设计院有限公司、中国船级社、中船重工船舶设计研究中心有限公司，成功研发了 10 型长江标志性船型概念设计方案，探讨了搭载不同能源形式的船舶总布置形式，验证了船舶总布置优化设计方法的实用性。感谢工业和信息化部和所有合作单位的支持！感谢项目责任专家及各位评审专家的鼎力支持和帮助！感谢项目组各单位和项目组成员的合作与支持！

本书撰写过程中参考了许多资料，作者已尽可能详细地在参考文献中列出，在此向这些专家学者深表敬意。

限于作者的理论水平和实践经验，书中难免有不足或疏漏之处，敬请读者不吝赐教。

作　者

2022 年 3 月

目 录
CONTENTS

第1章 绪论 ··· 1
1.1 船舶总布置设计特点和优化问题 ··· 3
   1.1.1 船舶总布置设计特点 ·· 3
   1.1.2 船舶总布置优化问题 ·· 5
1.2 船舶布置优化设计国内外发展概述及研究进展 ································· 7
   1.2.1 发展概述 ··· 7
   1.2.2 研究进展 ··· 10
1.3 船舶布置优化设计方法概述 ··· 17
   1.3.1 现有布置优化设计方法的特点 ·· 17
   1.3.2 船舶布置优化设计的核心技术 ·· 19
   1.3.3 基于智能优化算法自动创建船舶布置方案的优势 ···················· 19
1.4 智能优化技术研究进展 ··· 20
   1.4.1 智能优化算法研究进展 ··· 21
   1.4.2 膜计算研究进展 ·· 23

第2章 船舶拓扑布置优化设计建模 ··· 27
2.1 基于网络表征的船舶拓扑布置 ·· 29
   2.1.1 船舶拓扑布置网络的定义 ·· 29
   2.1.2 船舶拓扑布置网络的特性 ·· 36
2.2 船舶布置对象之间相互影响关系辨识 ··· 41
   2.2.1 船舶布置对象间相互影响关系分类 ······································ 41
   2.2.2 船舶布置对象的功能属性 ·· 42
   2.2.3 基于功能属性的相互影响关系辨识方法 ································ 43
   2.2.4 船舶布置对象影响关系矩阵 ··· 44
   2.2.5 计算实例：Atlantis号科考船布置对象间相互影响关系辨识 ······· 45
2.3 船舶拓扑布置评估 ··· 49
   2.3.1 区域节点与对象节点的匹配性 ·· 50
   2.3.2 对象节点间的相互影响程度 ··· 50
   2.3.3 网络的流通便捷性 ··· 54
2.4 船舶拓扑布置优化问题数学模型 ··· 54

  2.4.1 设计变量 ·································· 55
  2.4.2 目标函数 ·································· 55
  2.4.3 约束函数 ·································· 56
  2.4.4 标准数学模型 ······························ 56
 2.5 本章小结 ······································ 56

第3章 船舶几何布置优化设计建模 ·························· 59
 3.1 船舶几何布置的参数化 ·························· 61
  3.1.1 船舶布置空间 ······························ 61
  3.1.2 船舶布置对象 ······························ 64
 3.2 船舶几何布置设计约束 ·························· 68
  3.2.1 设计约束分类 ······························ 68
  3.2.2 基础约束 ·································· 68
  3.2.3 法规约束 ·································· 71
  3.2.4 经验约束 ·································· 73
 3.3 船舶几何布置评估 ······························ 75
  3.3.1 评价指标体系 ······························ 75
  3.3.2 评价指标计算 ······························ 76
  3.3.3 基于模糊集合论的评价指标标准化 ············ 78
 3.4 船舶几何布置优化问题数学模型 ·················· 81
  3.4.1 设计变量 ·································· 81
  3.4.2 目标函数 ·································· 82
  3.4.3 约束函数 ·································· 83
  3.4.4 标准数学模型 ······························ 83
 3.5 本章小结 ······································ 83

第4章 基于膜计算理论的智能扩散求解算法 ·················· 85
 4.1 P系统的基本概念和计算原理 ···················· 87
  4.1.1 基本概念 ·································· 87
  4.1.2 计算原理 ·································· 88
 4.2 DAPS的基本结构及数学模型 ···················· 89
  4.2.1 DAPS的灵感来源 ·························· 89
  4.2.2 DAPS中的混合膜结构P系统 ················ 91
  4.2.3 DAPS中的随机搜索算子 ···················· 100
 4.3 DAPS的算法测试试验及性能分析 ················ 107
  4.3.1 单峰函数测试试验 ·························· 108
  4.3.2 多峰函数测试试验 ·························· 113

  4.3.3 不同维度基准函数测试试验 ··· 114
  4.3.4 复合函数测试试验 ·· 118
 4.4 本章小结 ··· 121

第 5 章 船舶总布置优化问题的智能协同求解 ·································· 123
 5.1 基于 DAPS 的约束优化问题求解 ·· 125
  5.1.1 智能优化算法中的约束处理 ··· 125
  5.1.2 集成多种约束处理方法的 DAPS ·· 129
  5.1.3 算法测试试验及性能分析 ·· 134
 5.2 船舶拓扑-几何布置映射关系 ··· 139
  5.2.1 船舶拓扑-几何布置映射关系的定义 ·· 139
  5.2.2 船舶几何布置 g 在映射 f 下的像 ·· 139
  5.2.3 船舶拓扑布置 t 关于映射 f 的原像 ··· 141
 5.3 基于智能优化算法的协同求解流程 ·· 143
  5.3.1 计算流程 ·· 143
  5.3.2 求解流程的基本特点 ·· 145
 5.4 本章小结 ··· 146

第 6 章 船舶总布置智能优化设计案例 ·· 149
 6.1 Atlantis 号科考船 ·· 151
  6.1.1 Atlantis 号科考船简介 ·· 151
  6.1.2 优化设计输入 ·· 152
  6.1.3 优化目标及约束 ··· 159
  6.1.4 优化设计结果 ·· 160
  6.1.5 分析讨论 ·· 161
 6.2 150 客长江豪华旅游船 ·· 170
  6.2.1 150 客长江豪华旅游船简介 ·· 170
  6.2.2 优化设计输入 ·· 171
  6.2.3 优化设计结果 ·· 179
  6.2.4 分析讨论 ·· 182
 6.3 本章小结 ··· 184

参考文献 ·· 185

第 1 章

绪　　论

　　船舶总布置优化设计是在保证船舶航行安全和营运要求的前提下寻找合理船舶布局方案的过程，需要对所设计船舶有全面的了解和考虑。船舶总布置设计通常是由项目总设计师亲自负责的一项设计工作。船舶总布置优化设计研究对船舶型线、结构等多种优化设计技术的融合统一具有重要意义，是现代船舶智能设计方法中亟待突破的核心问题。

　　本章介绍船舶总布置优化设计的过程、优化设计方法的发展与应用情况；论述智能优化算法和膜技术是求解工程问题的主流趋势；分析船舶总布置优化设计过程与特点，并对船舶总布置优化核心研究内容进行归纳；通过研究国内外在船舶布置优化设计方面的发展情况，分析多种船舶布置优化设计方法的优势和缺陷，并对智能优化求解技术的研究进展进行总结。

1.1 船舶总布置设计特点和优化问题

船舶总布置设计是在保证船舶航行安全和营运要求的前提下寻找合理船舶布局方案的过程,需要对所设计船舶有全面的了解和考虑。船舶总布置设计通常是由项目总设计师亲自负责的一项设计工作。

1.1.1 船舶总布置设计特点

1959 年,Evans 通过分析总结船舶设计的方法和准则,首次将船舶设计过程抽象为如图 1-1 所示的螺旋上升过程[1]。船舶设计螺旋模型是一种被广泛接受且沿用至今的船舶设计方法,揭示了船舶设计思想的一个重要特性:船舶设计是一个相继迭代的设计过程。与当前提倡的并行协同工作模式不同,相继迭代的设计过程意味着设计周期更长,并且需要在设计过程中投入大量的人力和财力资源。

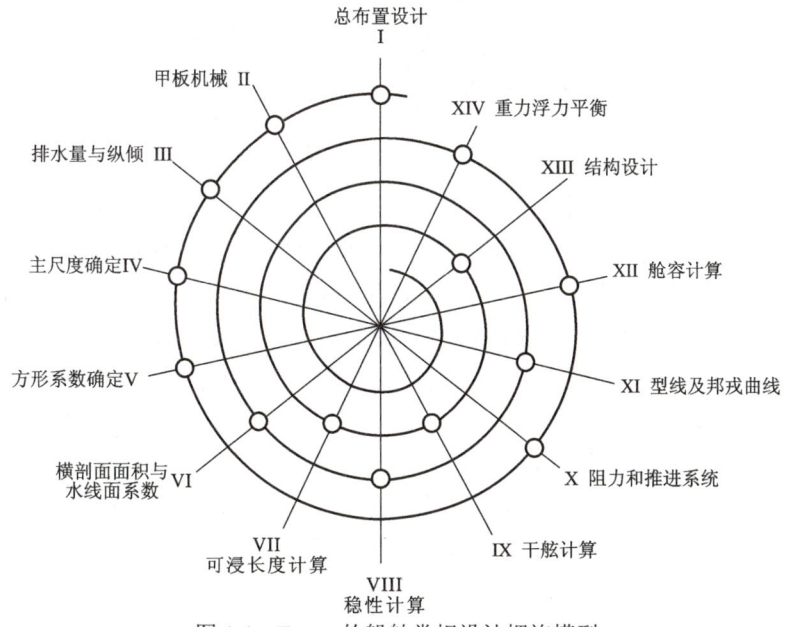

图 1-1 Evans 的船舶常规设计螺旋模型

船舶总布置设计作为船舶设计的起始环节,贯穿船舶设计的各个阶段,是决定船舶螺旋迭代设计的重要原因之一。不同设计阶段船舶总布置设计的主要工作内容如图 1-2 所示。在船舶初步设计阶段,为了便于方案构思,把握主尺度与载重、舱容、布置地位之间的关系,并协调主要性能之间的矛盾,需要对船舶的总布置有所设想和考虑。在船舶总布置方案初步构思论证之后,船舶的总体布局已基本确定,此时总布置设计的工作就是完善船舶总布置图,需要船舶设计人员参照相关规范和标准进行各种设备和舾装的选型,并根据型线图具体详细地绘制正式的总布置图。图 1-3 展示了 Atlantis 号科考船的总布置图,包含了的船舶舱室、设备和系统等布置对象的详细布置信息。在船舶初步设计阶段后续的设计过程中，各专业开展详细设计以后，往往还会对初步设计的总布置方案提出各种修改意见，此时总布置设计的工作就是协调和处理好各种矛盾。这项工作往往一直持续到完工设计阶段。

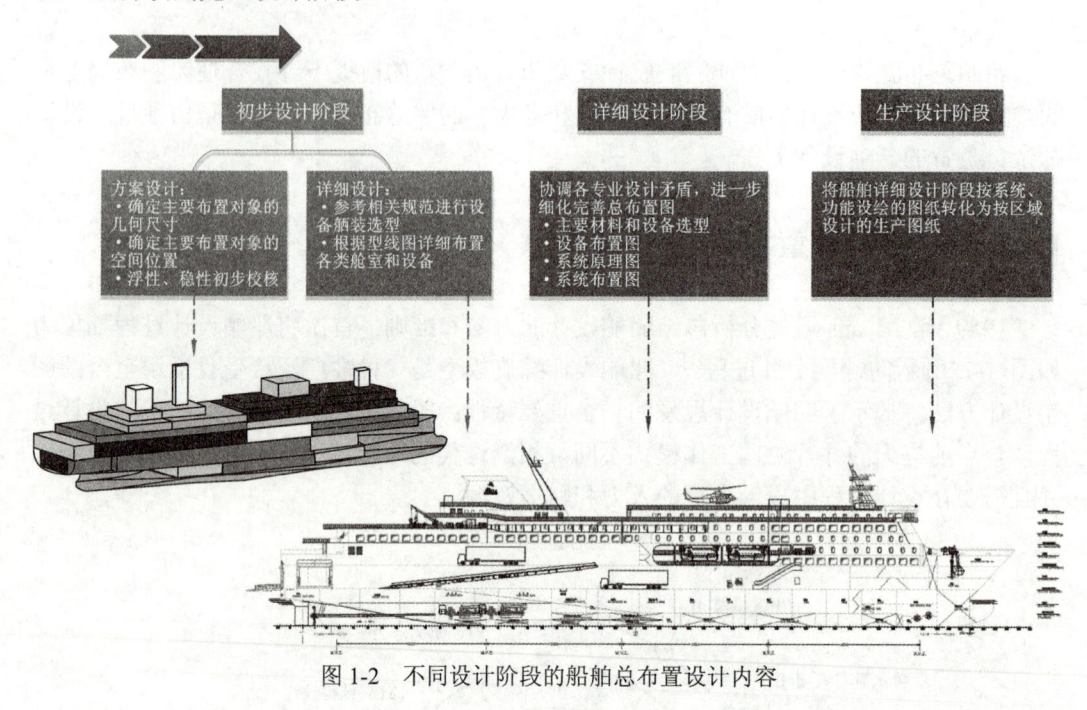

图 1-2 不同设计阶段的船舶总布置设计内容

在传统总布置设计方法中，船舶设计人员需要经历一个漫长的迭代设计过程来逐步揭示布置对象与布置对象之间的影响关系及布置对象对总体布局的影响，并不断权衡决策对船舶布置方案做出调整。最终，在有关设计知识及各种布置调整对应的相关后果都被充分了解之后，船舶设计人员才能够给出满足所有设计要求的船舶总布置方案。因此，在船舶设计之初，很难直接给出一个合适的总布置方案，使其完全满足之后设计环节产生的大量设计要求。对于一些布局简单且母型船资料丰富的散货船、油船等，船舶设计人员往往能够快速给出与最终方案相近的布局。然而，对于一些复杂的工程船、科考船及舰船等，传统的总布置设计流程不仅设计周期长，设计成本高，而且最终给出的总布置方案也仅仅是一个满足各项设计要求的可行方案，仍具备巨大的优化潜力[2]。

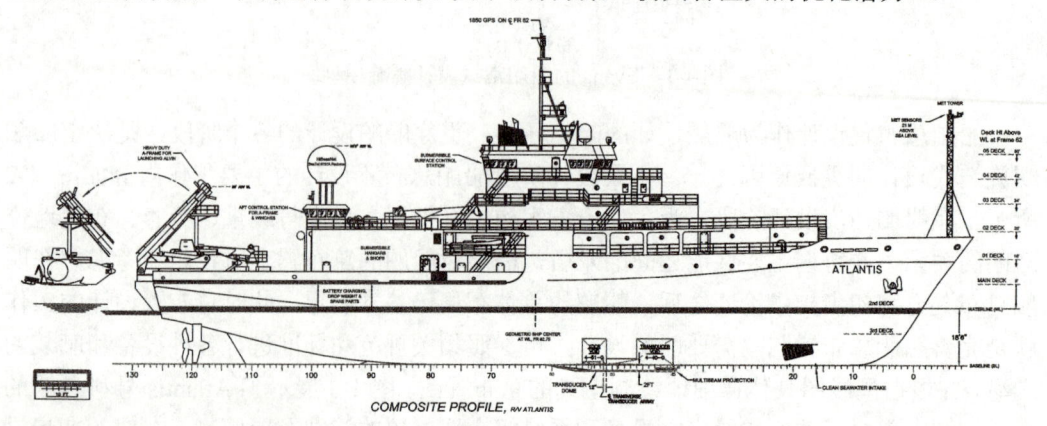

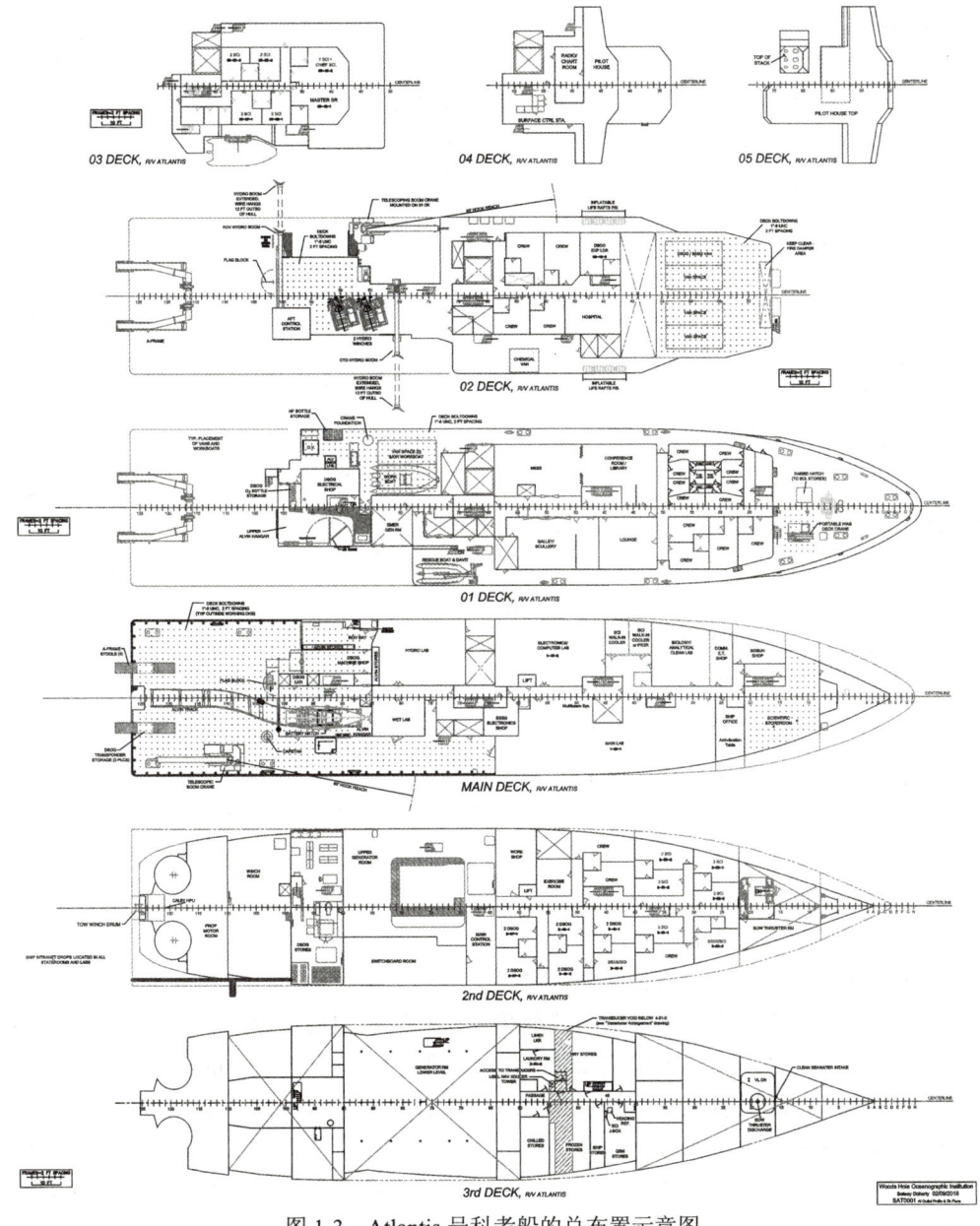

图 1-3　Atlantis 号科考船的总布置示意图

1.1.2　船舶总布置优化问题

　　船舶总布置设计的核心思想包括两点：一是对布置空间的管理分配；二是对布置对象之间的影响关系进行管理协调。1998 年，Bernstein 便明确指出：船舶初步设计阶段，总布置初步方案设计论证的重要意义在于其不仅能够很好地限制船舶设计空间，并在设计早期初步确定船舶成本、性能和风险的驱动因素，还能够为后续船舶设计提供很好的指导[3]。在船舶初步设计阶段创建高质量的船舶总布置方案对后续的船舶设计具有非常重要的意义。

船舶总布置需要不断协调型线、结构、舾装等多方面的修改意见而最终得出，因此，当初步设计阶段得到的总布置方案存在设计缺陷时，后续的船舶设计工作将持续受到这些设计缺陷的干扰，并在最终的总布置方案上体现出来。如果初始设计缺陷过大，将可能导致后续设计过程中各方面的设计矛盾协调难度过大，无法得出可行的总布置方案；并且，后续对设计缺陷的修改弥补会导致整个船舶设计过程存在大量的设计反复，拉长设计周期，提高设计成本。因此，在船舶初步设计阶段进行充分的论证分析，调整、完善可能存在的设计缺陷，为后续总布置设计提供正确的指引，对提高船舶设计效率和设计质量都有积极的意义。

目前，船舶型线、结构设计方法的自动化和智能化程度越来越高，与船舶总布置设计始终沿用的传统设计方法形成鲜明对比。通过研究改进用于船舶初步设计阶段的总布置设计方法能够提高船舶设计公司的船舶设计能力，从而设计出更具竞争力的复杂船舶[4]。近年来，随着计算机辅助设计技术的不断进步，船舶总布置设计方法和技术的发展更多地关注于开发保真度和详细程度越来越高的三维计算机辅助设计（computer aided design，CAD）模型，并尽可能提高运行的流畅程度[5]。FORAN、NAPA和CATIA等许多设计软件都能够为船舶总布置提供保真度非常高的总布置可视化设计平台，但是在这些软件中创建船舶总布置方案所需的信息是船舶设计之初难以提供的。这些三维可视化软件平台更多的是应用于详细设计阶段，随着设计的深入根据各专业提供的调整意见对船舶总布置进行快速调整，并可视化船舶总布置方案的调整细节。虽然这类三维设计软件对提高船舶设计人员工作效率有着非常显著的效果，但对船舶总布置优化设计的作用是十分有限的。考虑船舶总布置图包含过多的设计信息且非常复杂，基于现有的工程技术手段对船舶总布置图进行优化设计是不切实际的[4]。因此，船舶总布置优化设计应重点关注船舶初步设计阶段，在船舶设计之初根据有限的设计信息快速生成合理、优秀的船舶总布置方案，为后续的船舶详细设计提供更好的指导。

船舶总布置设计与船舶设计相似，仅存在好坏之分[5]。对船舶总布置而言，更好的布局方案通常意味着更优的布置空间分配和布置对象间的相互影响。此外，考虑船舶总布置设计的后验特性，生成更多的船舶布局方案通常也意味着更优的船舶总布置设计。然而，船舶布局问题属于NP完全（non-deterministic polynomial complete）问题[6]，是多项式复杂的非确定问题。理论上这类问题可以使用穷举法进行求解，但也意味着计算时间随问题复杂程度呈指数增长，无论是对船舶设计人员还是电子计算机均是一项无法完成的任务。在传统的船舶总布置设计方法中，受人工设计效率的制约，船舶设计人员通常仅能从有限的总布置方案中对比选择出最佳的方案，用于指引后续的船舶设计过程。

综上所述，船舶总布置优化问题的核心研究内容主要包括以下三点。

（1）船舶总布置方案的描述：基于电子计算机数据特点，建立易于计算机识别、读取和展示的船舶总布置模型，实现计算机替代传统的人工迭代调整设计过程。

（2）船舶总布置方案的评估：基于船舶设计的基本要求，形式化船舶总布置设计约束条件是判断船舶总布置方案可行性的重要前提；建立合理且量化的船舶总布置评估方法，对船舶布置空间的管理分配及布置对象之间的相互影响做出综合的评估，为创建高质量船舶总布置方案提供指引。

（3）船舶总布置方案的自动创建：船舶总布置方案的创建过程即为船舶总布置优化

问题的求解过程，以船舶总布置方案评估模型为引导，利用计算机高效的运算能力自动高效地创建船舶总布置，从根本上解决船舶总布置设计效率问题。

1.2 船舶布置优化设计国内外发展概述及研究进展

1.2.1 发展概述

船舶 CAD 技术起源于 20 世纪 50 年代，之后的 10 年中，计算机在船舶设计、建造和营运等方面的应用都取得了很大的发展。计算机辅助船舶布置优化设计的研究始于 20 世纪 60 年代末期，受限于当时计算机技术和优化求解技术，初期的研究大多停留在计算机辅助显示船舶布置方案及船舶布置设计自动化程度的提升等方面[7]。20 世纪 80 年代中期，模糊集理论（fuzzy set theory）在船舶布置设计中的应用是船舶布置优化发展中的一次跨越式进步，使对船舶布置方案优劣程度的定量评估成为可能，也为船舶布置优化设计奠定了基础[8]。船舶布置优化的第二次跨越式发展得益于 20 世纪末智能优化算法在建筑领域的应用[9]。在此之后，有关船舶布置优化设计的研究和著作不断增多，英国、美国、荷兰等众多国家都纷纷独立开发了系统性的船舶布置优化设计软件。

20 世纪 60 年代末期，美国海军提出了开发计算机辅助船舶布置（computer-aided ship arrangements，CSA）程序的需求。INGAR 和 DEKSUP 是美国海军开发的第一代程序。INGAR 仅限于辅助处理简单的二维船舶设备布局；DEKSUP 则允许船舶设计者通过鼠标拖放的方式来改变舱壁位置，从而辅助船舶设计者在船舶甲板和上层建筑物的布置设计中确定舱壁的准确位置。1971 年提出的计算机图解布置程序（computer graphics arrangement program，COGAP）大大提高了计算机辅助船舶布置的适用范围，并实现了通过三个正交视图实时显示船舶布置方案。在后续的研究开发中，Carlson 和 Cebulski[7]意识到通过计算机辅助来提高船舶布置设计方案数量和质量的重要性。因此，在 1974 年开发的计算机辅助船舶布置程序（computer aided ship arrangement program，CASGAP）中增加了船舶布置优化功能，使用了大量的图形描述输入和输出。受当时的计算机能力和优化求解技术的限制，计算机自动优化求解船舶布置这类涉及大量独立变量的问题在工程技术层面上是不可行的。同时，Carlson 和 Cebulski 也并未对船舶布置方案的评估准则进行系统性研究。因此，CASGAP 并未实现真正意义上的优化，而是通过手动的方式对船舶布置方案进行略微地调整，以得到在设计者直觉和经验层面上质量有所提高的布置方案。之后，Carlson 和 Fireman 在 1987 年又提出了总布置设计系统（general arrangements design system，GADS）以提高船舶布置设计的自动化程度[10]。在 GADS 中，船舶总布置仍然是完全由设计者手动生成的，但是其主要优势在于能够实时计算与布置相关的设计指标。当某项设计指标超出允许范围时，GADS 能够及时提示设计者对布置方案进行修改。

船舶布置是一项主观性极强的设计工作，强烈依赖于船舶设计者的设计经验和设计灵感。这也造成了船舶布置方案评价的"非解析"，以及难以客观定义什么是好的布置方案、什么是不好的布置方案。Nehrling[8]首次将模糊理论应用于船舶布置设计中，以实现对船舶布置方案相对客观合理的评价。模糊理论通过使用模糊隶属度函数可以将所使用的设计指标转换成模糊效用值，从而同时对不同性质的设计目标和设计约束进行统一的评价和比较。Nehrling 将船舶布置方案的整体评价分为了 7 个不同的方面：全船战备部署时间（T）、船舶宜居性（H）、人员部署比（R）、受损因子（P）、后期改造性（F）、外观造型（A）及设备使用率（E），并以此为基础建立了模糊隶属度函数。1987 年，Cort 和 Hills 将 Nehrling 构建的模糊理论应用到实际船舶布置设计中，完成了对多个已有船舶布置方案的客观评价并确定了最佳的布置方案[11]。

船舶总布置涉及的设计变量数目众多、设计目标和约束复杂；对于一艘特定船舶而言，理论上存在无穷多种可行总布置方案。因此使用穷举、梯度下降等经典优化理论无法求解船舶布置优化问题，这也是 20 世纪船舶布置优化研究工作无法实现真正意义上优化设计的最主要原因。Jo 和 Gero 使用遗传算法（genetic algorithm）来处理建筑领域存在的组合分配问题，实现了建筑物内部空间的最大化利用[9]。受此影响和启发，计算机辅助船舶布置优化设计迎来了第二次跨越式发展。近二十年来，有关船舶布置优化的文献逐年增加，世界各国海军及船舶工程院校对此研究领域的关注热度也不断上升，各种各样的优化技术不断被引入船舶布置优化问题的求解中。Lee 等在遗传算法的基础上提出了一种船舶区域布置算法，以解决船舶特定区域内的舱室布置问题[12-13]。Boulougouris 等针对客滚船的分舱布置开发了一款优化设计程序[14]，该程序不仅可适用于船舶概念设计阶段，为新设计客滚船舶直接生成布局方案，还可以用于详细设计阶段对现有的布置方案进行优化，以提高客滚船的抗沉性。Ölçer 等将多目标优化技术与模糊多属性群决策技术进行集成，并应用于汽车滚装船的分舱布置设计中[15-16]。Parsons 等基于模糊优化技术提出了适用于水面船舶的智能船舶布置系统（intelligent ship arrangements systems，ISA）[17]。2010 年，van Oers 等基于多目标遗传算法提出了一种适用于船舶初步设计阶段的三维布局方法（3D packing approach，3DPA），并成功应用于一艘护卫舰的布置设计[18]。Gillespie 等将网络科学技术引入船舶布置设计中，通过一个无权有向网络定性地表征了布置单元之间错综复杂的关系，并提出了一种基于网络的船舶布置优化方法[19]。Kim 等将潜水艇的总布置设计进行区域分解，并利用多层次优化技术和专家系统开发了一种潜水艇布置优化设计程序[20]。Shields 等利用船舶物理和逻辑关系的网络模型建立了船舶布置和分布式系统的概率映射，从而找到预期的船舶布置和船舶系统配置方案[21]。

国内有关船舶布置优化问题研究起步相对较晚，始于 20 世纪末，并且国内有关船舶布置优化问题多集中于船舶布置方案的综合评估方法和船舶局部布置优化方法研究，在研究的系统性、全面性及适用范围等方面，与国际先进水平相比仍存在一定的差距。

在船舶布置综合评估方法研究方面，李俊华等采用语言值标尺及基于重心的方法构造模糊评价矩阵，完成了对船舶指挥舱室布置方案的模糊综合评价[22]。王凯分析了高速客船内部功能要求及评价准则，并采用模糊综合评估方法对多个高速客船的总布置方案进行了评估和排序，从中选择出最优的布置方案[23]。马中亚对舰船通达性进行了深入研究，将系统工程理论、模糊理论和层次分析法与船舶总布置设计理论相结合，提出了舰船总布置设计评估指标体系，并建立了舰船总布置方案多目标模糊决策的数学模型[24]。

王健和陈立建立了舰船总布置设计多目标综合评估模型，并提出了一种基于蚁群算法（ant colony optimization，ACO）的多专家综合评估选优算法，最终实现了多个舰船总布置方案的自动评估及选优[25]。赵楠等针对船舶生活区域的布局问题提出了基于层次分析法（analytic hierarchy process，AHP）和模糊理论（fuzzy theory，FT）结合的综合评价方法，准确直观地反映了布置方案在全局和局部的满意程度[26]。胡耀详细分析了舰船典型生活区域布置设计特点，并基于层次分析法和模糊理论建立布局评价指标体系[27]。郭丰铭针对船舶舱室间关系的量化方法进行了研究，提出了一种基于船员作业角度，并运用操作链分析法构建船舶生活区域舱室布局设计准则体系的思路[28]。

在船舶局部布置优化方法研究方面，国内的研究多集中于先进布置设计理念的探讨和船舶舱室布置优化方法的研究。李俊华等提出了将人工智能（artificial intelligence，AI）技术与计算机辅助船舶设计（computer aided ship design，CASD）结合形成智能计算机辅助船舶设计（intelligence computer aided ship design，ICASD）的新思路[6]。冯军提出了集框架、规则、方法于一体的混合知识描述体系，并结合能量法和模糊理论提出船舶舱室三维布置设计的数学模型[29]。郑玄亮将博弈论引入船舶布置优化领域，通过求解纳什均衡的方法找到了船舶舱室的最佳布置方案[30-32]。船舶舱室布置优化方法也是国内船舶布置优化问题研究的一个热点，武汉理工大学、大连理工大学、大连海事大学、上海交通大学、哈尔滨工程大学和中国舰船研究设计中心等众多高校和科研院所都先后围绕起居舱室、锚泊设备区域、机舱等船舶特点舱室和区域的布置优化设计展开研究，提出了多种不同的布置优化模型和求解算法。李俊华等分别利用模拟退火（simulated annealing，SA）算法和集成知识模型完成了船舶舱室的智能三维布置设计[33-35]。苏成冠建立了一个船舶起居舱室的三维参数化仿真设计平台，并针对起居舱室的布置空间合理性，提出了一种有效面积优化算法[36]。邓小龙提出了船舶智能布置知识获取、知识表示和知识推理三步走的设计思路，建立了船舶舱室智能布置设计和甲板锚泊设备智能布置设计的标准流程，最终实现了对一艘3100TEU集装箱船船长室和甲板锚泊设备的智能布置设计[37-38]。王运龙等提出了船舶居住舱室有效活动空间利用率的概念，在综合考虑舱室采光性和舒适性的前提下建立船舶舱室布置优化数学模型，并采用能量法和一种改进遗传算法实现了舱室的自动布局及选优[39-40]。何旺等在CATIA的知识工程模块基础上，利用知识规则推理计算，实现了由少量用户输入的主参数自动推导得到大量其他次级参数的过程，并完成了船舶机舱的智能布置优化设计[41-42]。

近年来，国内船舶布置优化的研究也逐渐拓展至船舶通道布局优化和船舶总布置优化等问题。刘满霞等对舰船通道的最短路径问题开展了研究，将船舶通道布局与时间维结合，将舰船动态最优路径规划问题转化为时间依赖网络中的最优路径搜索问题，并采用遗传算法求解[43]。王宇等以设计规范、统计规律和设计经验为基础建立了船舶舱室分布优化的数学模型，并采用引力搜索算法求解，从而形成了一套比较系统的船舶舱室分布优化方法[44]。廖全密基于多目标优化理论和智能决策技术，提出了一种提高大型舰船生命力的布置优化设计方法，其中重点研究了舰船分舱优化、舰船动力舱方案选优及舰船疏散网络模型和疏散求解[45]。

1.2.2 研究进展

英国伦敦大学提出的模块化设计方法（design building block approach，DBBA）、美国海军使用的 ISA 及荷兰代尔夫特理工大学提出的船舶布置优化方法 3DPA 是目前比较系统且具有代表性的三种船舶布置优化设计理论。它们能够在不同的程度上适用于多种船型的布置优化设计，并均已成功用于工程实际。除此之外，还有许多针对特定船型布置优化问题及船舶舱室布置优化问题的相关研究。

1. 模块化船舶优化设计方法

英国伦敦大学对船舶布置设计的研究始于 20 世纪 80 年代。1997 年，伦敦大学的 Andrews 等在前期研究的基础上提出了一种模块化船舶优化设计方法，并于 2003 年将该方法整合成一套完整的软件模块 SURFON[46-50]。SURFON 作为船舶商业设计软件 Paramarine 的子模块，在概念设计阶段具有非常全面的船舶总布置构建能力。目前，该方法已成功应用于护卫舰、航空母舰和潜水艇等多种复杂船型的总布置设计[51-53]。

DBBA 是一种面向架构的船舶布置设计方法，强调船舶布置空间表达的重要性，该方法能够在船舶设计的任何阶段快速生成可视的三维船舶布置方案。在 SURFON 中，船舶布置设计是一个逐步递进的过程，采用通用模块来为不同功能的船舶布置对象预留船内布置空间。这些模块可以在获取足够的信息后进行更新或者进一步分解，最终得到满足设计要求的最佳布置方案。2007 年，Pawling 和 George 将该方法应用于一艘濒海战斗舰的布置设计，并展示了设计过程中 4 个主要阶段的船舶模块构成，如图 1-4 所示[54]：在初步设计阶段，濒海战斗舰的总布置由数量有限的几个大型模块进行定义，如图 1-4（a）所示；在分解第一阶段，根据船舶的主要功能将初始定义的大型模块进行分解和重新配置，最终形成由 47 个模块组成的船舶布置方案，如图 1-4（b）所示；在分解第二阶段，大型的功能模块被分解成为 110 个详细模块，并且对船舶的重量平衡、主机功率、耐波性、操纵性和结构强度等基本技术指标进行核算，如图 1-4（c）所示；在分解最终阶段，已存在的 110 个小型模块最终被进一步细分成 343 个详细模块，其细节程度与传统的船舶甲板布置图相当，如图 1-4（d）所示。

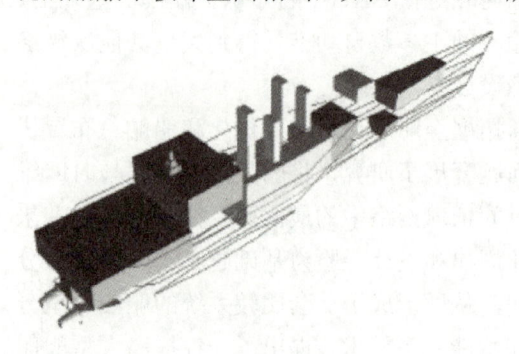

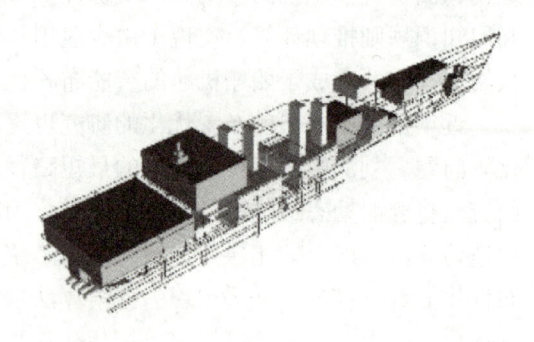

（a）初步设计阶段　　　　　　　　　　（b）分解第一阶段

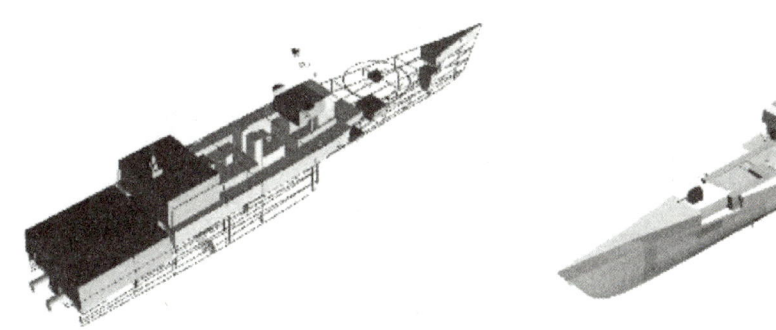

（c）分解第二阶段　　　　　　　　　　（d）分解最终阶段
图 1-4　基于 DBBA 的濒海战斗舰总布置设计流程

DBBA 的局限性在于其模块分解和重新构建是一个手动迭代的设计过程，仍然强烈依赖于设计人员的设计经验。除此之外，由于该方法并未引入系统的船舶总布置综合评价体系，所以总布置方案的优劣也需要依靠主观判断。船舶设计人员在使用 DBBA 时需要通过反复试验和学习来积累使用经验，以提高软件的使用效率和船舶总布置的设计质量。

2. 智能船舶布置模块

智能船舶布置模块是由 Parsons、Nick 等基于美国海军先进船舶设计和评估工具（advanced ship synthesis and evaluation tool，ASSET）进行开发的[17, 55-57]。该模块可为船舶总布置设计人员提供优化设计技术和软件以生成有效、合理的水面舰船总布置方案，并提供最大程度的智能决策支持。通过 ISA 模块，船舶总布置将量化纳入 ASSET 中，使船舶布局质量反馈回路在概念设计阶段融入船舶总体设计成为可能。

ISA 模块是在多个离散的甲板二维平面中生成二维船舶布置方案，其计算过程可分为分配（allocation）和布置（arrangement）两个阶段，如图 1-5 所示。在分配阶段，ISA 基于 ASSET 的数据库将整个船舶布置空间划分为多个规则的甲板垂直空间区域（zone-deck），并给出不同布置对象位于不同甲板垂直空间区域时的满意度，如图 1-6 所示。同时，ISA 还利用模糊隶属度函数计算了甲板垂直空间区域的面积利用率和布置对象之间分离和毗邻关系的模糊效用值，实现对分配方案相对客观的评估。布置对象到甲板区域的分配问题是经典装箱问题和带约束二次分配问题的结合，属于 NP 完全问题。Parsons 通过使用混合遗传算法进行求解，得到了布置对象的"最佳"分配方案[17]。布置阶段则是在分配阶段给出的最佳分配方案基础上，独立地完成各个布置区域内部的布置。为了准确客观地评价不同布置方案的优劣程度，ISA 使用模糊理论分别对船舶布置的几何特性和拓扑特性进行评价；然后，通过使用一个由甲板面积利用率和布局方案拓扑满意度加权求和的单一目标函数来引导优化搜索过程，使得最终生成的布置方案具有较高的甲板面积利用率和拓扑满意度。

Daniels 等在原有 ISA 模块基础上加入通道可变的网格构架，从而引入比标准的 H 形和平行通道更为复杂的通道布置方式[58]。Gillespie 进一步深入分析研究了船舶布置优化问题中布置对象之间的拓扑关系，采用一个无权有向网络定性地表达了布置单元之间错综复杂的分离和毗邻关系，并提出了一种基于网络科学的船舶布置对象分配优化算法[5,19]。

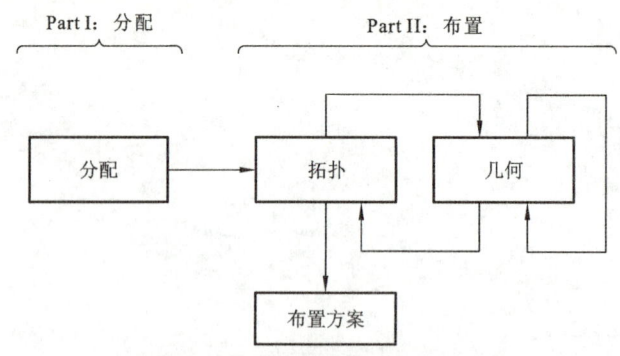

图 1-5 基于 ISA 的船舶总布置优化设计流程

图 1-6 使用 ASSET 生成的船舶甲板垂直空间区域

尽管 ISA 模块基本实现了利用计算机自动生成船舶优化布置方案的目标，但是仍存在许多不足和需要改进的地方。首先，在 ISA 模块中，船舶结构及船体型线都是从 ASSET 数据库中预先选定的，这意味着在布置优化过程中船舶结构及甲板尺寸都是固定不变的；并且 ISA 模块还忽略了因船舶布置的改变而造成的船舶重心位置变化。其次，在布置优化过程中，需要船舶设计人员预先定义和提供大量的通道和楼梯信息，并且未对船舶通道的合理性做出有效的评估。最后，使用预定义的模糊函数以先验的方式简化可协商设计要求，以及由多个模糊目标函数组合形成的单目标函数引导的搜索过程会对结果的接受度产生影响，并且还会极大限制其识别和处理评价缺陷的能力。目前已有大量 ISA 相关的研究著作出版，但其主要目的是为美国海军内部舰船设计项目提供支持，并且是基于 ASSET 开发，实际工程运用结果迄今尚未公布，因此其在实际船舶设计中的效果仍难以评估。

3. 三维填充船舶布置优化方法

2010 年，荷兰代尔夫特理工大学的 van Oers、van Der 和 Wagner 等将三维装箱操作与遗传算法相结合，提出了一种三维填充船舶布置优化方法（3DPA）[4, 59-61]。在此方法中，船舶布置对象被统一简化成立方体，并根据船舶布置对象的功能属性将其分成了 7 个类别。通过参数化船舶总布置模型，3DPA 能够在计算机辅助优化设计程序协同下自由灵活地调整船舶总布置模型。从理论上讲，只要有足够的时间和计算资源，3DPA 可以生成任意详细程度的船舶总布置方案。

van Oers 认为由进化算法搜索得到的最优布置方案是不具有实际意义的，因此 3DPA 避开了传统的优化概念，采用一种后验选优的策略来实现船舶总布置方案的选优。根据功能的不同，3DPA 可分为总布置方案生成和总布置方案选优两个阶段。在总布置方案生成阶段，3DPA 利用遗传算法搜索生成大量的可行方案。在遗传算法搜索求解过程中，船舶布置密度是唯一的目标函数用以引导搜索过程，而船舶的完整稳性、航速和续航力等技术指标被认为是约束条件。3DPA 中，遗传算法仅仅是为了在设计空间内搜索得到大量的可行解，而不是用于找到"最优解"。目前，采用该方法生成一组由表示船舶舱室立方体组成的船舶布置方案大概需要数天的时间，如图 1-7 所示。在总布置方案选优阶段，3DPA 更多的是依赖船舶设计人员凭自身设计经验从已生成的可行方案中选出一个最佳总布置方案。

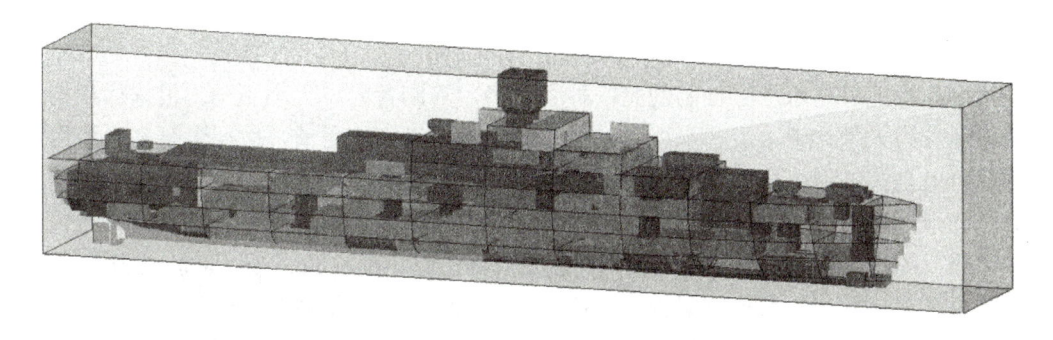

图 1-7　舱室级别详细程度的船舶总布置方案

相比于需要输入大量信息以得到布置方案的其他船舶布置优化方法，3DPA 只需要提供预定义的布置对象列表和通用的船体模型即可。但该方法的局限在于其自动生成的总布置方案仅仅为满足基本船舶技术指标的可行方案，并且最终方案的选优是通过人工比较的方式完成的。这也就意味着，使用 3DPA 进行船舶布置优化设计只能在一定程度上保证船舶的航行性能，而船舶使用效能的提升则仍然隐含于所生成的可行解内，需要依靠设计者凭借自身设计经验进行挖掘。随着船舶尺度的增大及布置对象数量的增加，3DPA 生成的可行方案数量将不断增加，选优工作的难度和复杂程度也会大大提高。

4. 针对特定船型的布置优化方法

1）滚装船

滚装船作为一类特殊的运输船舶，具有装卸效率高、周转快、水路直达联运方便的特点。滚装船总布置方案的优劣对其使用效能有着十分显著的影响。滚装船高大的船身和特殊的船型使得其重心较高、稳性较差。此外，为了保证货物装卸的通畅性，滚装船一般都设置多层平整贯通的上甲板以实现货物的分散布置，这也造成了滚装船的结构强度和抗沉性相对较差。相比于科考船、工程船和舰船等布置设计更为复杂的船型，滚装船的布置优化设计着重于船舶分舱布置（subdivision arrangement）。同时，滚装船布置方案具有相对明确和客观的评价指标：装卸效率、重心高度、稳性、结构强度和抗沉性等。

英国格拉斯哥大学的 Ölçer 提出了一种多准则决策（multiple criteria decision-making，MCDM）技术，将滚装船分舱布置设计集成为一个交互式和多阶段的设计过程[62-63]。MCDM 技术使用模糊数学和语言变量量化了船舶设计者的内在心理感知，并与多目标优化技术相结合，实现了一种分舱布置优化分布式算法。船舶设计者可利用此方法，并结合加权的模糊或主观偏好，在可行的设计空间中搜索帕累托最优设计（Pareto optimal design alternatives，PODAs）方案。基于给出的分布式算法，Ölçer 在 NAPA、Microsoft Excel

和 Frontier 优化环境中开发了相应的滚装船分舱布置优化程序。尽管该方法已成功应用于滚装船的分舱优化设计，但仍然无法摆脱对使用者设计经验的依赖，并且也很难进一步推广到其他船型的总布置优化设计中。问题的根本原因在于，滚装船的分舱布置设计涉及的布置对象数量和类别相对较少，同类别布置对象的功能属性基本一致，并且布置对象之间的相互关系也比较简单，这使得优化过程仅涉及很少的设计变量和约束条件。

2）潜艇

潜艇作为能够在水下运行的舰艇，种类繁多，形制各异，大小不一。根据体积大小可将潜艇分为大型、中小型和水下自动机械装置三个级别。目前，大型潜艇多为军用，其形状一般是圆柱形，内部搭载极为复杂多样的配套设备和系统。潜艇的布置设计同样十分依赖于母型资料和设计人员经验，缺少母型数据和经验知识都将为潜艇的总布置设计带来极大的困难。2015 年，韩国首尔大学的 Kim 等开发了 EzSubArrangement 软件，将潜艇总布置问题表述为优化问题，并使用了一种多级优化策略对其进行求解，以产生更好的布置设计。同时，Kim 等改进了一个专家系统，利用一个潜艇布置模板模型将母型资料和经验知识作为系统结构进行积累和储存，从而在一定程度上减少了优化求解的难度。为了评估所提出方法的适用性，Kim 等还开发了一个包括布置模板模型、专家系统模块和多级优化模块组成的源程序[20]。

在人工智能中，专家系统是指模仿人类专家决策能力的计算机系统，能够用于系统化专家知识[64]。目前，相关领域学者提出了基于规则的专家系统、基于框架的专家系统、基于模型的专家系统和混合专家系统等众多类型的专家系统。其中，基于规则的专家系统由于其广泛的适用性和便利性而在众多工程领域中具有很强的实用性。Kim 等在基于规则的专家系统的基础上，使用"IF-THEN"的形式表达母型数据与专家经验知识相对应的规则[20]。为了评估潜艇布置方案的可行性，Kim 等提出了一种基于空间信息和关系信息表示的潜艇总布置设计，这种表达方式能够轻松地表达出潜艇总布置设计中涉及的各种规则[20]。空间信息用于表达与布置对象相关的空间知识，而关系信息则用于表示布置对象之间的相互影响关系。通过将空间信息和关系信息中反映的相关知识信息自动转换成"IF-THEN"形式的规则，然后根据所得到的规则对布置方案进行评估，便可得出布置设计方案的可行性指标，并将其用作多级优化的目标函数。

在有限空间中布置潜艇舱室和设备属于三维空间布局问题，随着布置对象数量增加，解空间呈指数级扩大。为了保证潜艇总布置优化问题的可解性及求解效率，Kim 等提出了一种基于遗传算法的多级优化策略，将潜艇布置设计逐级分解成舱室布置划分、子舱室布置划分和设备布置优化三个级别，并将其成功应用于某小型潜艇的布置设计，其设计流程如图 1-8（a）所示[20]。在舱室布置划分阶段，该小型潜艇包含由 4 道舱壁划分形成的 6 个主要舱室，如图 1-8（b）所示；在子舱室布置划分阶段共涉及 12 个子舱室，其中尾部的机器处所被划分为由主机舱和辅机舱两个子舱室组成，底部的浸水舱则进一步被划分为 6 个子舱室，如图 1-8（c）所示；在设备布置优化阶段共涉及 32 个设备，其中包括主机舱的 10 个设备、辅机舱的 14 个设备和作战情报中心（combat information center，CIC）的 8 个设备，如图 1-8（d）所示。

(a) 设计流程　　　　　　　　(b) 舱室布置划分阶段

(c) 子舱室布置划分阶段　　　(d) 设备布置优化阶段

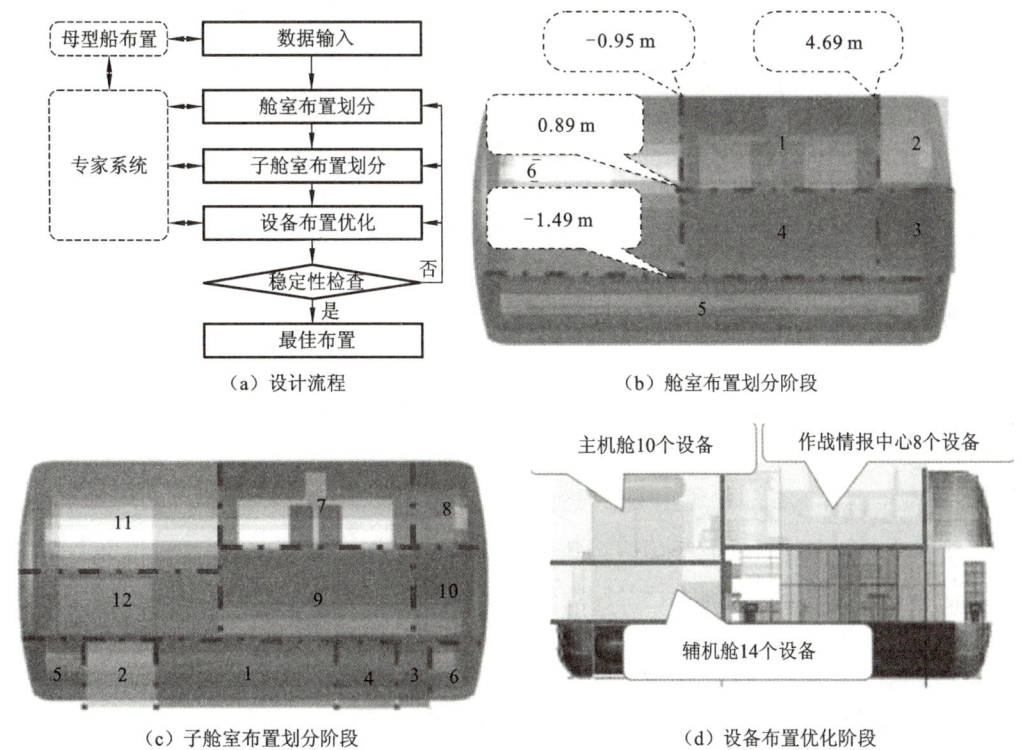

图 1-8　小型潜艇总布置优化设计

从图 1-8 展示的潜艇总布置优化设计实例可以看出，Kim 等所提出的方法目前仅用于规模较小的潜艇的总布置优化问题，并且基于规则的专家系统仅能为布置优化过程给出可行性的评价指标，不足以全面地评估船舶的航行性能和使用效能。这种多级布置优化策略在次一级的优化中并未考虑上一级不同舱室内布置对象间的相互影响，因此对规模较大的潜艇或者船舶使用这种方法生成的总布置方案的合理性有待进一步验证。除此之外，该方法未涉及潜艇的通道布局，这也就意味着所生成的总布置方案中，舱室和设备的可达性及船舶物流效率需要设计人员凭借自身经验进行手动修正。

5. 船舶舱室布置优化方法

船舶舱室布置设计是船舶总布置设计工作中的一部分，船舶舱室布置优化问题也属于船舶总布置优化问题中的一个分支。相比于船舶总布置优化设计，船舶舱室布置优化设计具有涉及布置对象数量少、布置空间较小等特点。船舶舱室布置优化设计还具有很强的特定性，不同类型舱室涉及的布置对象、布置准则可能完全不同。近 20 年，国内多所高校及科研院所都围绕船舶舱室布置优化问题展开了相关研究，并提出了多种不同的优化设计方法。

1）基于集成知识模型的船舶舱室布置设计方法

在 21 世纪初，李俊华等在归纳总结船舶舱室布置设计知识类型的基础上，提出了面向对象的船舶舱室设计知识集成表达方法[33-35]。根据船舶设计人员布置设计知识结构化的程度，可将船舶舱室布置设计知识分为经验归纳性知识、实例样本知识和模型数量化知识三大类。经验归纳性知识是指船舶舱室布置设计过程中必须遵守的规范、规则，以及设计人员在长期设计实践中积累的经验和方法等；实例样本知识是指设计人员在长期设计实践中积累的舱室优秀设计范例；模型数量化知识是指所描述的设计对象可以抽象表达为数学模型，并可进行数量计算和分析，用数据表示知识，用数据运算反映知识的推理和利用。基于集成知识模型的船舶舱室设计方法采用了自上而下的设计思想，将船舶舱室布置设计过程划分为 4 个层次，并在不同层次及设计进程中使用不同的知识类型。该方法将优化技术和专家系统相结合，首先采用专家系统基于经验归纳性知识构造舱室布置概念性方案，并结合优化技术对舱室布置进行优化求解，以获得更优的布置方案。针对舰艇的指挥舱室布置优化问题，李俊华使用其提出的方法并结合模拟退火算法提高了船舶舱室布置设计的自动化程度，对传统船舶 CAD 系统在船舶布置设计工作中的局限性有所改善。

2）基于博弈论的船舶舱室布置设计方法

博弈论（game theory）作为一种数学工具，旨在理解理性决策相互作用以实现其目标的竞争情况。目前，博弈论已经广泛用于处理各种工程设计问题中不同工程组件间相互影响作用关系。郑玄亮将博弈论作为一种辅助决策方法引入船舶设计过程以促进协作决策，并帮助船舶设计人员在复杂的现代船舶设计过程中保持设计自由，便于设计人员在之后的阶段调整决策[30-32]。在将博弈论应用于设计船舶生活居住舱室时，布置设计中所使用的知识主要来源于设计人员的设计经验、相关法律法规、与船舶管理和住宿有关的社会规则及现有船舶设计资料 4 个方面。通过使用博弈论定义的玩家收益，将来自不同领域的专业设计知识进行系统性地整合，从而能够快速找到船舶舱室的最佳布置方案。同时，郑玄亮认为，博弈论不仅适用于船舶生活居住舱室布置这类相对简单的工程问题，也能够为海洋工程中的各类多目标协作设计过程提供逻辑基础。

3）基于启发式优化算法的船舶舱室布置优化算法

船舶舱室布置优化问题同样属于 NP 完全问题的范畴，难以采用穷举策略求解，但是相比于船舶总布置优化问题，该类问题涉及的布置对象有限，求解难度有所降低。同时，船舶舱室布置问题自身评价指标具有多态性和模糊性，不仅使布置方案的评价十分困难，而且其评估函数通常都是不连续、不可导的，无法为优化求解提供有效的梯度信息，因此，使用传统的优化方法同样难以完全解决船舶舱室布置优化问题。启发式优化算法作为一种广泛应用于多个不同领域的先进优化技术，同样非常适用于求解船舶舱室布置优化问题。

王运龙等基于遗传算法提出了一种船舶居住舱室的智能布局优化方法，在综合考虑居住舱室的采光性、舒适性等因素的基础上，提出有效活动空间利用率的概念，将船舶舱室布置方案的评价指标进行数学量化，建立了船舶居住舱室布置优化的目标函数[39]。由于遗传算法的求解效率很大程度上取决于初代种群的质量，而基于随机策略所生成的船舶舱室布置方案通常都是不可行方案，王运龙等采用能量法自动生成舱室布局可行方案，并结合改进遗传算法完成了船舶居住舱室的自动布局和优选[39-40]。

何旺等采用知识工程理论，对船舶机舱布置问题进行知识获取和面向对象的知识表达[41-42]。船舶机舱布置属于多目标优化问题，何旺采用加权方式将多目标问题转化为单目标问题进行求解,建立了机舱布置优化设计的数学模型。目标函数主要考虑机舱布置设计中布置对象之间的干扰距离、布置对象对中纵剖面的平衡力矩及机舱内部的逃生效率三个方面。机舱布置优化的约束条件分为布置对象间互不干涉和布置对象不超出机舱范围两大类,并采用了二进制的遗传算法求解。考虑机舱平台的形状极不规则,难以采用传统的编码形式,该方法先将坐标对集合转换为点集集合,再对点集集合进行编码解码工作。

王宇等为了提高舰船舱室布置设计效率,提出了一种基于引力搜索算法的舱室分布设计方法,实现了基于设计输入自动输出舱室分布方案[44]。船舶舱室分布布置优化问题与上述的船舶舱室内部设备布置优化问题存在本质的区别,船舶舱室分布布置优化问题属于一类组合分配问题。王宇等考虑待分配舱室的面积、质量等属性,而忽略了不同舱室的几何尺寸形状属性,将不同舱室分配到预先定义的包含多层船舶甲板的区域中,如图 1-9 所示。甲板区域划分的程度决定了最终生成总布置方案的详细程度,详细程度越高,需要划分的甲板数量越多。优化过程中,其目标函数主要考虑与布置相关的环境因素、船舶布局通达性、船舶的重量分布及甲板面积利用率 4 个方面的因素。利用引力搜索算法求解得到的船舶舱室分布方案结果可用于指导后续具体的舱室布置设计。目前该方法尚不适用于详细的船舶舱室布置设计,舱室在各个甲板区域内的具体布置设计仍需设计者参与完成。

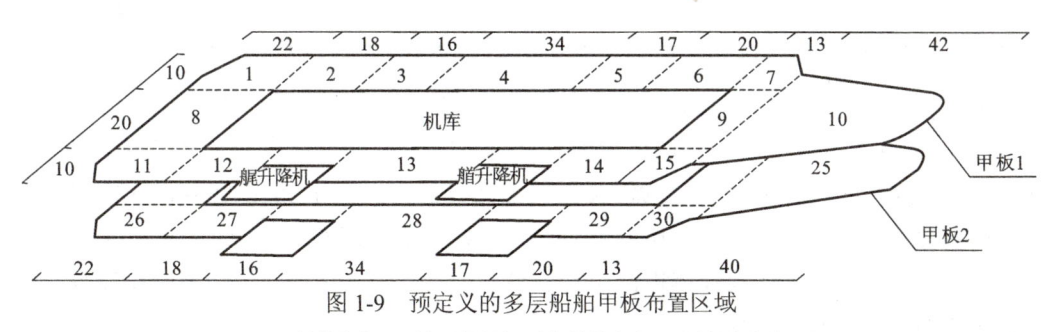

图 1-9 预定义的多层船舶甲板布置区域

甲板数字表示甲板区域编号;坐标轴数字表示区域长度占比

1.3 船舶布置优化设计方法概述

1.3.1 现有布置优化设计方法的特点

自 20 世纪 60 年代计算机在船舶设计领域应用以来,船舶布置优化技术也不断发展完善。图 1-10 对船舶布置优化设计发展历程进行总结归纳,从图中可以看出,目前已有 4 种相对完善的船舶布置优化设计方法用于船舶设计初期快速生成船舶布局方案。这些相对系统的总布置优化设计方法和软件包括:英国伦敦大学开发的 SURFON、荷兰代尔夫特理工大学提出的 3DPA、美国密歇根大学开发的 ISA 及韩国首尔大学开发的 EzSubArrangement。4 种布置优化设计方法特征归纳对比见表 1-1。

· 17 ·

图 1-10 船舶布置优化设计发展历程

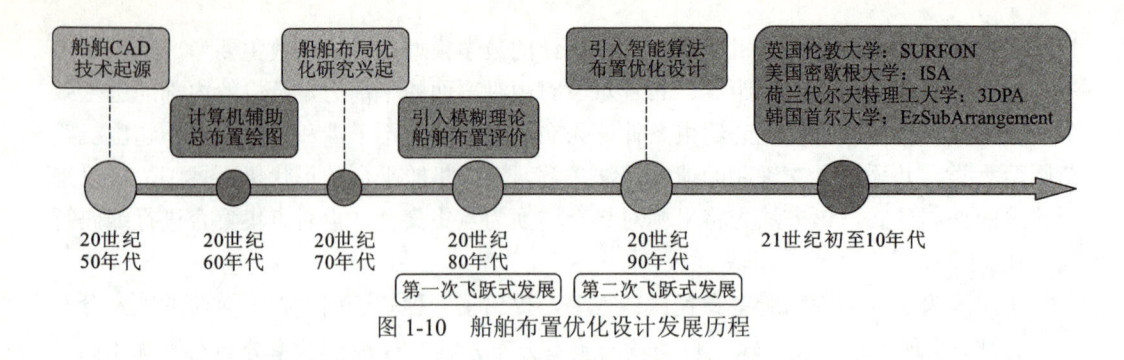

表 1-1 4 种布置优化设计方法特征归纳对比

项目	SURFON	3DPA	ISA	EzSubArrangement
适用范围	全船布局	全船布局	甲板布局	潜艇布局
布置模型维度	3D	3D	2D	3D
布局驱动因素	体积	体积	面积	质量
布局生成方式	手动	自动	自动	自动
布置优化方法	人工	GA+人工	GA	GA
布局详细程度	10^1	10^2	10^2	10^2

从表 1-1 中可以看出，船舶和潜艇布置优化过程中选用的驱动参数是不同的。相比于船舶总布置设计，潜艇总布置设计过程中需要格外注意重量分布情况，因此 EzSubArrangement 中选择质量作为潜艇布局优化的驱动参数，而 SURFON、3DPA 及 ISA 均选择几何参数（面积或体积）作为驱动参数。其中：SURFON 和 3DPA 最终是生成三维船舶布局方案，因此均选择体积作为驱动参数；而 ISA 则选择面积作为驱动参数，并最终生成船舶平面布局参数。

从布局的生成方式来看，除 SURFON 外，其他三种方法均采用智能搜索算法来自动生成布局方案。虽然 3DPA、ISA 和 EzSubArrangement 均采用了遗传算法（genetic algorithm，GA），但它们均结合自身特点进行了不同程度的改进：3DPA 是采用 NSGA-II 生成可行布局，然后结合设计人员设计经验进行手工选优；ISA 是根据构建布置优化模型特点，采用了一种多代理系统的混合遗传算法（hybrid genetic algorithm multi-agent system）；EzSubArrangement 是在专家系统的基础上，采用了一种分级优化的策略将完整的潜艇布局优化问题分解成多个子问题，并最终采用 NSGA-II 进行求解。

从各软件和方法适用的布置问题规模可以看出：3DPA 和 ISA 能够处理布置对象较多的船舶布置优化问题；SURFON 由于采用手动生成布局的方法，在优化的初步阶段仅支持数个大型的布置模块；EzSubArrangement 理论上可以处理各种规模的潜艇布置优化问题，但根据已有的文献资料，EzSubArrangement 目前仅用于某些小型潜艇的布局优化设计，涉及的布置对象数量相对较少。

1.3.2 船舶布置优化设计的核心技术

随着船舶大型化和自动化的发展，现代船舶设计的复杂程度也不断增加，计算机辅助船舶优化设计已成为提高船舶设计质量、缩短设计周期、降低设计成本的关键技术。然而，船舶总布置设计作为船舶设计中总揽全局的一项关键工作，计算机辅助船舶总布置设计仍停留在比较初级的辅助绘图阶段，与计算机辅助船舶型线优化设计和船舶结构优化设计等其他方面的研究与发展水平形成了强烈的反差，成为制约船舶总体设计效率和设计质量且须进一步提高的核心问题之一。

图 1-11 展示了船舶总布置设计的主要设计流程。首先，船舶设计人员根据自身经验和相关母型船资料初步构建船舶布置方案。然后，根据初步构建的布置方案，对部分重点关注的船舶性能进行估算。最后，设计人员根据各项性能评估结果对布置方案进行调整，并不断重复以上过程直到生成满足要求的布置方案。

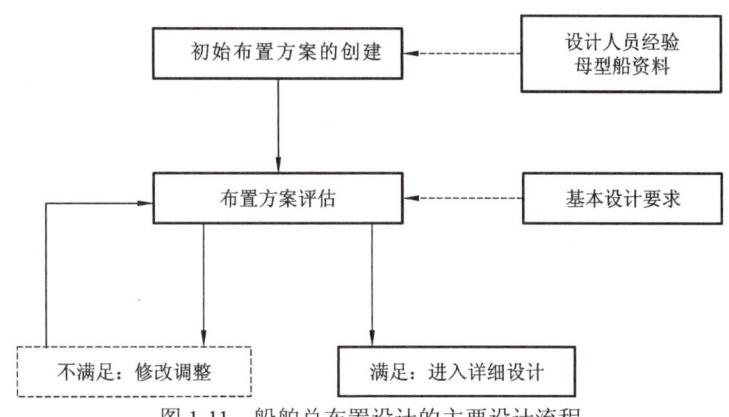

图 1-11　船舶总布置设计的主要设计流程

船舶布置优化设计的核心目标是：在船舶初步设计阶段根据有限的设计输入，充分利用布置空间，协调好布置对象之间的相互影响，生成满足基本设计约束的船舶布置方案，并尽可能缩短优化设计所需时间。从图 1-11 中可以看出，传统布置方法制约船舶布置优化设计的关键在于船舶布置方案的修改调整阶段。由于在传统布置设计过程中，布置方案的修改调整依赖设计人员手工完成，尝试大量不同修改调整方案是一个非常耗时的工作，设计人员通常仅会根据自身设计经验对有限的几种修改调整方案进行迭代设计尝试，基于少量方案比较得到的最终结果通常仅是满足设计要求的可行方案，仍存在很大的优化潜力。实现船舶总布置优化设计的一个重要前提是生成大量的船舶布置方案并进行综合比较，因此高效的船舶布置自动生成技术是船舶布置优化设计的一项核心技术。

1.3.3 基于智能优化算法自动创建船舶布置方案的优势

随着计算机技术的飞速发展，借助计算机的高效计算能力，发展可以替代传统布置设计的船舶布置优化设计方法是船舶设计的必然发展趋势。虽然计算机的设计逻辑和船舶设计人员的设计逻辑存在本质区别，但计算机程序仍可以使用船舶设计人员预定义的、基于规则的修改方法对船舶布置方案进行修改调整。需要注意的是，这种基于规则的计算机调整方法具有很强的局限性：第一，船舶布置设计的特性决定船舶布置规则难以准确提炼；第二，布置方案修改调整的质量很大程度取决于某些特定的规则，即使在调整可能性非常充足的情况下，计算机软件能够生成的船舶布置方案也无法超出船舶设计人员可能的设计范围[13]。因此，基于规则的船舶布置自动创建方法仍无法突破传统设计思路的限制，从根本上解决传统布置设计方法存在的问题。

智能优化算法对船舶布置优化设计发展起到了重要的促进作用。智能优化算法是一个近年来飞速发展的研究领域，并已在各种不同领域得到广泛的应用。基于智能优化算法自动创建船舶布置方案，已成为船舶总布置优化设计发展的主流趋势，主要存在以下优势。

（1）对问题的描述要求宽松。可以使用非连续、非凸、非可微、非显式等各种函数形式表示船舶布置优化问题，也允许使用包含逻辑判断、循环等的一段程序对优化问题进行描述。

（2）并不苛求最优解。智能搜索算法会尽可能逼近最优解，根据求解要求或者计算能力，能够大概率得到满足工程应用的理想解，符合船舶布置优化设计的基本特点。

（3）不依赖船舶总布置设计专业知识。船舶布局方案的创建是基于智能优化算法中的随机搜索算子，不受船舶设计经验和设计规则的制约，具有突破人类设计创新能力的潜力。

（4）计算效率高。在固定时间内能够有效地设计迭代次数，扩大备选布置方案集的规模。

（5）不需要人机交互。船舶设计人员仅需要根据设计要求建立船舶布置优化模型，便可得到大量的船舶布置方案及其中的最优方案。

1.4　智能优化技术研究进展

优化问题广泛地存在于信号处理、图像处理、生产调度、任务分配、模式识别、自动控制和机械设计等众多领域。优化方法是一种以数学为基础，用于求解各种优化问题的应用技术。在电子、通信、计算机科学、自动化、人工智能、机械工程、经济学和管理学等众多学科中，不断出现许多复杂的组合优化问题。面对这些大型的优化问题，传统的优化方法（如牛顿法、单纯形法等）需要遍历整个搜索空间，无法在短时间内完成搜索，且容易产生搜索的"组合爆炸"。受人类智能、生物群体社会性、自然现象规律的启发，大量智能优化算法被提出并用于各类复杂的优化问题。

鉴于实际工程问题的复杂性、非线性、约束性，以及建模困难等诸多特点，寻求高效的优化求解技术仍是相关学科的主要研究内容之一[65]。近年来，一种新兴的计算理论——膜计算的迅速发展为智能求解技术提供了一种新的可能。膜计算（membrane computing）作为自然计算的新分支，是当前计算机科学、数学、生物学和人工智能等多学科交叉的研究热点，旨在从生命细胞的结构与功能中，以及从组织和器官等细胞群的协作中抽象出计算模型[66]。相比于传统计算理论，膜计算不仅为计算机科学引入了新的分布式并行信息处理方法和技术，而且为生物系统的建模和仿真提供了新工具。已有研究及文献资料表明，将膜计算框架与智能优化算法进行合理的结合形成的智能求解技术能够极大地提升计算求解效率和计算精度[67-69]。

1.4.1 智能优化算法研究进展

智能优化算法是一种通用的启发式策略，具有不依赖特定问题的特有条件，且广泛适用于各类优化问题的特点。智能优化算法的启发式搜索过程都是从自然界的一些随机现象获取灵感，并将其抽象成对应的随机搜索模型。根据灵感来源的差异，一般可将智能优化算法大致分为基于进化策略（evolution-based）、基于群体智能（swarm-based）、基于物理机制（physics-based）和基于人类行为（human-based）4 个种类。随着各类算法的不断发展，同一算法中往往使用了多种不同类型的搜索策略，这也使各类算法之间的划分界限十分模糊。

1. 基于进化策略

基于进化策略的智能优化算法是通过模仿自然界生物的进化策略来实现优化问题的求解。遗传算法作为最著名的基于进化策略的智能优化算法，已经在许多实际优化问题中得到广泛的应用，其搜索模型是从达尔文进化论和染色体的复制遗传中抽象得到。近年来，许多基于遗传算法的改进策略进一步提高了遗传算法的性能。Hedar 和 Ali 提出了一种带有矩阵编码划分的遗传算法（genetic algorithm with matrix coding partition，GAMCP），该算法使用了一种减小搜索空间和种群规模的分组划分策略，有效延缓了遗传算法过早陷入局部最优[70]。Duan 等和 Chu 等基于进化搜索理论，在保证算法全局搜索能力的基础上，使用基于斜率的搜索策略来应对高维搜索空间带来的复杂度增加[71-72]。Thakur 提出了一种以母代为中心的自适应交叉算子来提高遗传算法在求解多峰连续优化问题的性能[73]。Wang 和 Li 通过分析具有不同概率密度的单变量分布估计算法（estimation of distribution algorithm，EDA）的性能，设计了一种自适应的混合分布，并提出了一种基于单变量重启的分布估计遗传算法[74-75]。该算法首先在混合的高斯分布和 Levy 概率分布下进行采样，然后结合标准差控制策略和重启策略来提高传统单变量分布估算遗传算法的全局搜索能力。

除了遗传算法，进化算法（evolutionary algorithm，EA）也是一类著名的基于进化策略的智能优化算法。从某种程度上来说，遗传算法属于进化算法中的一种。进化算法主要是从自然界生物进化优胜劣汰的规则中抽象得到计算规则，算法中使用的搜索算子不再局限于基于染色体的复制遗传操作构建。Wang 等针对大规模优化问题提出了一种两阶段的集成优化算法，将进化搜索过程分成全局收缩过程和局部探索过程两个阶段[76]。García-Martínez 和 Lozano 提出了一种基于可变邻域搜索算法，该算法中可变邻域搜索包括生成、改进和抖动三个组成部分，并且每个部分单独使用一个专用的进化搜索算子[77]。Omidvar 和 Li 研究分析了适用于大型优化问题的协方差矩阵适应进化算法（covariance matrix adaptation evolution strategy，CMA-ES）的性能，并详细比较分析该算法与合作式协同进化算法（cooperative co-evolution algorithm，CCEA）的特点和差异[78]。进化算法在求解多目标优化问题方面具有很强的竞争性。Bao 等提出了一种适用于多目标进化算法的层次非支配排序策略[79]。Zhang 等为增加多目标进化算法在优化变量数量上的拓展性，提出一种基于决策变量类聚方法的定制进化算法[80]。此外，进化算法还被应用于网络科学等领域。Lu 和 Zhou 提出了一种基于网络约简的多目标进化算法，并将其应用于复杂网络的社区检测问题[81]。

2. 基于群体智能

基于群体智能的智能优化算法是受自然界中动物的社交行为启发构建的一类优化问题求解算法。粒子群优化（particle swarm optimization，PSO）算法是受到鸟群或鱼群觅食行为的启发，是目前应用最广的群体智能算法之一。

Hsieh 等提出了一种基于共享思想的有效种群利用策略对经典的粒子群算法（particle swarm optimization）进行改进，以防止粒子过早陷入局部最优[82]。Hatanaka 等为粒子群算法中的粒子加入旋转特性[83]；Cheng 和 Jin 则引入一种随机成对竞争策略对粒子群算法进行改进[84]。Garcia-Nieto 和 Alba 将速度调整和重启策略应用于粒子群算法中，以提高粒子群算法的适用范围[85]。速度调整策略能够更好地引导粒子在目标区域内运动，而重启策略有效地避免了过早收敛。de Oca 等提出了一种重新设计策略和循环调整策略，并将其与粒子群算法结合，形成一种混合智能优化算法[86]。大量测试试验表明，这种混合智能优化算法具有比经典粒子群算法更为优良的性能。粒子群算法与其他算法混合对提高算法的性能也有较好的效果。Xia 等将粒子群算法和萤火虫算法结合，形成了一种混合智能优化算法，并在许多测试函数上显示出更好的计算性能[87]。

蚁群优化（ant colony optimization，ACO）算法是另外一种应用广泛的群体智能算法，是由 Dorigo 等提出，其灵感来源于蚂蚁在觅食过程中的寻路行为[88]。Korošec 和 Šilc 开发了一种用于全局优化的差分蚁群算法（differential ant-stigmergy algorithm，DASA）。在该算法中，离散偏移量用于将实参优化问题转化为图搜索问题[89]。

除了粒子群算法和蚁群优化算法，狼群算法（wolf pack algorithm，WPA）[90]、人工蜂群算法（artificial bee colony algorithm，ABC）[91]、蚁狮优化（ant lion optimization，ALO）算法[92]和鸟群算法（bird swarm algorithm，BSA）[93]都是近年来的基于群体智能搜索策略提出的新兴智能优化算法。Gaidhane 和 Nigam 基于狼群算法和蚁狮优化算法开发了一种混合算法，在继承原始算法优点的同时克服算法的部分缺陷[94]。Yang 等将一种不规则的随机飞行策略应用于鸟群算法，解决了具有基数约束的投资组合优化问题[95]。

3. 基于物理机制

基于物理机制的智能优化算法是从宇宙中基本物理规则抽象而来，主要包括模拟退火（simulated annealing，SA）算法[96]、引力搜索算法（gravitational search algorithm，GSA）[65]、中心力优化（central force optimization，CFO）算法[97]和带电系统搜索（charged system search，CSS）算法[98]等。2002 年，Misra 和 Bloebaum 提出了一种基于模拟退火算法的混合并行启发式优化算法[99]。2016 年，Cao 等提出了一种新颖的基于物理形态的优化（phase based optimization，PBO）算法。该算法是以物质在气态、液态和固态下的不同运动特性为灵感，针对优化搜索过程中的不同阶段，设计使用不同特性的搜索策略[100]。之后，Cao 等还将完全随机搜索策略和全局最优引导搜索策略加入 PBO 算法中，以增强 PBO 算法处理可拓展性优化问题的能力[101]。2017 年，Beigvand 等将时变加速度系数策略与引力搜索算法相结合，用于解决复杂的热电联产问题[102]。

4. 基于人类行为

基于人类行为的智能优化算法是以人类活动和人类行为作为灵感来源，设计和开发的一类算法。与其他三类智能优化算法相比，基于人类行为的智能优化算法种类和相关研究较少。其中比较著名的两种算法是和声搜索（harmony search，HS）算法[103]和教学优化（teaching-learning-based optimization，TLBO）算法[104]。和声搜索算法是 Geem 等在 2001 年提出的，其模仿的是人类音乐即兴创作行为。教学优化算法是 Rao 等受到学校学生学习行为启发，于 2012 提出的一种智能优化算法。教学优化算法将优化搜索过程分为教和学两个阶段：在教阶段，群体中最佳个体通过扮演教师来提高整个解集的平均水平；在学阶段，群体中最佳个体通过模仿学生间的相互讨论，来随机提高个体水平。

1.4.2 膜计算研究进展

自然计算是研究生物计算系统的一门新兴学科，能够解决传统计算方法难以解决的各种复杂问题，它主要包括进化计算、自然计算和 DNA 计算等多个著名研究方向，如图 1-12 所示。膜计算作为自然计算的一个新分支，其目的是从生物细胞的结构和功能及生命组织和器官等细胞群的协作中获取新的计算思想和计算模型。1998 年，在芬兰图尔库计算机中心的研究报告中，欧洲科学院院士、罗马尼亚科学院院士 Păun 首次提出了膜计算的概念，并于 2000 年发表见刊[105]。膜计算模型也称为 P 系统，被认为是一种具有分布式、并行性和非确定性等多种优势的理想计算模型，其不仅为计算机科学引入了新的分布式并行信息处理方法和技术，而且也为生物系统的建模和仿真提供了新工具。

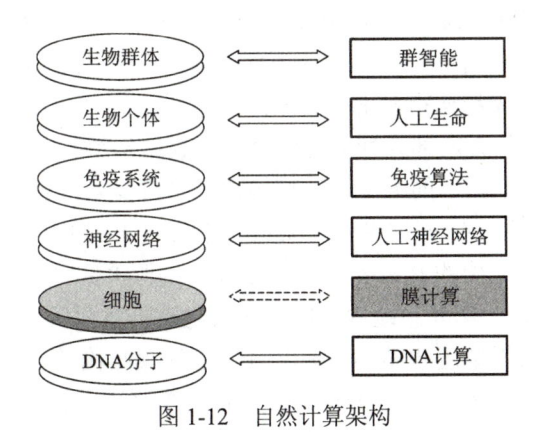

图 1-12　自然计算架构

膜计算将生物细胞内的生化反应与物质流动性作为计算模型进行抽象，通常是由膜结构、表示对象的多重集及规则三部分组成。一个独立的生物细胞就是一个独立的计算单元，最外层皮肤膜负责将细胞内部的细胞器与外部环境相隔绝。膜内生化反应消耗和生成的物质就是通常理解的计算对象。膜内的生化反应规则及物质在不同膜之间的流动传输规则就相当于计算规则。整个生物体相当于一个包含数量庞大计算单元的独立计算系统，其最显著的优点是允许以极大的并行度来实现计算，从而能够获得远超传统电子计算机的计算能力。膜计算作为当前非常活跃的一个研究领域，能够在新型计算机信息处理系统的研究和开发方面起到重要作用。Păun 在研究生物细胞结构和功能时，根据细胞处理化学物质的机理建立了第一个膜计算模型，从而拉开了膜计算研究的序幕[105]。2003 年 Thompson 科学信息所将膜计算评为计算机领域中快速发展的重要研究方向之一。经过近 20 年的发展，膜计算的基本理论已基本成熟，并成为一个非常活跃的研究领域。膜计算的发展与生物技术的进步有着十分密切的关系，受限于目前生物试验技术的发展，膜计算模型的工程实现尚处于起步阶段。因此，采用电子计算机仿真膜计算过程，并使用膜计算模型解决实际问题是现阶段膜计算的一个重要研究方向[66]。细胞型膜计算模型、组织型膜计算模型及神经型膜计算模型是目前最主要的三类膜计算模型，并已被证明具有不弱于图灵机的计算能力。

1. 细胞型 P 系统

细胞型 P 系统是模仿细胞生物结构建立的一种层次结构计算模型，并从生物系统中抽象出用于信息处理的计算规则。细胞型 P 系统通常是由膜结构、对象及规则三大基本要素组成。膜结构是用于划分放置对象多重集的区域，对象通常用字母表中的字符或字符串表示，而规则是用于处理不同区域中的计算对象，每条规则明确地指出需要处理的对象及具体需要执行的操作。根据膜结构形式的差异，细胞型 P 系统可进一步细分为嵌套膜结构（nested membrane structure，NMS）、单层膜结构（one-level membrane structure，OLMS）、混合膜结构（hybrid membrane structure，HMS）和动态膜结构（dynamic membrane structure，DMS）4 类[106-107]。2004～2006 年，Nishida 设计了一种嵌套结构的类细胞 P 系统，选择禁忌搜索和遗传算法作为 P 系统的进化规则，并将所提出算法用于解决旅行商问题以验证其有效性[108-110]。2008 年，Zhang 等首次提出了一种具有单层膜结构的类细胞 P 系统[111]。在具有单层膜结构的 P 系统中，各种不同的智能优化算法都可以用作进化规则与 P 系统结合，从而更容易地设计得到高效的 P 系统来解决复杂优化问题。通过混合嵌套膜结构和单层膜结构得到的混合膜结构是类细胞 P 系统中的一种特殊的分层膜结构。Sun 等通过在皮肤膜内部并列放置两个嵌套膜结构得到了具有混合膜结构的 P 系统[112]。Peng 等则用 m 个简单的混合膜结构构建了具有复杂混合膜结构的 P 系统，并将其用于图像阈值处理[113]。Zaharie 和 Ciobanu 将星型拓扑结构与差分进化算法相结合，构建了一种具有混合膜结构的 P 系统变体[114]。在类细胞 P 系统中，还有一种膜结构被称为动态膜结构。动态膜结构 P 系统内的膜结构会随着搜索进程而动态变化。Liu 等通过将合并和分解规则应用于单层膜结构，使 P 系统中的膜结构随着搜索过程而变化，形成了具有动态膜结构的 P 系统[115]。在 Liu 等构建的动态膜结构 P 系统中，合并和分解规则在每次迭代结束时执行；合并规则可以将皮肤膜内部的所有膜合并成一个，而分解规则可以将一层膜结构在皮肤膜内部划分为一定数量的单层膜结构。Liang 和 Huang 等提出了一种仅使用分解规则的动态膜结构，通过不断应用分解规则，P 系统内部将生成大量的单层膜结构[116-117]。Yin 等提出了一种适用动态膜结构的溶解规则，通过同时使用分解规则和溶解规则，可以将皮肤膜内部的膜结构总数量维持不变[118]。

2. 组织型 P 系统和神经型 P 系统

组织型 P 系统和神经型 P 系统是细胞型 P 系统的重要拓展。组织型 P 系统是由 Păun 等于 2003 年基于细胞间分子转移生物机理所提出的[67]，它由自由分布于同一环境中的多个细胞共同组成，其膜结构与图论中的无向图对应。神经型 P 系统是最新提出的一种计算模型，其思想来源于生物的神经系统；膜系统中的细胞均采用神经元细胞，分为基本神经型 P 系统和脉冲神经型 P 系统两类。组织型 P 系统和神经型 P 系统的膜结构通常具有网络型膜结构。基本神经型 P 系统是在组织型 P 系统的基础上发展而来的，主要采用神经元代替组织型 P 系统中的细胞计算单元。脉冲神经型 P 系统是从生物神经系统中神经元通过突触传递脉冲交换信息的机制中抽象出的一种计算模型，脉冲是脉冲神经型 P 系统中唯一的对象。目前，有关类神经 P 系统和类组织 P 系统的研究和应用都相对较少。Huang 等设计了一个具有网络结构的类组织 P 系统用以解决多目标优化问题[119-120]。该 P 系统包含了 7 个相对独立的细胞，并且使用遗传算法作为进化规则。Zhang 等将差分进化算法与一个组织型 P 系统相结合，用于处理约束优化问题[121]。Zhang 等设计了一个具有三个细胞组成的动态网络膜结构，并将三种不同类型的进化策略分别放置于不同细胞内部。与现有的进化算法在个体水平上进行信息交换不同，动态网络膜结构中的信息交流是在基因水平进行的[122]。

第 2 章

船舶拓扑布置优化设计建模

在传统船舶总布置设计中，船舶总布置方案用总布置图进行表示，这种基于二维几何图形的描述方式能够清晰直观地表达设计者意图，已被广泛应用于船舶设计和船舶建造等各个环节。然而，随着近年来计算机辅助船舶设计技术的不断发展和进步，传统船舶总布置设计方法与船舶型线、结构等新兴优化设计方法存在显著差距，已成为限制船舶设计效率和设计质量的重要因素。传统总布置设计过程依赖船舶几何布局进行分析评估，难以在船舶设计初期对船舶布局方案展开深入分析和优化设计。理解和协调船舶布置对象之间存在的错综复杂的相互影响关系是船舶初步设计阶段船舶布置优化设计的核心工作之一[5]。因此，本书将船舶总布置优化设计分解成船舶拓扑布置优化设计和船舶几何布置优化设计，从两个不同的视角诠释船舶总布置设计的内涵。

本章将从网络拓扑的视角出发，提出一种新颖的船舶总布置描述方法——基于网络表征的船舶拓扑布置。与船舶几何布局模型不同，船舶拓扑布置网络是船舶总布置在拓扑空间的一种表征形式，重点关注船舶总布置中隐含的错综复杂相互影响关系。此外，船舶布置对象之间影响关系并不是显性量化的，在传统设计过程中它们以设计经验和设计灵感的形式存在于设计人员脑海中，因此本章还将提出一种基于布置对象属性和功能的影响关系识别方法。最后，从优化设计的目的出发，建立船舶拓扑布置优化问题的数学模型，为实现船舶总布置优化设计奠定基础。

2.1 基于网络表征的船舶拓扑布置

得益于图论和拓扑学等应用数学的发展，网络科学是专门研究复杂网络系统定性和定量规律的一门崭新的交叉学科，其研究涉及复杂网络的各种拓扑结构及其性质。为了弥补船舶总布置图在二维平面空间表示能力的不足，本节将网络科学技术引入船舶布置设计中，提出船舶拓扑布置的概念。基于网络表征的船舶拓扑布置重点关注船舶布置对象间的拓扑关系，而对船舶几何布置特征进行了大量的简化，实现船舶布置方案在拓扑空间的表达。在船舶拓扑布置网络中，船舶布置对象和布置空间均被抽象为网络节点，并采用多片网络结构来表示船舶总布置。

2.1.1 船舶拓扑布置网络的定义

图论是网络科学的重要历史基础。图提供了一种用抽象的点和线表示各种实际网络的统一方法，是目前研究复杂网络的一种通用语言。

船舶甲板作为船舶布置的基础，对船舶布置对象有着很强的隔断划分作用，因此船舶拓扑布置网络可定义为由多片表示各层甲板布置的网络共同构成，如图 2-1 所示。船舶拓扑布置网络中任一单片网络均可抽象为一个由点集 V 和边集 E 组成的图 $G_k = (V_k, E_k)$，那么船舶拓扑布置网络可表示为包含所有网络片的图集 $G = \{G_1, G_2, \cdots, G_N\}$。点集 V_k 中所包含的网络节点是用以表征布置于甲板 k 中包含的船舶布置空间和对象；边集 E_k 中所包含的边则表示船舶拓扑布置网络中网络节点之间的拓扑关系，即船舶布置对象之间的空间结构关系。点集 V_k 中包含的顶点数记为 $|V_k|$，边数记为 $|E_k|$，E_k 中每条边都有一对网络节点与之相对应。

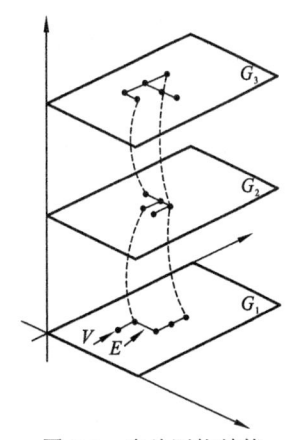

图 2-1 多片网络结构

1. 网络节点

在船舶拓扑布置中，网络节点不包含具体的几何属性，仅为船舶布置对象在拓扑空间的一种表示。根据船舶布置空间和布置对象功能、尺寸和布置要求的差异，可将网络节点分为区域节点和对象节点，如图 2-2 所示。

1）区域节点

船舶横舱壁作为船舶的重要结构，在提高船体强度、控制火灾蔓延和增强船舶抗沉性等方面起到重要作用。因此，船舶内部空间被横舱壁在船长方向上分成多个子区域，并且不同区域间存在一定的独立性，如图 2-3 所示。区域节点就是用来表示由船舶甲板

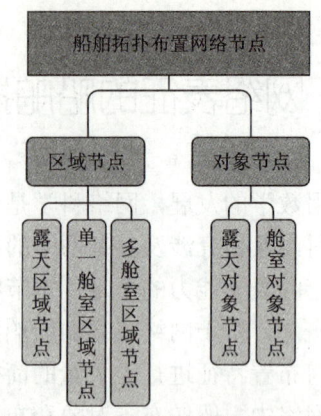

图 2-2 船舶拓扑布置网络节点类别

和船舶横舱壁划分形成的船舶甲板区域。根据船舶甲板区域的功能用途差异,可进一步将区域节点细分为露天区域节点、单一舱室区域节点和多舱室区域节点三类。

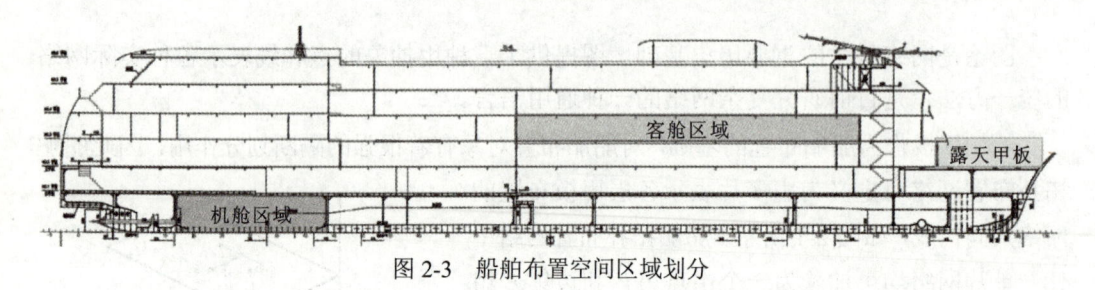

图 2-3 船舶布置空间区域划分

露天区域节点表示露天船舶甲板区域。露天甲板区域最显著的特点是其上方不被遮挡,如图 2-4 所示。通常,露天甲板区域用来布置一些露天甲板机械,例如锚机、吊车等。

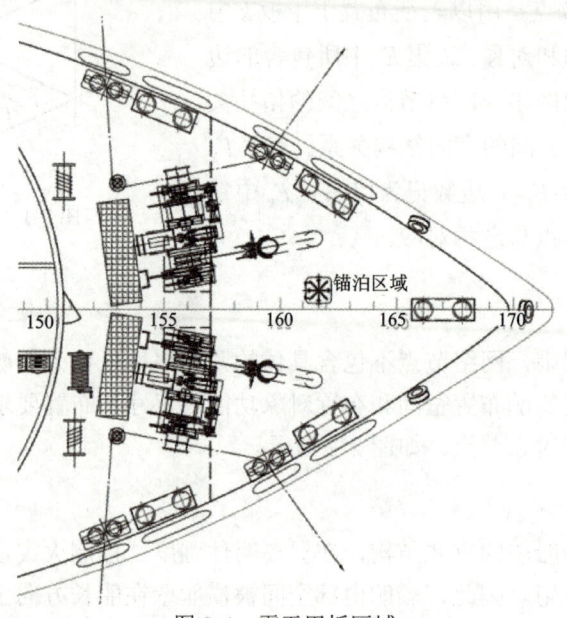

图 2-4 露天甲板区域

· 30 ·

单一舱室区域节点表示仅包含一个船舶布置对象的船舶甲板区域,如图 2-5 所示。为了降低船舶拓扑布置网络中节点数量,单一舱室区域节点可直接用于表示船舶布置中单独占据一个或多个连续船舶甲板区域的船舶布置对象。

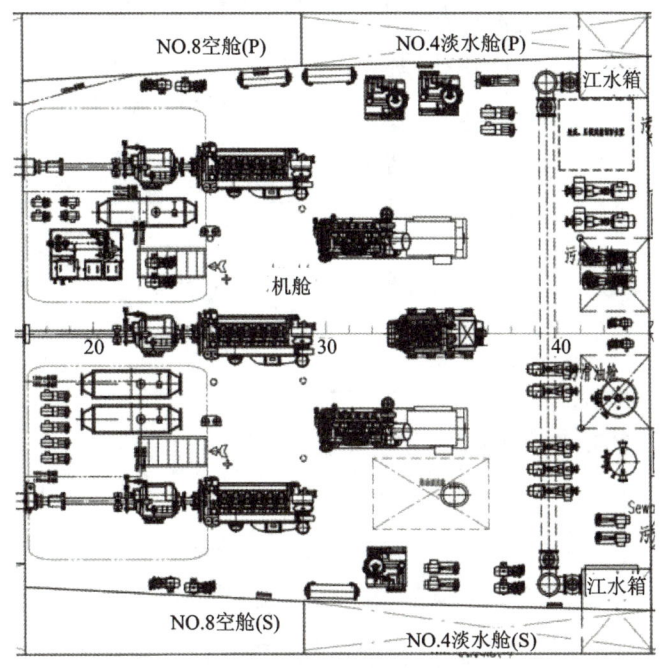

图 2-5 单一舱室区域(机舱)

多舱室区域节点表示包含多个船舶布置对象的船舶甲板区域。船舶甲板通道作为多舱室区域中的重要布置对象,对区域内其他布置对象的拓扑关系起到决定性作用。为了更好地反映多舱室区域内布置对象之间的拓扑关系,可直接使用区域内部的主要纵向通道来表示此类船舶甲板区域,即多舱室区域节点表示对应甲板区域内的主要纵向通道。图 2-6 给出了船舶布置中常见的三种主要纵向通道布局形式:图 2-6(a)为仅包含一条主要纵向通道的单列式布局,其中主要纵向通道位于甲板的正中央;图 2-6(b)为包含两条主要纵向通道的双列式布局,其中两条纵向通道对称地布置于甲板上,对称轴为甲板中心线;图 2-6(c)为包含三条主要纵向通道的三列式布局,其中两条纵向通道分别布置于甲板左右两舷,第三条纵向通道布置于甲板正中央。

2)对象节点

对象节点表示布置于甲板区域内部的船舶布置对象。在船舶初步设计阶段,船舶总布置优化设计可不考虑船舶舱室内的家具和舾装件。因此对象节点可进一步细分为露天对象节点和舱室对象节点。露天对象节点表示布置于露天甲板的船舶甲板机械和设备。舱室对象节点则表示布置于单一舱室区域和多舱室区域内部的船舶舱室。需要注意的是,布置于单一舱室区域内部的船舶布置对象直接使用单一舱室区域节点进行表示,以减少船舶拓扑布置网络中的节点数量。

(a) 单列式布局

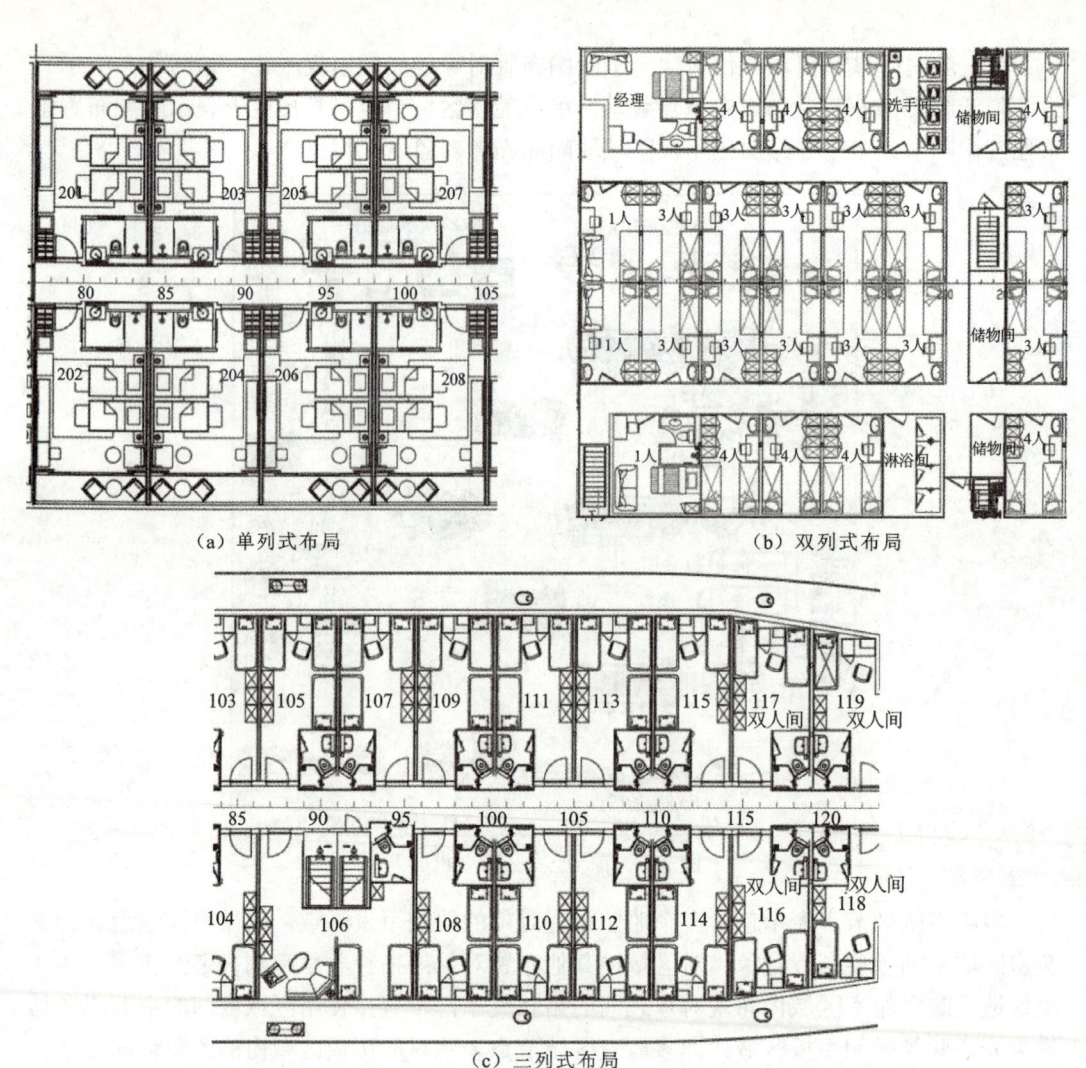

(b) 双列式布局

(c) 三列式布局

图 2-6　多舱室区域的三种主要纵向通道布局形式

2. 拓扑关系

网络节点之间拓扑关系是船舶拓扑布置的核心要素。在本书构建的船舶拓扑布置网络中，充分考虑船舶甲板对布置对象的限制及影响，各层甲板布置对应的网络片相对独立。其中，同一网络片内节点之间的拓扑关系使用实线表示，不同网络片节点之间的拓扑关系使用虚线表示，如图 2-1 所示。

1) 网络片内的拓扑关系

网络片内的拓扑关系是指位于相同甲板上布置对象之间的拓扑关系，即位于相同甲板上布置对象之间的空间结构关系。相同甲板上布置对象之间的空间结构关系可简化为它们所在甲板平面上投影之间的拓扑关系，即面与面之间的拓扑关系。二维平面中，面对象间的拓扑关系可以通过点集拓扑分量间的组合关系来进行描述和区分。

二维平面内的平面对象S可以分解为边界点集∂S和内部点集S°两个拓扑分量，记作

$$\mathfrak{S} = \{\partial S, S^\circ\} \tag{2-1}$$

那么，可以通过平面对象$\mathfrak{S}_i$的边界点集和内部点集与平面对象$\mathfrak{S}_j$的边界点集和内部点集的交集来分析判断平面对象$\mathfrak{S}_i$和$\mathfrak{S}_j$之间的拓扑关系，可表示为

$$T(\mathfrak{S}_i, \mathfrak{S}_j) = \begin{bmatrix} S_i^\circ \cap S_j^\circ & S_i^\circ \cap \partial S_j \\ \partial S_i \cap S_j^\circ & \partial S_i \cap \partial S_j \end{bmatrix} \tag{2-2}$$

式中：S_i°为平面对象$\mathfrak{S}_i$内部点的集合；∂S_i为平面对象$\mathfrak{S}_i$边界点的集合；S_j°为平面对象$\mathfrak{S}_j$内部点的集合；∂S_j为平面对象$\mathfrak{S}_j$边界点的集合。根据交集取值为空（$\varnothing$）或非空（$\neg\varnothing$）的情况，平面对象$\mathfrak{S}_i$和$\mathfrak{S}_j$之间存在8种不同的拓扑关系，如图2-7所示。

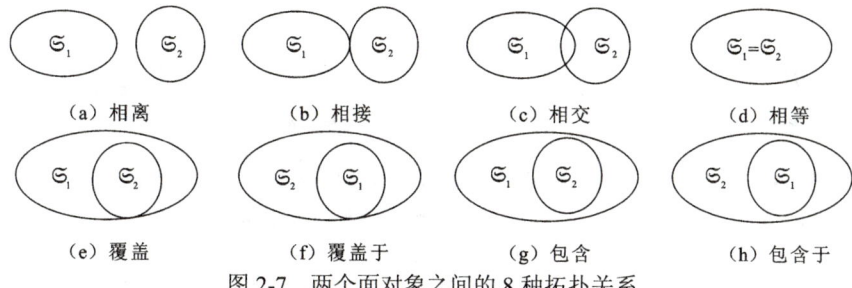

图2-7 两个面对象之间的8种拓扑关系

图2-7（a）表示平面对象$\mathfrak{S}_1$相离平面对象$\mathfrak{S}_2$，记作

$$T(\mathfrak{S}_1, \mathfrak{S}_2) = \begin{bmatrix} \varnothing & \varnothing \\ \varnothing & \varnothing \end{bmatrix} \tag{2-3}$$

图2-7（b）表示平面对象$\mathfrak{S}_1$相接平面对象$\mathfrak{S}_2$，记作

$$T(\mathfrak{S}_1, \mathfrak{S}_2) = \begin{bmatrix} \neg\varnothing & \neg\varnothing \\ \neg\varnothing & \neg\varnothing \end{bmatrix} \tag{2-4}$$

图2-7（c）表示平面对象$\mathfrak{S}_1$相交平面对象$\mathfrak{S}_2$，记作

$$T(\mathfrak{S}_1, \mathfrak{S}_2) = \begin{bmatrix} \varnothing & \varnothing \\ \varnothing & \neg\varnothing \end{bmatrix} \tag{2-5}$$

图2-7（d）表示平面对象$\mathfrak{S}_1$相等平面对象$\mathfrak{S}_2$，记作

$$T(\mathfrak{S}_1, \mathfrak{S}_2) = \begin{bmatrix} \neg\varnothing & \varnothing \\ \varnothing & \neg\varnothing \end{bmatrix} \tag{2-6}$$

图2-7（e）表示平面对象$\mathfrak{S}_1$覆盖平面对象$\mathfrak{S}_2$，记作

$$T(\mathfrak{S}_1, \mathfrak{S}_2) = \begin{bmatrix} \neg\varnothing & \neg\varnothing \\ \varnothing & \neg\varnothing \end{bmatrix} \tag{2-7}$$

图2-7（f）表示平面对象$\mathfrak{S}_1$覆盖于平面对象$\mathfrak{S}_2$，记作

$$T(\mathfrak{S}_1, \mathfrak{S}_2) = \begin{bmatrix} \neg\varnothing & \varnothing \\ \neg\varnothing & \neg\varnothing \end{bmatrix} \tag{2-8}$$

图2-7（g）表示平面对象$\mathfrak{S}_1$包含平面对象$\mathfrak{S}_2$，记作

$$T(\mathfrak{S}_1, \mathfrak{S}_2) = \begin{bmatrix} \neg\varnothing & \neg\varnothing \\ \varnothing & \varnothing \end{bmatrix} \tag{2-9}$$

图2-7（h）表示平面对象$\mathfrak{S}_1$包含于平面对象$\mathfrak{S}_2$，记作

$$T(\mathfrak{S}_1, \mathfrak{S}_2) = \begin{bmatrix} \neg\varnothing & \varnothing \\ \neg\varnothing & \varnothing \end{bmatrix} \qquad (2\text{-}10)$$

在船舶拓扑布置中，重点关注相同网络片中的拓扑关系，即同层甲板上布置对象之间的拓扑关系。对于区域节点和区域节点（或对象节点和对象节点），它们均表示相互独立且不允许相互干涉的三维几何实体，因此图 2-7（c）～（h）所示的 6 类拓扑关系一般是不适用的。区域节点之间仅存在图 2-7（a）和（b）所示的相离和相接关系。对象节点之间同样仅存在图 2-7（a）和（b）所示的相离和相接关系。在表示船舶甲板拓扑布置的网络片中，存在相接关系的两个节点之间使用实线连接，而没有相互连接的两个节点则表示相离关系，如图 2-8 所示。

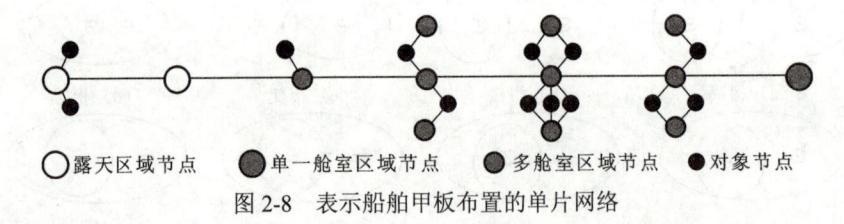

○ 露天区域节点　● 单一舱室区域节点　● 多舱室区域节点　• 对象节点

图 2-8　表示船舶甲板布置的单片网络

船舶拓扑布置网络中，对象节点表示的船舶布置对象是布置于区域节点对应的船舶甲板区域内部，因此区域节点与对应对象节点之间可能存在除图 2-7（c）外的 7 种拓扑关系；其中，区域节点与非布置于该区域对象节点之间为相离拓扑关系。

对于露天区域节点而言，对应的对象节点一般表示布置于露天甲板区域内的甲板机械等，因此露天区域节点与对应的对象节点间存在图 2-7（e）～（h）所示的覆盖（覆盖于）和包含（包含于）关系。覆盖（覆盖于）与包含（包含于）的差异在于，覆盖（覆盖于）表示布置于甲板舷侧的布置对象，包含（包含于）表示布置区域内部的布置对象。为了保持船舶拓扑布置网络的简洁性和直观性，将露天区域节点与对象节点间的覆盖（覆盖于）和包含（包含于）关系均在网络中使用实线表示。为方便甲板机械的操作并保证其正常运行，甲板机械之间通常不会出现相接关系，可以使用一种星形网络结构来描述露天甲板区域内布置对象之间的拓扑关系，如图 2-9 所示。

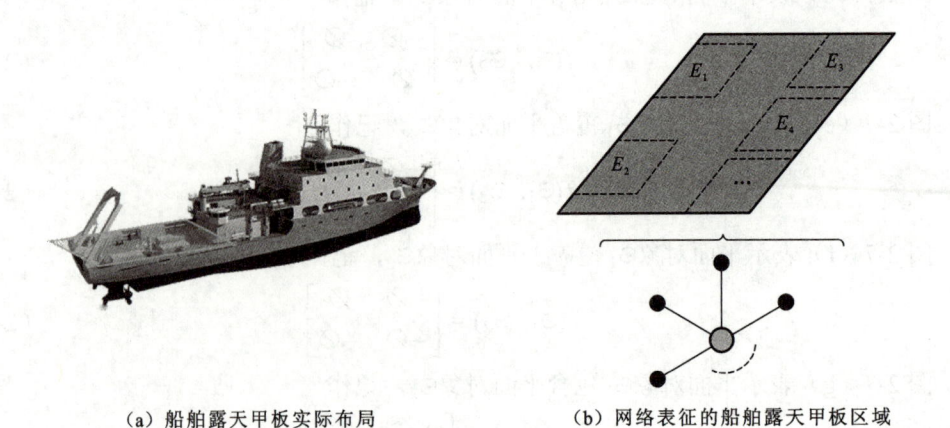

（a）船舶露天甲板实际布局　　　　（b）网络表征的船舶露天甲板区域

图 2-9　描述露天甲板区域的星形网络结构

单一舱室区域节点表示被一个大舱室完全占据的船舶甲板布置区域，对应图 2-7（d）所示的相等关系，即单一舱室区域节点与对应的对象节点完全相同。因此在网络中可以删除单一舱室区域内的对象节点，而仅使用单一舱室区域节点统一表示，如图 2-8 中深灰色大圆环网络节点所示。

多舱室区域节点表示包含多个布置对象的甲板布置区域。考虑在船舶拓扑布置网络中，多舱室区域节点由其内部的主要纵向通道表示，对象节点与表示主要纵向通道的多舱室区域节点之间仅存在相离和相接拓扑关系。多舱室区域中通道布局形式的不同也会对区域内布置对象之间的拓扑关系造成影响，本章重点分析三种常见的船舶主要纵向通道布局形式：单列式布局、双列式布局和三列式布局。对于单列式布局，考虑通道单侧最多允许双列布置，则存在如图 2-10 所示的 4 种网络拓扑结构；对于双列式布局，考虑靠近甲板边沿布置区域仅允许单列布置，通道中间区域最多允许双列布置，则存在如图 2-11 所示的 4 种网络拓扑结构；对于三列式布局，规定两侧通道固定于甲板舷侧，并且两通道之间最多允许双列布置，则共存在如图 2-12 所示的 4 种网络拓扑结构。不同通道布局中，布置对象的最大允许布置列数主要是由布置对象的可达性进行限制，详见 2.2.2 小节。

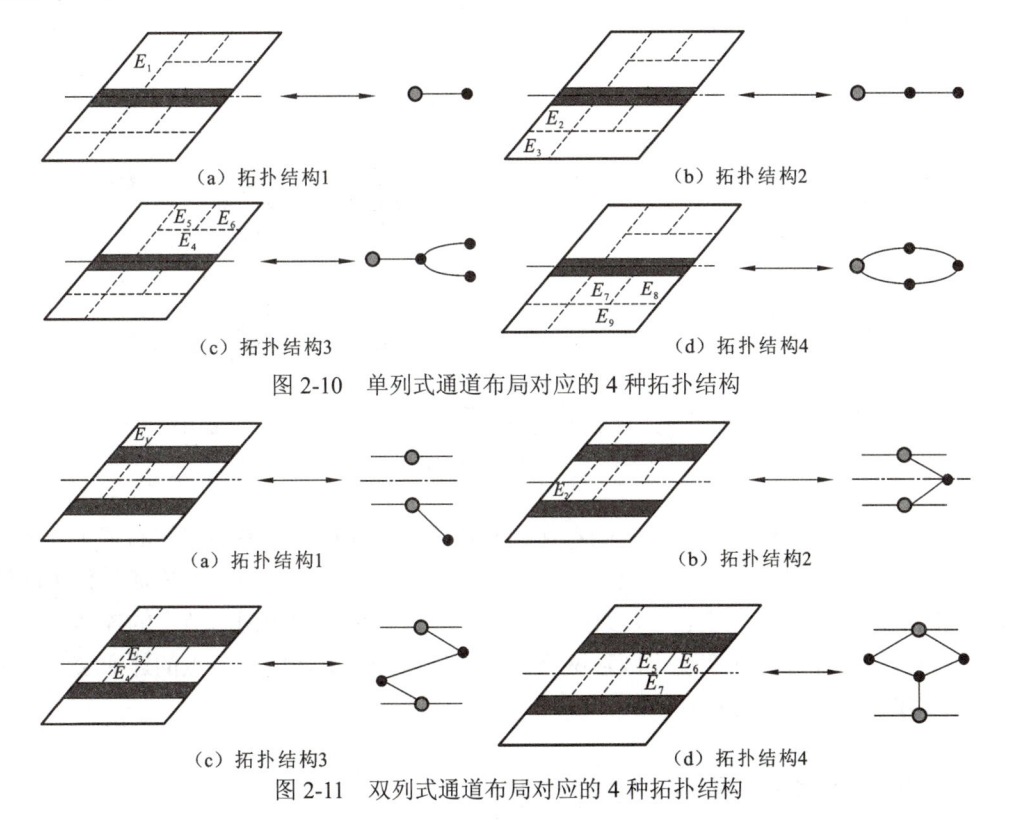

图 2-10　单列式通道布局对应的 4 种拓扑结构

图 2-11　双列式通道布局对应的 4 种拓扑结构

2）网络片之间的拓扑关系

与网络片之前的拓扑关系不同，网络片之间的拓扑关系是用于描述不同层甲板之间的连通关系，而非不同层甲板上布置对象之间的空间结构关系。考虑船舶布置中船舶甲板在几何空间中存在高度次序关系，甲板间的连通性通常仅存在于连续两层甲板之间。

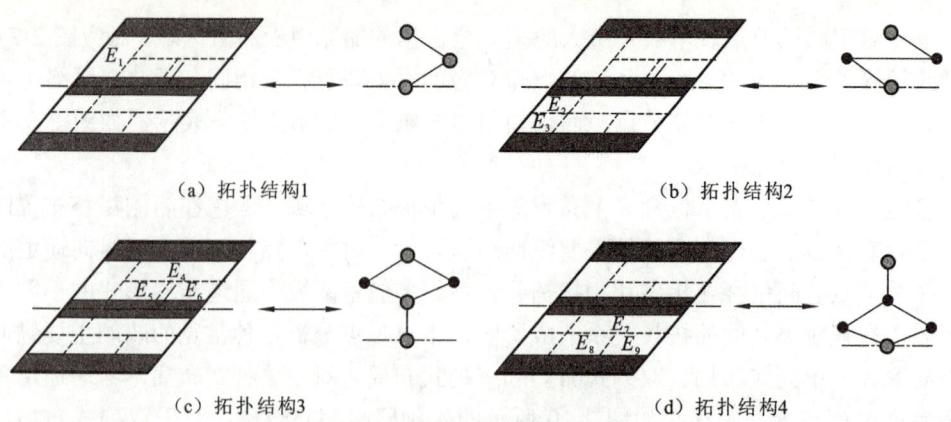

（a）拓扑结构1　　　　　　　　　　　　（b）拓扑结构2

（c）拓扑结构3　　　　　　　　　　　　（d）拓扑结构4

图 2-12　三列式通道布局对应的 4 种拓扑结构

船舶布置中不同甲板之间的连通关系主要包括通道连通和舱室连通两种情况，在网络中用虚线表示。船舶舱室连通是指某个布置对象在船舶几何布置中需要贯穿多层船舶甲板，在船舶拓扑布置网络中将该类布置对象离散为多个不同网络片中的网络节点独立地进行表示。图 2-13 中最右侧两个深灰色大圆环网络节点均表示艉侧推机舱，从图中可以看出，占用两层甲板艉侧推机舱被离散为两个独立的网络节点，并分别位于两个不同的网络片内。

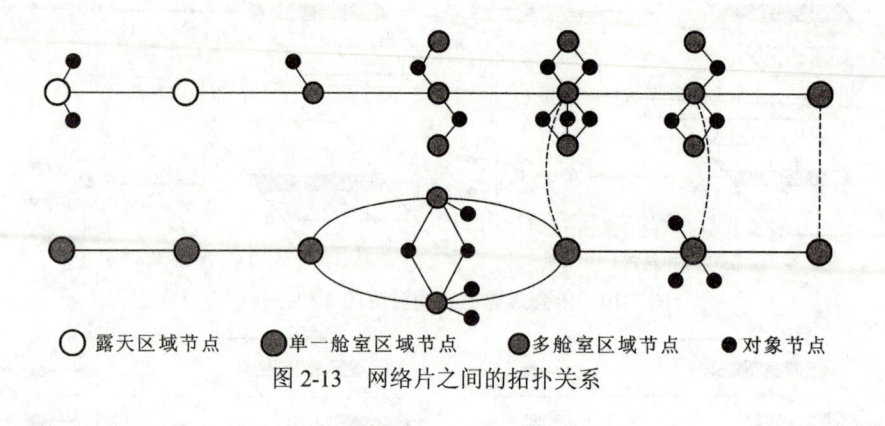

○露天区域节点　　●单一舱室区域节点　　●多舱室区域节点　　●对象节点

图 2-13　网络片之间的拓扑关系

通道连通是指连续两层甲板之间存在相互连通的垂向通道。考虑船舶布置垂向通道通常是布置于主要纵向通道内部或者大型舱室内部，可以将垂向通道的连通等效为区域节点之间的连通并使用虚线表示，如图 2-13 所示。深灰色小圆环网络节点的连通表示两个多舱室区域的连通。深灰色小圆环网络节点和深灰色大圆环网络节点的连通表示多舱室区域和单一舱室区域的连通。

2.1.2　船舶拓扑布置网络的特性

1. 无向有权性

在船舶拓扑布置中，用于表征船舶拓扑布置的多片网络具有无向加权性。无向性是指网络中的任意网络节点对 (i,j) 与 (j,i) 对应同一条边 e_{ij}，网络节点 i 和 j 也称为无向边

e_{ij} 的两个端点。网络中用实线边表示的是同一网络片内节点之间的相接关系。网络中虚线边表示的是不同网络片节点之间的连通关系。有权性是指网络中的每条边都附有相应的权值,用以表示网络中两个节点的相接程度或者连通程度。

网络图表示方法对船舶设计人员而言是一种相对直观的描述方法,但基于图的网络表示方法不利于计算机的识别和运算。为了解决该问题,引入网络的另外一种数值化表示方法,使用邻接矩阵来描述船舶拓扑布置。邻接矩阵作为网络的一种基本描述方式,能有效解决图在计算机中表达困难的问题。对于船舶拓扑布置网络中的任一网络片 $G_k = (V_k, E_k)$,其对应的邻接矩阵 $A_k = (a_{ij})_{|V_k| \times |V_k|}$ 是一个 $|V_k|$ 阶方阵,第 i 行第 j 列上的元素 a_{ij} 定义如下:

$$a_{ij} = \begin{cases} w_{ij}, & \text{如果节点} i \text{和节点} j \text{有权值为} w_{ij} \text{的边} \\ 0, & \text{如果节点} i \text{和节点} j \text{之间没有边} \end{cases} \quad (2\text{-}11)$$

式中:权值 w_{ij} 为节点 i 和 j 间相接程度,对于存在相离关系的节点 i 和 j,其对应的相接程度 $w_{ij} = 0$。根据邻接矩阵的定义可以发现,对于图 G_k,点集 V_k 中网络节点标号次序的不同会直接导致对应邻接矩阵的不同,但是这些邻接矩阵可以通过正交相似变化互相转化。此外,无向有权网络的邻接矩阵属于对称矩阵,即对任意的网络节点对 i 和 j 均有 $a_{ij} = a_{ji}$。

为了更为准确地描述和表达节点间拓扑关系,在同一网络片中,对象节点与对象节点间的相接程度和对象节点与区域节点间的相接程度均以其对应船舶布置对象在 x 轴方向上的相接长度进行度量。由于船舶拓扑布置更多的是考虑船舶布置对象之间的空间结构关系,可以将船舶布置对象简化为矩形进行计算。这样,对于同层甲板内任意两个相接的布置对象,它们要么在船长方向上相接,要么在船宽方向上相接;而对于在船宽方向上相接的布置对象,其相接程度 $w_{ij}=0$。根据上述度量方法,对于如图 2-14 所示的一种简单布局而言,其对应的邻接矩阵如式(2-12)所示,图中 l_i 为权值。

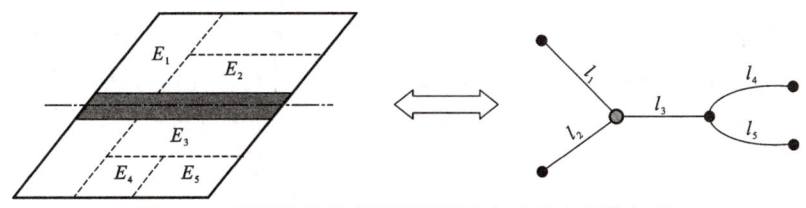

图 2-14 单通道多舱室甲板区域几何布局和网络拓扑

$$A_k = \begin{pmatrix} 0 & 0 & 0 & 0 & 0 & l_1 \\ 0 & 0 & 0 & 0 & 0 & l_2 \\ 0 & 0 & 0 & l_4 & l_5 & l_3 \\ 0 & 0 & l_4 & 0 & 0 & 0 \\ 0 & 0 & l_5 & 0 & 0 & 0 \\ l_1 & l_2 & l_3 & 0 & 0 & 0 \end{pmatrix} \quad (2\text{-}12)$$

式中:第 6 个网络节点(第 6 行、第 6 列)表示主要纵向通道;在船宽方向上相接的布置对象 E_1 和 E_2 及布置对象 E_4 和 E_5,其对应节点间的拓扑关系权值分别为 $w_{12} = w_{21} = 0$ 和

$w_{45} = w_{54} = 0$；布置对象 E_4 和 E_5 仅与布置对象 E_3 的部分在船长方向上相接，因此相接程度应该按实际相接长度计算，即 $w_{34} = w_{43} = l_4$，$w_{35} = w_{53} = l_5$。

按照上述定义不难发现，区域节点之间仅可能存在相离关系，原因在于船舶甲板区域之间的相接仅可能发生在船宽方向上。考虑甲板区域的布局可以仅通过船宽方向上的相接关系完全确定，为了方便识别网络中的区域节点，对区域节点与区域节点之间的相接关系及相接程度做如下定义。

定义 2.1：船舶布置中，同一甲板上两个相邻甲板区域在船舶拓扑布置网络中存在相接的拓扑关系，并且其相接程度为-1。

这种定义方式，使船舶拓扑布置网络的任意区域节点均与至少一条权值为负的边相连；而与对象节点相连边的权值都为正数。其中，为了计算方便，令权值为负的边权值恒为-1。在不同通道布局形式的多舱室区域节点相接时，认为存在横向通道来保证主要纵向通道的连通。图 2-15 给出了按照定义 2.1 计算得到的区域节点间拓扑关系。

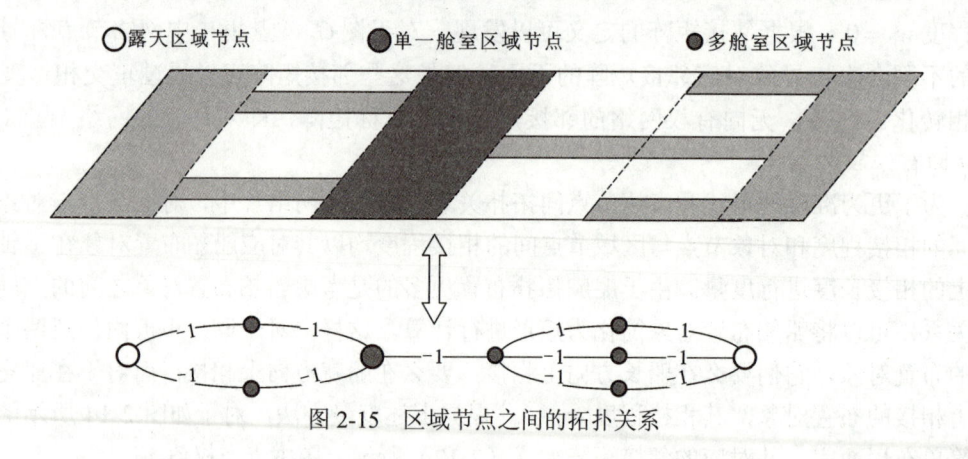

图 2-15 区域节点之间的拓扑关系

船舶总布置方案的可达性直接关系船舶的日常使用、定期维护和紧急情况下的疏散等多个方面，是船舶布置优化设计中需要考虑的一项关键性指标，也是一个具有挑战的技术难点。在已有的船舶布置优化研究中，大部分船舶布置优化方法和程序并未将船舶布置方案的可达性纳入优化范畴。Lee 等参考设备布局问题（facility layout problem）中物料流通距离的计算方式[12-13]，提出了一种适用于船舶的舱室间距离计算模型，但其仅适用于船舶局部布置，难以拓展应用到船舶总布置中。船舶布置优化中可达性难以计算的另一个主要原因在于，船舶总布置优化设计中船舶通道的几何形状是不确定的，很难使用统一的参数化模型表达。基于多片网络的船舶总布置表征方法简化了船舶通道几何形状对可达性的影响，为船舶布置可达性的计算和评估开辟了一个新思路。

结合船舶布置对象可达性的基本要求，用于表征船舶总布置的多片网络应该是连通的。由于表示不同甲板的网络片之间是相互连通的，多片网络连通的充分必要条件为其中包含所有单一网络片都是连通的，即单一网络片对应的无向图中的每一对节点之间都至少存在一条路径。

定义 2.2：无向图 $G_k = (V_k, E_k)$ 中一条路径是指一个节点序列 $P = v_k^1 v_k^2 \cdots v_k^n$，其中每一对相邻节点 v_k^i 和 v_k^{i+1} 之间都有一条边。P 也称为从节点 v_k^1 到 v_k^n 的一条路径，或简称为一

条 v_k^1-v_k^n 路径。

船舶拓扑布置网络中的一对节点之间往往可能存在不止一条路径，而每条路径的长度也可能不一致。通过对船舶拓扑布置邻接矩阵进行无权化处理得到用于表示网络中节点对之间路径数量的无向无权邻接矩阵 $\boldsymbol{P}_k = (p_{ij})_{|V_k| \times |V_k|}$，如式（2-13）所示。

$$p_{ij} = \begin{cases} 1, & w_{ij} \neq 0 \\ 0, & w_{ij} = 0 \end{cases} \tag{2-13}$$

如果船舶拓扑布置网络中的两个节点 i 和 j 之间存在一条边（$w_{ij} \neq 0$），那么 $p_{ij} = 1$，表明节点 i 和 j 之间存在一条节点度为 1 的路径。节点度的定义如下。

定义 2.3：一条路径 $P = v_k^1 v_k^2 \cdots v_k^n$ 的节点度 $d(P)$ 表示到达最终节点之前路径中需要经过节点的数量，$d(P) = |P| - 1$。

如果船舶拓扑布置网络中的两个节点 i 和 j 之间存在一条节点度为 2 的路径，那么就意味着存在另一个节点 m，使得 $p_{im} p_{mj} = 1$。因此这两个节点之间节点度为 2 的不同路径的数量为

$$N_{ij}^{(2)} = \sum_{m=1}^{N} p_{im} p_{mj} (\boldsymbol{P}_k^2)_{ij} \tag{2-14}$$

式（2-14）同时也表明：两个节点 i 和 j 之间存在节点度为 2 的路径当且仅当 $(\boldsymbol{P}_k^2)_{ij} > 0$。

类似地，可以推得两个节点 i 和 j 之间节点度为 $r \geq 1$ 的不同路径的数量为

$$N_{ij}^{(r)} = (\boldsymbol{P}_k^r)_{ij} \tag{2-15}$$

式（2-15）同时也表明：两个节点 i 和 j 之间存在节点度为 r 的路径当且仅当 $(\boldsymbol{P}_k^r)_{ij} > 0$。

定义 2.4：船舶拓扑布置网络中任意一对节点 i 和 j 之间的距离为该对节点之间最短路径的长度。

对于一条节点度为 $n-1$ 的路径 $P = v_k^1 v_k^2 \cdots v_k^n$，其对应的路径长度 D_p 等于对应节点序列中彼此相邻节点的加权路径长度之和，如式（2-16）所示。

$$D_p = \sum_{i=1}^{n-1} d_i \tag{2-16}$$

式中：d_i 为对应节点序列中相邻节点 i 和 $i+1$ 之间的路径长度。船舶拓扑布置网络中，相接布置对象在网络的路径长度难以直接定量确定，需要根据船舶类型、布置形式等多方面的因素综合确定。考虑船舶甲板和横舱壁对船舶布置的分隔作用，本章给出了一种按照节点类型确定的路径长度值，见表 2-1。从表中可以看出，网络节点之间的路径长度仅用于表征距离的远近程度，相邻两个网络片中相接节点之间的路径长度值为 5，表明距离最远，同一甲板区域中相接节点之间的路径长度为 1，表明距离最近。这种定义方式表达的内在含义是：船舶垂向通道对船舶布局可达性的影响程度最大；船舶横舱壁是船长方向船舶布置区域划分的主要依据，同样对船舶可达性存在影响，但相对垂向通道较小。在实际使用过程中，船舶设计者可根据具体船型和布置要求重新定义各类节点之间的路径长度。

表 2-1 船舶拓扑布置网络节点间路径长度对照表

节点名称	相同网络片内部	不同网络片之间
区域节点与区域节点	3	5
区域节点与对象节点	1	5
对象节点与区域节点	1	5
对象节点与对象节点	1	5

2. 社团结构

随着对网络性质研究的深入，人们发现许多实际网络都具有明显的社团结构：社团内部节点之间的连接相对较为紧密，而各个社团之间的连接则相对比较稀疏。船舶总布置中，舱室设备等布置对象是按照船舶甲板区域进行布置，因此在船舶拓扑布置网络中同样存在明显的社团结构。在图 2-13 所示的船舶拓扑布置网络中，存在 14 个甲板布置区域，其中多舱室甲板区域对应的网络结构形成了十分明显的社团。

为了更好地对应船舶几何布置，可根据船舶拓扑布置网络中的区域节点进行社团划分，网络中的社团与船舶甲板布置区域一一对应。根据各个社团中区域节点的类型，可以确定每个社团对应的甲板区域类型，不同类型甲板区域对应的社团内部网络结构是存在差异的。

包含露天区域节点的社团具备如图 2-9 所示的星形网络结构，所有表示船舶布置对象的对象节点均仅直接与表示露天甲板区域的区域节点相接。船舶布置对象本质是覆盖（包含）于开敞甲板区域，网络中的相接只是一种简化表达。根据 2.2.2 小节中对网络中相接程度的计算方法，可认为在包含露天区域节点的社团内，对象节点 i 与露天区域节点 m 之间的相接程度等于节点 i 对应布置对象 E_i 的长度 l_i，如式（2-17）所示。此外，由于对象节点仅直接与区域节点相接，所以在该类社团中：对象节点 i 和区域节点 m 之间的距离为 1；对象节点 i 和对象节点 j 之间的最短路径为 $P = v^i v^m v^j$，其长度等于 2。

$$w_{im} = l_i \tag{2-17}$$

单一舱室区域节点表示的甲板区域与其内部的船舶舱室是相等的，在网络中仅使用单一舱室区域节点进行表示，因此包含单一舱室区域节点的社团内仅包含一个区域节点。

包含多舱室区域节点的社团通常包含一个或多个区域节点及大量对象节点，因此其在船舶拓扑布置网络中十分明显。根据社团内部包含区域节点数量的不同，社团的网络结构和对应甲板区域主要纵向通道布局形式也会存在差异，如图 2-10～图 2-12 所示。包含一个区域节点的社团对应单列主要纵向通道布局形式；包含两个区域节点的社团对应双列主要纵向通道布局形式；包含三个区域节点的社团结构对应三列主要纵向通道布局形式。考虑船舶的宽度尺寸有限，并且为了保证区域内布置对象具有良好的可达性，针对不同的布局形式，本书给出了社团中对象节点与区域节点的最短距离要求。在单列布局中，仅存在一条布置于船舶甲板中心线上且贯穿该区域的纵向通道，对象节点 i 和区域节点 m 之间的最短路径的长度应不大于 2(≤2)。在双列布局中，存在两条对称布置并贯穿该区域的纵向通道，对象节点 i 和区域节点 m 之间的最短路径的长度应不大于

1(≤1)。在三列布局中,存在三条贯穿该区域的纵向通道,其中一条纵向通道位于甲板中心线上,另外两条纵向通道分别布置于甲板左右两舷,对象节点 i 和区域节点 m 之间的最短路径的长度应不大于 1(≤1)。

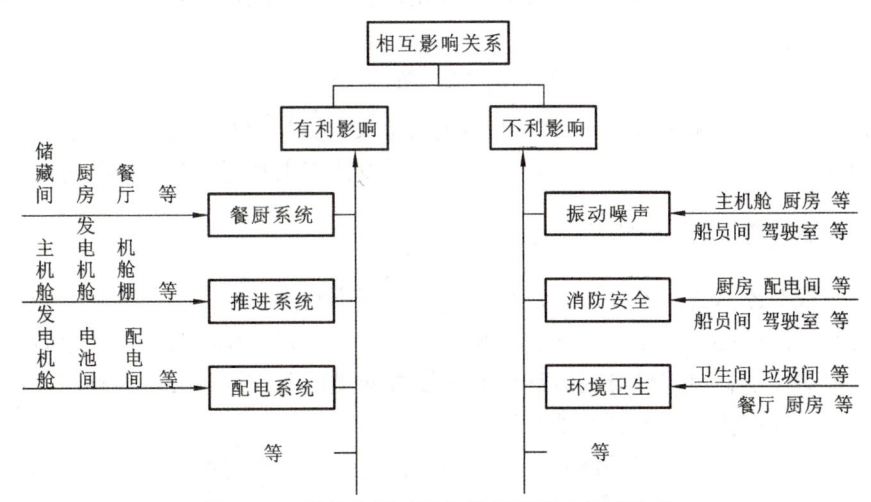

2.2 船舶布置对象之间相互影响关系辨识

基于多片网络表征的船舶布置清晰、直观地反映了船舶布置对象之间的空间结构关系,而船舶布置对象之间的相互影响关系是确定布置对象空间结构关系的主要考虑因素。因此,明确船舶布置对象间存在的相互影响关系是评估船舶拓扑布置的基础,也是实现船舶拓扑布置优化的重要前提。Gillespie 等使用了一种人工定义的方法,通过两两定义的方式确定船舶布置对象之间的相互影响关系[5]。这种方法的不足在于,随着布置对象数量的增加,定义工作的难度和复杂度也会快速提高;并且,船舶布置对象之间相互影响关系具有隐性和模糊性的特点,人工定义的方法严重依赖船舶设计者的设计经验。为了避免上述问题,本节将通过分析船舶布置对象间相互影响的成因,提出一种基于布置对象属性和功能的相互影响关系辨识方法。

2.2.1 船舶布置对象间相互影响关系分类

在船舶布置优化设计中,船舶布置对象是布置于由船舶甲板确定的有限布置空间内,且不同船舶布置对象的自身属性和使用功能存在较大差异,因此船舶布置对象之间相互影响关系也异常复杂。为了清晰、直观地对相互影响关系进行描述,将船舶布置对象之间存在的相互影响分为有利影响和不利影响两大类,如图 2-16 所示。

图 2-16 船舶布置对象之间相互影响关系分类

船舶布置对象之间有利影响的作用方式为对特定船用系统的整体性影响,即合理化布置对象之间的空间结构关系能综合提高对应船用系统的工作性能或使用效能。当某些布置对象布置在同一甲板区域时会对船舶的航行性能或使用效能有所提升。一般而言,构成同一船用系统的布置对象之间是存在有利影响的,例如餐厨系统、推进系统和配电系统等。

船舶布置对象之间的不利影响通常是由布置对象间相悖的自身属性所造成的,是指当某些布置对象布置在同一区域时,会降低其中部分布置对象的工作性能或使用效能。对于存在不利影响的两个布置对象,其中一个为影响对象,另一个为被影响对象。船舶布置对象之间不利影响主要体现在对特定布置对象本身性能或使用效能的降低上。因此,船舶布置对象的自身属性可按产生不利影响因素种类进行划分,主要包括噪声振动、消防安全和环境卫生等。

2.2.2 船舶布置对象的功能属性

船舶布置对象的使用功能和自身属性是形成布置对象之间相互影响的主要原因。为了能够高效、合理地得到船舶布置对象之间的相互影响关系,需要预先确定布置对象的使用功能及自身属性。

1. 船舶布置对象的使用功能

船舶布置对象相同或相似的使用功能是形成布置对象之间有利影响的主要原因。在船舶概念设计阶段,可用的设计信息相对较少,可仅考虑一些主要的使用功能。

在船舶拓扑布置中,船舶布置对象的使用功能集 F 记作

$$F = \{f_1, f_2, \cdots, f_k, \cdots, f_n\} \tag{2-18}$$

式中:f_k 为所考虑的使用功能;n 为所考虑的使用功能的总数量。

船舶布置对象 E_i 对应的使用功能集 F_{E_i} 是使用功能集 F 的子集,$F_{E_i} \subseteq F$;对于不具备任何所考虑使用功能的布置对象 E_i,其使用功能集 $F_{E_i} = \varnothing$。由全部使用功能集 F_{E_i} 构成的集族 $\mathcal{F}$ 记作

$$\mathcal{F} = \{F_{E_i} \mid E_i \in E\} = \{F_{E_1}, \cdots, F_{E_N}\} \tag{2-19}$$

式中:E 为集族 $\mathcal{F}$ 的指标集,表示船舶布置对象集合;N 为布置对象的总数量。船舶布置对象的使用功能集是可变的,通常是根据具体设计需求和船舶类型来确定。

2. 船舶布置对象的自身属性

船舶布置对象自身属性相悖是造成布置对象间不利影响的主要原因。船舶布置对象之间不利影响的核心机制是一个布置对象影响另一个布置对象的性能或使用效能。本书将船舶布置对象的自身属性分为源属性和汇属性两类:源属性是表示能够产生不利影响的程度;汇属性则指受到不利影响的程度。

与船舶布置对象的使用功能相似,需要确定船舶拓扑布置中考虑的不利影响因素集合 R,记作

$$R = \{r_1, r_2, \cdots, r_k, \cdots, r_n\} \tag{2-20}$$

式中:r_k 为所考虑的不利影响因素种类;n 为所考虑的不利因素种类的总数量。

对于各类不利影响因素,还需要具体给出每个船舶布置对象 E_i 的源属性集 $R_{E_i}^{\text{out}}$ 和汇

属性集 $R_{E_i}^{in}$，分别记作

$$R_{E_i}^{out} = \{r_1^{out}, r_2^{out}, \cdots, r_k^{out}, \cdots, r_n^{out}\} \tag{2-21}$$

$$R_{E_i}^{in} = \{r_1^{in}, r_2^{in}, \cdots, r_k^{in}, \cdots, r_n^{in}\} \tag{2-22}$$

式中：r_k^{out} 和 r_k^{in} 分别为布置对象 E_i 对于不利影响因素 r_k 的源属性值和汇属性值。

由全部源属性集 $R_{E_i}^{out}$ 构成的源属性集族 $\Re^{out}$ 记作

$$\Re^{out} = \{R_{E_i}^{out} \mid E_i \in E\} = \{R_{E_1}^{out}, \cdots, R_{E_N}^{out}\} \tag{2-23}$$

式中：E 为集族 $\Re^{out}$ 的指标集，表示船舶布置对象集合；N 为布置对象的总数量。

同理，由全部汇属性集 $R_{E_i}^{in}$ 构成的汇属性集族 $\Re^{in}$ 记作

$$\Re^{in} = \{R_{E_i}^{in} \mid E_i \in E\} = \{R_{E_1}^{in}, \cdots, R_{E_N}^{in}\} \tag{2-24}$$

式中：E 为集族 $\Re^{in}$ 的指标集，表示船舶布置对象集合。

船舶布置对象的源属性值和汇属性值是预先确定的，且确定过程相对主观。为了方便计算和预定义，本书提供一种基于语言标尺的计算方式，通过将源、汇属性影响程度分为 5 个不同档次来量化源、汇属性值，见表 2-2。在实际使用过程中，船舶设计人员凭借自身设计经验直接确定或者采用专家打分等方法给出各布置对象各种属性的评语，并根据预先确定的语言标尺，将不同的评语进行量化。例如，以表 2-2 所示的语言标尺为例，根据船舶设计经验可确定船舶机舱的振动源属性评语为"非常强"，那么其对应的振动源属性值则为 1.00。需要特别指出的是，船舶设计人员可根据具体船型和布置要求确定更合适且准确的语言标尺，用于确定各布置对象的源、汇属性值。

表 2-2 语言标尺与源、汇属性值对照关系

语言标尺	源属性值	汇属性值
非常强	1.00	1.00
强	0.75	0.75
一般	0.50	0.50
弱	0.25	0.25
非常弱	0	0

2.2.3 基于功能属性的相互影响关系辨识方法

1. 有利影响辨识

船舶布置对象是否具有相同的使用功能是判断船舶布置对象是否为同一船用系统组成部分，即存在有利影响的重要依据。为了降低布置对象之间有利影响辨识的复杂性和难度，给出如下假定。

假定 2.1：在船舶拓扑布置优化问题中，具有相同使用功能的布置对象之间一定存在有利影响关系；在没有特殊定义或说明的情况下，没有相同使用功能的布置对象之间的有利影响可以不做考虑。

在假定 2.1 的基础上，任意两个布置对象 E_i 和 E_j 之间存在有利影响的充分必要条件

为：布置对象 E_i 的使用功能集 F_{E_i} 与布置对象 E_j 的使用功能集 F_{E_j} 的交集不为空，即

$$F_{E_i} \bigcap F_{E_j} \neq \varnothing \tag{2-25}$$

在船舶拓扑布置中，不同布置对象之间的有利影响程度往往也是存在差别的。为了能够量化两个布置对象之间的有利影响程度，可直接以两个布置对象使用功能集交集中包含的元素数量来表示有利影响程度，记作

$$I_P(E_i, E_j) = |F_{E_i} \bigcap F_{E_j}| \tag{2-26}$$

式中：$I_P(E_i, E_j)$ 为布置对象 E_i 和 E_j 之间的有利影响程度。

2. 不利影响辨识

对船舶布置对象间不利影响的判断主要是依据船舶布置对象的自身属性，并且需要对船舶拓扑布置涉及的所有种类不利影响因素进行综合考虑。基于船舶布置对象自身的源、汇属性，对于任意不利因素 $r_k \in R$，布置对象 E_i 和 E_j 之间的不利影响程度 $I_N^k(E_i, E_j)$ 可按式（2-27）计算：

$$I_N^k(E_i, E_j) = R_{E_i}^{\text{out}} R_{E_j}^{\text{in}} + R_{E_j}^{\text{out}} R_{E_i}^{\text{in}} \tag{2-27}$$

虽然布置对象间不利影响的作用方式具有单向性，但由式（2-27）计算得到的不利影响程度是双向等价的。其主要原因是两个布置对象之间的拓扑关系是双向等价的，即调整其中任意一个布置对象能等效改善不利影响对整个船舶拓扑布置的影响。

综合考虑所有种类不利因素时，布置对象 E_i 和 E_j 之间总的不利影响程度 $I_N(E_i, E_j)$ 可根据各类不利因素产生的不利影响程度计算得到：

$$I_N(E_i, E_j) = \sum_{k=1}^{n} [\varpi_k \cdot I_N^k(E_i, E_j)] \tag{2-28}$$

式中：n 为船舶拓扑布置优化中涉及的不利影响因素的种类数；ϖ_k 为由船舶设计人员确定的对不利影响因素 r_k 的权重系数。当不设置具体权重时，可直接取 $\varpi_k = 1$，以算数平均的方式计算最终的不利影响程度；$I_N(E_i, E_j) = 0$ 时，表示船舶布置对象 E_i 和 E_j 之间不存在不利影响。

2.2.4 船舶布置对象影响关系矩阵

为了便于将船舶布置对象间的相互影响用于船舶拓扑布置的评估，需要将船舶布置对象间的有利影响和不利影响进行合并，形成船舶布置对象影响关系矩阵 $\boldsymbol{O} = (o_{ij})_{n \times n}$。

为了避免量纲、量级等因素对有利影响和不利影响合并的影响，首先对有利影响 $\boldsymbol{I}_P$ 和不利影响 $\boldsymbol{I}_N$ 进行归一化处理，如式（2-29）和（2-30）所示。

$$\boldsymbol{I}_P' = \frac{\boldsymbol{I}_P - \min(\boldsymbol{I}_P)}{\max(\boldsymbol{I}_P) - \min(\boldsymbol{I}_P)} \tag{2-29}$$

$$\boldsymbol{I}_N' = \frac{\boldsymbol{I}_N - \min(\boldsymbol{I}_N)}{\max(\boldsymbol{I}_N) - \min(\boldsymbol{I}_N)} \tag{2-30}$$

式中：$\boldsymbol{I}_P'$ 和 $\boldsymbol{I}_N'$ 分别为归一化后的有利影响矩阵和不利影响矩阵；$\min(\cdot)$ 和 $\max(\cdot)$ 分别为

矩阵中元素的最小值和最大值。

由于有利影响和不利影响相互对立，可按式（2-31）计算船舶布置对象影响关系矩阵 $\boldsymbol{O}$：

$$\boldsymbol{O} = \omega_P \cdot \boldsymbol{I}'_P - \omega_N \cdot \boldsymbol{I}'_N \tag{2-31}$$

式中：ω_P 和 ω_N 分别为设计过程中有利影响和不利影响的考虑权重。

2.2.5 计算实例：Atlantis 号科考船布置对象间相互影响关系辨识

为了验证本节提出的相互影响关系辨识方法的有效性，本小节选择 Atlantis 号科考船为对象进行计算验证。根据设计偏好对布置对象的功能属性进行合理的设置。

1. 初始输入

假设 Atlantis 号科考船布置设计过程中，主要考虑噪声振动、环境卫生和消防安全三种不利影响，那么基于表 2-2 所示的语言标尺，可得到 Atlantis 号科考船中各个布置对象对应的自身属性，见表 2-3。根据 Atlantis 号科考船用途，可将布置对象的使用功能分为 10 个种类，包括办公、起居、后勤、作业、船舶航行、潜水、科研、机器处所、储藏、医疗，各个布置对象对应的功能见表 2-4。

表 2-3 Atlantis 号科考船布置对象的属性信息

布置对象	噪声振动 源	噪声振动 汇	环境卫生 源	环境卫生 汇	消防安全 源	消防安全 汇
发电机舱	1	0	1	0	1	0
烟囱	0.5	0	0	0	0.5	0
推进机舱	0.75	0	0.75	0	0.75	0
绞车车间	0.5	0	0.5	0	0.5	0
舷侧推机舱	0.25	0	0.25	0	0.25	0
应急发电机舱	0.25	0	0.25	0	0.5	0
起重机吊	0.5	0	0.25	0	0	0
液压起重泵	0.25	0	0.25	0	0	0
甲板便携吊	0.25	0	0	0	0	0
潜水器收放架	0.25	0	0.25	0	0.25	0
锚机	0.25	0	0.25	0	0	0
救生艇存放区	0	0	0	0	0	0
工作艇存放区	0.25	0	0.5	0	0.25	0
甲板液压绞车	0.5	0	0.25	0	0.25	0
控制间	0	0	0	0	0	0.25

续表

布置对象	噪声振动 源	噪声振动 汇	环境卫生 源	环境卫生 汇	消防安全 源	消防安全 汇
临时存放区	0	0	0.25	0	0.25	0
食品保鲜室	0	0	0	0.5	0	0.25
食品速冻室	0	0	0	0.5	0	0.25
船舶储物间	0	0	0	0.25	0	0.5
设备储藏间	0	0	0	0.25	0	0.25
干式储藏间	0	0	0	0.25	0	0.7
洗衣房	0	0.25	0	0.5	0	0.25
健身房	0	0.25	0	0.5	0	0.5
休息室	0	0.75	0	0.5	0	0.5
会议室	0	0.5	0	0.25	0	0.5
厨房	0.25	0	0	0.75	0.25	0
餐厅	0	0.25	0	0.75	0	0.25

表2-4 Atlantis号科考船布置对象的使用功能

布置对象	办公	作业	后勤	机器处所	航行	潜水	科研	起居	储藏	医疗
发电机舱		√		√	√					
烟囱				√	√					
推进机舱				√	√					
绞车车间		√		√	√					
艏侧推机舱				√	√					
应急发电机舱		√		√	√					
起重机吊		√				√				
液压起重泵		√				√				
甲板便携吊		√				√				
潜水器收放架		√				√				
锚机		√			√					
救生艇存放区		√				√				
工作艇存放区		√				√				
甲板液压绞车			√					√		
控制间		√				√				
临时存放区		√				√	√			

续表

布置对象	办公	作业	后勤	机器处所	航行	潜水	科研	起居	储藏	医疗
食品保鲜室		√								
食品速冻室		√								
船舶储物间			√						√	
设备储藏间			√						√	
干式储藏间			√						√	
洗衣房			√					√		
健身房			√					√		
休息室			√			√		√		
会议室	√					√	√			
厨房			√							
餐厅			√							
病房			√							√
医务室			√							√
船长室			√		√			√		
船员二人间			√		√			√		
临时休息室			√		√			√		
技工休息室			√		√	√		√		
潜水员卧室			√			√		√		
科研人员卧室			√				√	√		
首席卧室			√				√	√		
驾驶区域	√				√					
船员工作间	√				√					
技工间	√				√	√				
潜水装备间	√					√				
潜水工作间	√					√				
潜水器机库	√					√				
潜水器维修间	√					√				
潜水器电工间	√					√				
氧气罐存放处	√					√				
潜水罐存放处	√					√				
科研储藏间	√						√			

续表

布置对象	办公	作业	后勤	机器处所	航行	潜水	科研	起居	储藏	医疗
科研冷藏室	√						√			
科研冷冻室	√						√			
科研办公室	√						√			
主实验室	√						√			
电子实验室	√						√			
生物实验室	√						√			
流体实验室	√						√			
化学柜	√						√			
科研工作间	√						√			

2. 影响关系辨识结果

基于本节提出的辨识方法，计算得到 Atlantis 号科考船各个布置对象的影响源程度和影响汇程度，如图 2-17 所示。影响源程度可用于衡量对其他布置对象造成的影响，若一个布置对象对数量越多的其他布置对象造成影响，则其影响源程度值越大。反之，影响汇程度可用于衡量受到其他布置对象的影响，若一个布置对象受到数量越多的其他布置对象的影响，则其影响汇程度值越大。

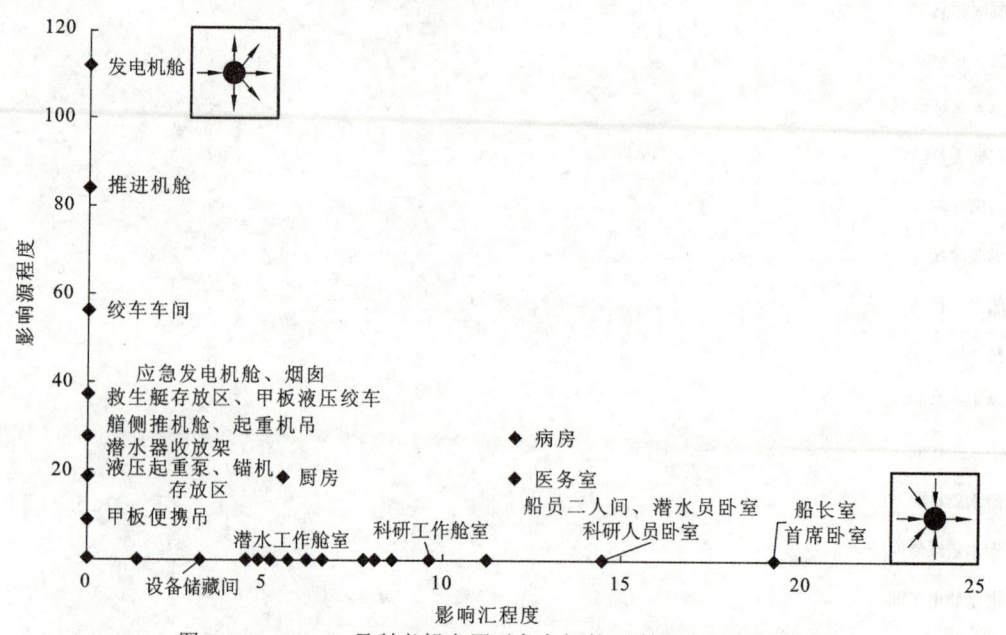

图 2-17 Atlantis 号科考船布置对象之间的不利影响源和影响汇

为了判断图 2-17 计算结果的合理性，使用 Gillespie 提出的分类方法[19]，根据影响源和汇程度对布置对象进行归类，以方便进行直观的判断。图 2-18 给出 Atlantis 号科考船的布置对象分类结果。船舶布置对象被分为驱动型布置对象、过渡型布置对象和敏感

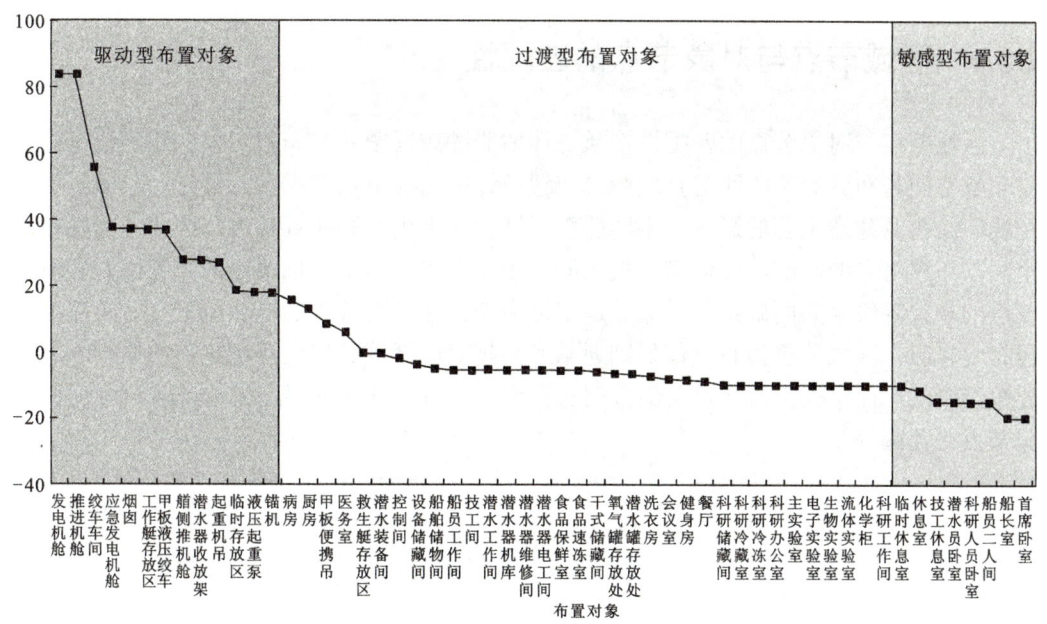

图 2-18　基于相互影响关系的布置对象种类划分

型布置对象。驱动型布置对象在布置设计过程中会对其他对象造成较大影响；敏感型布置对象的布置位置则会受其他布置对象影响较大；过渡型布置对象则是位于驱动型布置对象和敏感型布置对象之间，对其他布置对象的影响和受其他布置对象的影响均有限。

从图 2-18 中可以看出，发电机舱和推进机舱是 Atlantis 号科考船总布置设计中最明显的两个驱动因素，而首席卧室和船长室是最为敏感的两个舱室，受到噪声振动、环境卫生及火灾安全的影响较大，需要重点考虑。除此之外，对船舶总布置设计起驱动作用的还包括一些重要的甲板机械，对不利影响因素较为敏感的还包括科研人员、潜水员及船员的卧室。尽管在不同的设计理念下，船舶总布置设计的驱动因素和敏感因素会存在差异，但图 2-18 展示的结果基本符合了船舶总布置常规设计理念，这也说明了本节提出的相互影响关系辨识方法是可行的。虽然图 2-18 所示的分类划分结果并未在本书提出的船舶布置优化设计方法中直接使用，但该结果可为后续的船舶详细设计提供较为直观的参考。

2.3　船舶拓扑布置评估

船舶拓扑布置优化设计的核心是协调管理布置空间、布置对象间存在的影响，船舶拓扑布置网络直观地反映出船舶布置对象与船舶布置空间、船舶布置对象与船舶布置对象之间的拓扑关系。通过优化修改船舶拓扑布置网络的结构，能够提升船舶布置对象与布置空间的匹配性，并有效抑制船舶布置对象之间的不利影响，促进船舶布置对象之间的有利影响。此外，船舶拓扑网络结构的流通性也直接影响船上人员生活工作的便捷性。因此，船舶拓扑布置的评估主要包括区域节点与对象节点的匹配性、对象节点间的相互影响及网络的流通便捷性三个方面。

2.3.1 区域节点与对象节点的匹配性

区域节点与对象节点的匹配性本质是评估船舶布置空间与布置对象的匹配情况。船舶布置空间与布置对象的匹配是船舶总布置设计中需要重点考虑的问题之一。由于船舶型线、结构及建造工艺的影响,不同船舶区域会表现出不同布置特性。因此,船舶布置空间与布置对象的匹配性评估需要根据船舶拓扑布置网络中区域节点的布置偏好和对象节点的布置等级来共同确定。以船舶适居性为例:通常高等级的居住舱室具备较高的宜居布置等级;区域节点的布置偏好则通常遵循越底层区域其居住环境越差的原则,故布置等级较低;而甲板机械和设备的宜居布置通常为 0。图 2-19 为 Atlantis 号科考船的区域节点布置偏好。

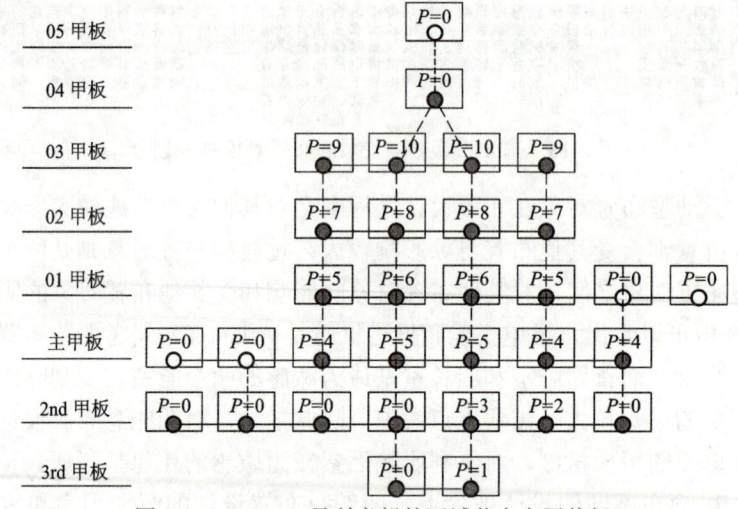

图 2-19 Atlantis 号科考船的区域节点布置偏好

这样,船舶拓扑网络中对象节点与区域节点匹配性 F_{T1} 可按式(2-32)计算:

$$F_{T1} = \frac{1}{N}\sum_{i=1}^{N}\frac{P_i \omega_{pi}}{\varphi} \tag{2-32}$$

式中:N 为对象节点的总数量;P_i 为对象节点 i 对应的区域节点的布置偏好;ω_{pi} 为对象节点 i 的布置等级;φ 为用于标准化 F_{T1} 设置的系数,通常 φ 可取布置偏好最大值与布置等级最大值的乘积。对于不同类型和用途的船舶,区域节点布置偏好和对象节点布置等级的设置方式可以不相同,由船舶设计人员根据设计需求进行调整。

2.3.2 对象节点间的相互影响程度

对象节点间的相互影响程度是用于评估船舶布置对象之间的相互影响关系。由于船舶甲板和主要横舱壁对船舶布置空间的划分隔离作用,船舶布置方案中各个船舶甲板区域内的布置相对独立。理论上,当具有有利影响的船舶布置对象均处于同一甲板区域,而具有不利影响的均处于不同甲板区域时,船舶拓扑布置网络中对象节点间的相互影响程度达到最优。

从网络拓扑的角度来看，用于表征船舶拓扑布置的网络中存在大量的社团，通过寻找最优社团划分，可使对象节点间的相互影响程度达到最优。网络的社团划分质量是衡量社团划分优劣的一个重要指标，因此船舶布置对象之间相互影响程度的评估可等效为计算船舶拓扑布置网络社团划分质量。

1. 网络社团划分质量

在网络科学中，模块度（modularity）是度量社团划分质量的一种常用指标，其基本思路是把划分社团后的网络与相应的零模型（null model）进行比较，以度量社团划分的质量。零模型是一种随机网络，在随机网络中可以起到参照系的作用。20 世纪 50 年代末，Bollobás 和 Béla 开始对随机网络展开研究，并提出了 ER 随机图模型（Erdös-Rényi model）奠定了复杂网络的研究基础[123]。

一般地，可以把一个与给定网络具有相同节点数和相同的某些性质 X 的随机网络称为该给定网络的随机化网络（randomized network）。这里的性质 X 一般包括平均度、度分布、类聚系数、同配系数等。从统计学的角度看，"具有性质 X_1 的网络 G 也具有某一性质 X_2" 是一个零假设（null hypothesis），而为了验证这一零假设是否成立，就需要有与原网络 G 具有相同规模和相同性质 X_1 的随机网络作为参照系，以判别性质 X_2 是否为这类随机化网络的典型特征。这类随机化网络在统计学上称为零模型。

对于一个给定网络，假设存在一种社团划分，那么所有社团内部的边数总和的期望值可按式（2-33）计算：

$$Q_{\text{specific}} = \frac{1}{2}\sum_{ij} a_{ij} \delta(C_i, C_j) \tag{2-33}$$

式中：a_{ij} 为给定网络对应的邻接矩阵；C_i 和 C_j 分别为对象 E_i 和 E_j 对应的节点 i 和 j 在网络中所属的社团，如果这两个节点所属社团相同，即 $C_i = C_j$，那么 $\delta(C_i, C_j)$ 取值为 1，否则，$\delta(C_i, C_j)$ 取值为 0。

对于与该给定网络对应的一个相同规模的零模型，如果用相同的社团划分方式，那么所有社团内部的边数总和的期望值为

$$Q_{\text{null}} = \frac{1}{2}\sum_{ij} a'_{ij} \delta(C_i, C_j) \tag{2-34}$$

式中：a'_{ij} 为零模型中节点 i 和节点 j 之间的连边数的期望值。

因此，一个给定网络的模块度 Q 可定义为该网络的社团内部边数与相应的零模型的社团内部边数之差占整个网络边数 M 的比例，如式（2-35）所示。

$$Q = \frac{Q_{\text{specific}} - Q_{\text{null}}}{M} = \frac{1}{2M}\sum_{ij} (a_{ij} - a'_{ij}) \delta(C_i, C_j) \tag{2-35}$$

在理论上，对于与原网络具有相同序列但不具有度相关性的一个常用零模型——配置模型[124-125]，有

$$a'_{ij} = \frac{k_i k_j}{2M} \tag{2-36}$$

式中：k_i 和 k_j 分别为网络中节点 i 和节点 j 的度。

这样，一个给定网络的模块度可以定义为

$$Q = \frac{1}{2M}\sum_{ij}\left(a_{ij} - \frac{k_i k_j}{2M}\right)\delta(C_i, C_j) = \frac{1}{2M}\sum_{ij} b_{ij}\delta(C_i, C_j) \qquad (2\text{-}37)$$

式中：$b_{ij} = a_{ij} - k_i k_j/(2M)$，矩阵 $\boldsymbol{B} = (b_{ij})_{n\times n}$ 也称为模块度矩阵。

对于一个给定网络，不同的社团分割所对应的模块度值一般也是不一样的。网络社团划分的两个极端情况是：将整个网络划分为一个社团，此时对应的模块度恒为零；把网络中每一个节点都划分为一个单独的社团，此时对应的模块度恒为负。一个给定网络的模块度最大的社团划分称为该网络的最优社团划分，对应的模块度记为 $Q_{\max}$，并且 $0 \leq Q_{\max} < 1$。此外应该注意到，规模较大的网络所对应的 $Q_{\max}$ 通常也比较大，因此不能简单通过模块度的大小来比较不同规模网络的社团划分质量。

2. 船舶拓扑布置网络社团划分质量

考虑船舶布置对象影响关系网络是一个无向加权网络，因此需要将式（2-37）推广到加权网络。通过将式（2-37）中的边数和节点度分别用边的权值和节点强度替代，得到式（2-38）。

$$Q_w = \frac{1}{2W}\sum_{ij}\left(o_{ij} - \frac{s_i s_j}{2W}\right)\delta(C_i, C_j) \qquad (2\text{-}38)$$

式中：Q_w 为加权网络的模块度；W 为船舶布置对象之间的影响关系权值和；o_{ij} 为船舶拓扑布置网络中布置对象 i 和 j 之间影响关系的权值；s_i 和 s_j 分别为船舶布置对象 i 和 j 的影响关系强度，即所有与该船舶布置对象有关的影响关系权值之和。

为了消除网络规模对模块度的影响，在船舶布置对象相互影响程度计算中使用一种归一化的模块度来表示对应船舶拓扑布置方案的优劣，如式（2-39）所示。

$$F_{T_2} = \frac{Q_{\max} - Q_w}{Q_{\max}} \qquad (2\text{-}39)$$

式中：F_{T_2} 为对象节点间的相互影响程度；$Q_{\max}$ 为船舶布置对象相互影响关系网络最佳社团划分对应的模块度。

3. 基于贪婪思想的最佳社团划分计算

网络模块度最大值的求解已经被证明是 NP 难问题，目前已出现多种不同策略的近似算法。在船舶拓扑布置评估中，网络模块度的最大值求解主要用于归一化船舶拓扑布置的评估结果，并不需要求出真正的最大值。因此，本小节提出一种基于贪婪思想的确定性算法——CNM 算法用于求解及归一化计算。CNM 算法是由 Clauset 等提出的一种聚合算法[126]，该算法的计算复杂度为 $O(n\log_2 n)$，采用堆数据结构计算和更新模块度，算法流程如下。

（1）初始化。假设每个节点均为一个独立的社团，此时网络模块度 $Q = 0$；并计算初始时网络中边的权值比重 o'_{ij} 和节点的强度比重 s'_i，分别如式（2-40）和式（2-41）所示。

$$o'_{ij} = \begin{cases} \dfrac{o_{ij}}{2W}, & \text{如果节点} i \text{和} j \text{之间有边相连} \\ 0, & \text{其他} \end{cases} \quad (2\text{-}40)$$

$$s'_i = \dfrac{s_i}{2W} \quad (2\text{-}41)$$

式中：o_{ij} 为节点 i 和 j 之间连边的权值；s_i 为节点 i 的强度；W 为网络中所有边的权值之和。

那么，初始时的模块度增量矩阵可按式（2-42）计算，得到初始的模块度增量矩阵后，就可以求得由它每一行最大元素构成的最大堆 H。

$$\Delta Q_{ij} = \begin{cases} o'_{ij} - s'_i s'_j, & \text{如果节点} i \text{和} j \text{之间有边相连} \\ 0, & \text{其他} \end{cases} \quad (2\text{-}42)$$

（2）从最大堆 H 中选择最大的 ΔQ_{ij}，合并相应的社团 i 和 j，标记合并后的社团的标号为 j；并更新模块度增量矩阵 ΔQ_{ij}、最大堆 H 和辅助向量 s'_i，记录并合并更新后的模块度值。

$$Q = Q + \Delta Q_{ij} \quad (2\text{-}43)$$

ΔQ_{ij} 的更新：删除第 i 行和第 i 列的元素，更新第 j 行和第 j 列的元素，如式（2-44）所示。

$$\Delta Q'_{jk} = \begin{cases} \Delta Q_{ik} + \Delta Q_{jk}, & \text{社团} k \text{与社团} i \text{和} j \text{都相连} \\ \Delta Q_{ik} - 2s'_j s'_k, & \text{社团} k \text{仅与社团} i \text{相连} \\ \Delta Q_{jk} - 2s'_i s'_k, & \text{社团} k \text{仅与社团} j \text{相连} \end{cases} \quad (2\text{-}44)$$

最大堆 H 的更新：更新最大堆中相应的行和列的最大元素。

辅助向量 s'_i 按式（2-45）计算更新。

$$\begin{cases} s''_j = s'_j + s'_i \\ s''_i = 0 \end{cases} \quad (2\text{-}45)$$

（3）重复步骤（2）直到网络中所有节点都归到一个社团内。在 CNM 算法的计算过程中，模块度 Q_w 仅有一个峰值，对应了最佳的社团划分。以包含 87 个布置对象的 Atlantis 号科考船为例，图 2-20 描绘了节点合并过程中模块度的变化，从图中可以看出，经过 83 次聚合后，社团模块度达到最大值 $Q_{max} = 0.2396$，此时将船舶布置对象划分成 5 个社团。

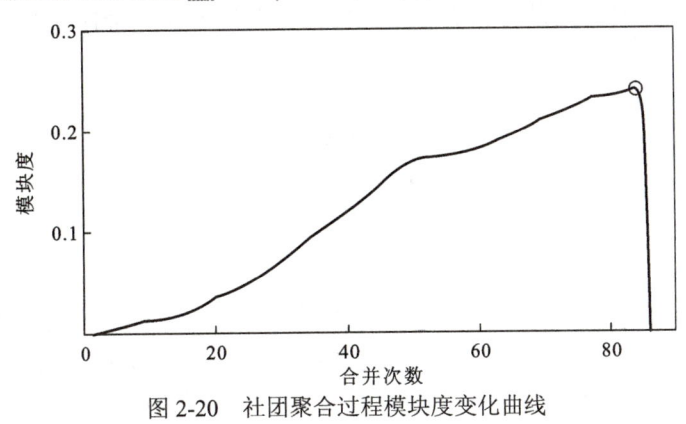

图 2-20 社团聚合过程模块度变化曲线

2.3.3 网络的流通便捷性

船舶拓扑布置网络的流通便捷性是用于衡量船舶布置对象之间船员的流通便捷性。在船舶初步设计阶段，难以给出详细的船舶通道布局信息，因此无法准确评估船舶布置对象之间人员的流通便捷性。同时，在后续的详细设计过程中，船舶设计人员会严格按照相关设计规范对船舶通道布局进行设计调整，因此，可以在船舶拓扑布置中通过计算对象节点之间的流通距离来初步反映船舶人员的流通便捷性。

参考设备布局问题（facility layout problem，FLP）中使用物料流通距离来进行评估计算，船舶拓扑布置网络中对象节点之间的流通距离计算中采用相似的计算模型。对于船舶拓扑布置网络中存在流通必要的任意两个对象节点，通过定义流通频率、流通成本和往返距离来计算最终流通距离，如式（2-46）所示。对象节点之间的流通频率即表示单位周期内布置对象之间人员往返次数；流通成本则可等效为每次往返包含的船员人数；往返距离则表示船舶拓扑网络中对象节点之间的路径长度。

$$f_{\text{path}} = \sum_{i=1}^{N}\sum_{j=1}^{N} c_{ij} \cdot \omega_{ij} \cdot D_{ij} \tag{2-46}$$

式中：N 为船舶布置对象的数量；c_{ij} 和 ω_{ij} 分别为布置对象 E_i 和 E_j 之间的人员流通频率和流通人员的数量；D_{ij} 为船舶拓扑布置网络中对象节点 i 和 j 之间的路径长度。

为了增加评估的合理性，引入一个线性隶属度函数 U_L 来归一化对象节点间的总流通距离。最终，船舶拓扑布置网络的流通便捷性可按式（2-47）进行计算：

$$F_{T_3} = 1 - U_L(f_{\text{path}}) \tag{2-47}$$

式中：U_L 为一个线性隶属度函数，其解释和数学形式将在第 3 章进行详细介绍和讨论。

2.4 船舶拓扑布置优化问题数学模型

前文的分析讨论及已有研究资料均表明，基于智能优化算法自动创建船舶总布置方案是船舶总布置优化设计的主流发展趋势。然而，使用智能优化算法求解船舶总布置优化问题的一个重要前提是将船舶总布置优化问题抽象为一个标准的数学优化模型，如式（2-48）所示。

$$\begin{cases} \min F(\boldsymbol{X}) \\ \text{s.t. } \boldsymbol{G}(\boldsymbol{X}) \leqslant 0 \\ \boldsymbol{H} = 0 \end{cases} \tag{2-48}$$

式中：F 为优化目标；$\boldsymbol{X}$ 为设计向量；$\boldsymbol{G}$ 和 $\boldsymbol{H}$ 则分别为优化过程中需要满足的不等式和等式约束。

船舶拓扑布置作为船舶总布置的一种新颖描述方式，以网络为基础直观地展示了布置对象之间的空间结构关系。本节围绕船舶拓扑布置设计过程中涉及的设计变量、目标函数和约束函数，建立船舶拓扑布置优化问题的标准数学模型，为实现船舶总布置优化设计奠定基础。

2.4.1 设计变量

船舶拓扑布置优化问题的本质是最优船舶拓扑布置网络的构建。邻接矩阵作为网络的一种基本表达方式，具有易于电子计算机识别和计算的特点。船舶拓扑布置网络邻接矩阵元素是布置对象之间的拓扑关系数字化形式，然而直接使用邻接矩阵元素作为船舶拓扑布置优化问题的设计变量存在变量规模过于庞大和计算复杂度过高等问题。因此，船舶拓扑布置优化问题中设计变量由表示网络社团结构的集合族 C 和表示社团内节点邻接关系的向量 A 共同构成，如式（2-49）所示。

$$V_T = (C, A) \tag{2-49}$$

式中：网络社团结构的集合族 C 是表示船舶拓扑布置网络中组成各个社团的节点集合，如式（2-50）所示；社团内节点邻接关系 A 是一种间接的表示方式，由横向位置和纵向位置共同构成，如式（2-52）所示。

$$C = \{C_1, C_2, \cdots, C_{N_g}\} \tag{2-50}$$

式中：N_g 为由船舶甲板和主要横舱壁划分得到的船舶甲板区域的总数；社团布置对象集合 C_i 为编号为 i 的船舶甲板区域内包含的布置对象集合，如式（2-51）所示。

$$C_i = \{E_1, E_2, \cdots, E_{n_k}\} \tag{2-51}$$

式中：E_i 为表示布置对象 E_i 的网络节点；n_k 为社团 k 中包含的节点数量。

$$A = \{x_{E_1}, x_{E_2}, \cdots, x_{E_N}, y_{E_1}, y_{E_2}, \cdots, y_{E_N}\} \tag{2-52}$$

式中：x_{E_i} 和 y_{E_i} 分别为节点 E_i 在对于甲板区域内的相对纵向和横向位置；N 为船舶布置中包含的布置对象数量。通过网络节点对应布置对象的纵向和横向位置可以判断得到两节点之间的拓扑关系，具体判断方式将在第 5 章进行详细讨论。

那么，对于一个包含 N 个节点和 N_g 个社团的船舶拓扑布置问题而言，设计向量 V_T 如式（2-53）所示。

$$V_T = \{v_{T_1}, v_{T_2}, \cdots, v_{T_i}, \cdots, x_{T_{3N}}\} \tag{2-53}$$

式中：前 N 个设计变量为网络对象节点 i 所属的社团结构，取值范围如式（2-54）所示。

$$V_{T_i} \in \{1, 2, \cdots, N_g + 1\} \tag{2-54}$$

之后的 N 个设计变量则表示布置对象在对应甲板区域内的相对纵向位置，取值范围为 [0,1]；而最后的 N 个设计变量则表示布置对象在对应甲板区域内相对横向位置，取值范围为 {1,2,3,4}。

2.4.2 目标函数

船舶拓扑布置评估主要集中在区域节点与对象节点的匹配性、对象节点间的相互影响和网络的流通便捷性三个方面。需要说明的是，对于不同类型船舶，区域节点与对象节点的匹配性对应的实际物理意义可能有所差异，但其对应的数学表达形式是一致的。例如：对于民用船舶，区域节点与对象节点的匹配性一般可表现为船舶适居性；但对于军用船舶，区域节点与对象节点的匹配性可能表现为作战性。

为了标准化数学形式，在船舶拓扑布置优化模型中使用最小化目标函数，并对涉及的三个评估函数进行加权，形成最终的目标函数，如式（2-55）所示。

$$F_T = \omega_1(1-F_{T_1}) + \omega_2(1-F_{T_2}) + \omega_3(1-F_{T_3}) \tag{2-55}$$

式中：F_{T_1} 为区域节点与对象节点的匹配性，可按式（2-32）计算；F_{T_2} 为对象节点间的相互影响程度，可按式（2-39）计算；F_{T_3} 为船舶拓扑网络的流通便捷性，可按式（2-47）计算；ω_1、ω_2 和 ω_3 分别为 F_{T_1}、F_{T_2} 和 F_{T_3} 的设计权重权值，可由设计人员根据设计要求进行设置。

2.4.3 约束函数

由于船舶单个甲板区域可容纳的布置对象有限，在船舶拓扑布置网络中，每个区域节点对应社团的对象节点容纳能力同样有限。为了使船舶拓扑布置优化设计中生成的船舶拓扑布置网络更为合理，需要在船舶拓扑布置优化模型中增加额外的设计信息，来约束每个社团容纳对象节点的能力。

对于船舶拓扑布置网络中的第 k 个区域节点对应的社团，其中包含的对象节点所对应的布置对象总面积应不大于区域节点 k 所对应的甲板区域面积，如式（2-56）所示。

$$G_{T_k} = \sum_{i \in C_k} S_{E_i} - S_{D_k} \leqslant 0 \tag{2-56}$$

式中：C_k 为第 k 个社团包含的对象节点集合；S_{E_i} 为对象节点 i 对应布置对象 E_i 的面积；S_{D_k} 为区域节点 k 对应甲板区域 D_k 的面积。那么，对于包含 N_g 个区域节点的船舶拓扑布置优化问题，一共存在 N_g 个设计约束。布置对象 E_i 和甲板区域 D_k 的面积值可直接采用船舶几何布置优化设计中初始给定的面积均值。

2.4.4 标准数学模型

综上所述，船舶拓扑布置优化问题的标准数学模型可表示为

$$\begin{cases} \min F_T(V_T), & V_T = \{v_{T_1}, v_{T_2}, \cdots, v_{T_i}, \cdots, x_{T_{3N}}\} \\ \text{s.t. } G_{T_k}(V_T) \leqslant 0, & k = 1, 2, \cdots, N_g \end{cases} \tag{2-57}$$

式中：F_T 为船舶拓扑布置优化问题中的目标函数，如式（2-55）所示；G_{T_k} 为船舶拓扑布置优化问题中的约束函数，如式（2-56）所示。

2.5 本章小结

为了弥补船舶总布置传统几何表现形式的不足，本章提出了一种基于网络的船舶总布置描述方法，直观、清晰地揭示了船舶布置对象之间的拓扑关系，为船舶总布置提供了一个新颖的设计思路。本章的主要工作包括以下几点。

（1）首次提出了一种基于网络表征的船舶拓扑布置。根据船舶布置空间的特点将船

舱布置空间抽象为三种类型的网络节点：露天区域节点、单一舱室区域节点和多舱室区域节点；根据船舶对象的特点将船舶布置对象抽象为露天对象节点和舱室对象节点，并由这5类节点构成船舶拓扑布置网络。船舶拓扑布置网络简化了船舶总布置的大部分几何特征，重点描述了船舶布置空间和船舶布置对象之间的拓扑关系。本章给出了船舶拓扑布置网络的明确定义和构建方法，并对船舶拓扑布置网络基本特性进行了分析讨论，主要包括无向有权性、连通性和社团结构。基于船舶拓扑布置网络的基本特性，给出了各类型甲板区域内船舶拓扑布置网络社团的网络结构。

（2）首次提出了一种船舶布置对象之间影响关系辨识方法。船舶布置对象之间的相互影响关系是船舶布局构思过程中需要重点考虑的问题。在传统总布置设计方法中，船舶布置对象之间的相互影响是以设计经验、设计灵感等形式存在于设计人员脑海中，难以清晰、量化地表达。为此，本章提出了一种基于布置对象自身属性和使用功能的相互影响关系辨识方法，通过分析讨论船舶布置对象的功能属性和影响关系的特点，将相互影响关系分为有利影响和不利影响两类，并建立相互影响和船舶布置对象功能属性的联系。以船舶布置对象的功能相似度来衡量船舶布置对象间的有利影响，以船舶布置对象的源属性和汇属性表示影响和被影响。最终通过归一化有利影响和不利影响得到船舶布置对象影响关系矩阵，清晰直观地描述布置对象之间错综复杂的影响关系。

（3）建立了船舶拓扑布置评估模型。船舶布置方案的评估是船舶布置优化设计的重要前提，也是船舶布置优化问题标准数学模型的重要组成部分。船舶拓扑布置重点描述了船舶布置对象之间的拓扑关系，通过分析船舶拓扑布置的基本特点，明确了船舶拓扑布置评估需要考虑的三个主要方面：区域节点与对象节点的匹配性、对象节点间的相互影响程度及船舶拓扑布置网络的流通便捷性，并分别给出了量化评估计算模型。

船舶拓扑布置优化设计是与传统船舶总布置设计全然不同的设计思路，其重点关注船舶布置对象之间的拓扑关系，为船舶设计人员提供一种更为抽象的设计视角，从更为宏观的层面协调优化船舶布置对象之间的相互影响。最终，根据船舶拓扑布置网络的特点，本章对船舶拓扑布置优化问题中设计变量的数学形式进行了简化，明确了船舶拓扑布置优化设计目标的数学形式，并以单一甲板区域的容纳能力为基础构建了船舶拓扑布置优化的设计约束，建立了船舶拓扑布置优化问题的标准数学模型。

第3章

船舶几何布置优化设计建模

本书将船舶总布置优化设计分解为船舶拓扑布置优化设计和船舶几何布置优化设计两个部分。其中，船舶拓扑布置设计的主要任务是优化船舶布置对象之间的拓扑关系，协调布置对象之间的相互影响。船舶几何布置作为船舶总布置方案的传统表现形式，其重点关注船舶布置对象的空间位置及几何尺寸。

船舶布置优化问题本质上属于一类三维空间布局问题。在传统的船舶设计过程中，船舶总布置设计的主要任务是在满足运营要求和保证船舶航行性能、安全性的前提下，合理地确定船舶整体布置，绘出详细的总布置图。船舶总布置图是一种基于几何图形的描述方式，通过在二维平面空间中以布置对象的平面轮廓来表示船舶上所有的系统及空间。因此，在船舶初步设计阶段，船舶几何布置能够直观地描述船舶布置方案的几何布局，非常有利于船舶设计人员快速获取和了解船舶总布置的相关信息，是船舶总布置设计的最终成果形式。

本章将通过分析研究船舶几何布置的特点，提出船舶几何布置的参数化模型，以解决船舶几何布置模型无法直接被电子计算机识别和计算的问题。通过分析船舶总布置设计的基本要求，总结船舶几何布置的设计约束，并提出形式化的数学表达。在船舶拓扑布置优化设计目标的基础上，对船舶几何布置优化设计目标进行深入分析，提出船舶几何布置评价指标体系，并引入模糊理论以实现各个评价指标的量化计算。最后，从优化设计的角度出发，建立船舶几何布置优化问题的数学模型，与船舶拓扑布置优化问题保持数学形式的统一，为最终实现船舶拓扑-几何布置优化问题协同求解奠定基础。

3.1 船舶几何布置的参数化

船舶几何布置与三维装箱问题（bin packing problem）相类似，是由布置空间和布置对象两大元素组成。装箱问题与布局问题在本质上是相同的，三维装箱问题是指将所有的布置对象布置于有限的布置空间内，并避免布置对象之间发生不合理的干涉，如图3-1所示。在船舶几何布置中，需要将船舶布置对象合理地布置在由多层甲板确定的布置空间内。因此船舶几何布置方案的参数化模型应包括布置空间和布置对象两部分。

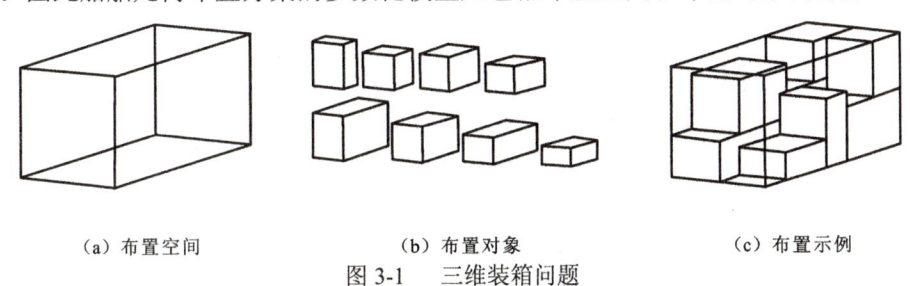

（a）布置空间　　　　　（b）布置对象　　　　　（c）布置示例

图 3-1　三维装箱问题

3.1.1 船舶布置空间

与传统空间布局问题和三维装箱问题不同的是，在船舶几何布置中船舶布置需要同时考虑船体几何外形和船舶甲板形状对布置对象的影响。因此，简单地使用如图3-1（a）所示三维装箱问题中定义的布置空间，会造成船舶几何布置方案与船舶实际情况相悖的问题。其主要原因在于，在船舶几何布置中几乎所有的布置对象都是布置于船舶甲板之上，船舶甲板分布情况和几何形状都对船舶几何布置有着至关重要的影响。单独使用由船体几何外形确定的三维空间作为船舶布置空间忽略了船舶甲板对船舶布置的影响，无法充分体现船舶几何布置的特点。

船体几何外形和船舶甲板形状与船舶类型、尺度、型线等多方面因素相关，存在参数化模型复杂度高和通用性差等问题。为了降低船舶布置空间参数化模型的复杂程度，并保证其对不同类型船舶的通用性，本书在借鉴传统空间布局问题和三维装箱问题中布置空间定义方式的基础上，给出船舶布置空间的定义如下。

定义 3.1： 船舶布置空间 V 由能够完全包裹所有船舶布置对象的立方体填充空间 c 和用于表示船舶甲板的二维矩形布置平面集 $D = \{d_1, d_2, \cdots, d_n\}$ 共同构成，记作

$$V = \{c\} \cup D \tag{3-1}$$

为了更好地描述船舶几何布置，建立如图3-2所示的空间坐标系。图中，$Oxyz$ 是原点固定于填充空间 c 的顶点（靠近船艉右舷底部）的空间坐标系，规定 x 指向船艏方向，y 轴指向船舶左舷方向，z 轴指向船舶顶棚甲板方向。

式（3-1）中填充空间 c 是由船体和上层建筑确定的长方体，如图3-2中最外层长方体所示。式（3-1）中矩形平面集 D 是由填充空间 c 内表示船舶甲板的二维矩形布置平面 d_i 所构成的集合，如图3-3所示。

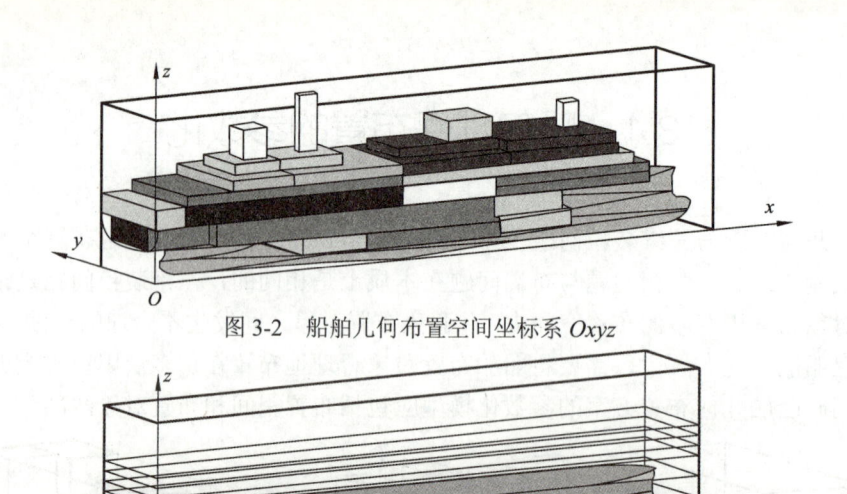

图 3-2 船舶几何布置空间坐标系 $Oxyz$

图 3-3 表示船舶甲板的二维矩形布置平面

1. 填充空间 c 的参数化表达

填充空间 c 是表征船舶几何布置的布置空间大小尺寸，如图 3-4 所示。船舶上层建筑的实际高度与船舶布局形式密切相关，难以根据船舶主尺度或者型线等参数确定。为了避免预定义填充空间 c 的高度对船舶几何布置的不合理限制，本书仅使用空间立方体长度和宽度两个尺寸参数定义填充空间 c。其数学形式可表示为

$$S = (L_s, B_s) \tag{3-2}$$

式中：L_s 为填充空间 c 的长度；B_s 为填充空间 c 的宽度。一般情况下，取填充空间 c 的长度 L_s 等于船舶总长或者船舶主甲板长度，从而使填充空间 c 的长度不会对船舶几何布置方案造成影响；取填充空间 c 的宽度 B_s 等于船舶总宽，从而使填充空间 c 的宽度不会对船舶几何布置方案造成影响。除由船舶长度和宽度确定填充空间 c 外，船舶设计人员也可根据已有设计资料和设计经验自行确定填充空间 c 的尺寸，使最终生成的船舶布置方案更为接近船舶设计人员期望的理想方案。

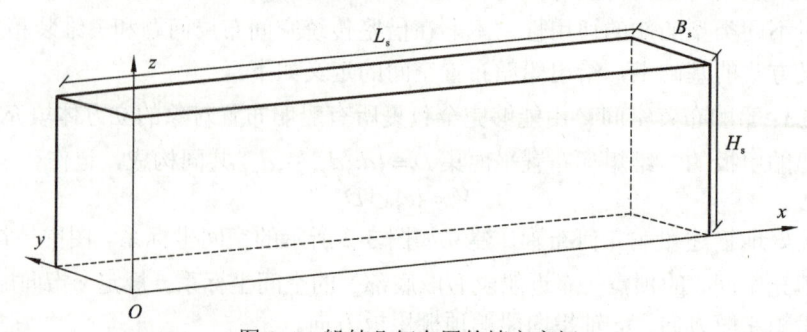

图 3-4 船舶几何布置的填充空间

2. 布置平面的参数化表达

在船舶布置问题中，布置对象是在船舶甲板所确定的平面进行布置。因此，直接使

用填充空间 c 作为船舶布置优化问题的布置空间会忽略船舶甲板对船舶布置的影响，无法准确地反映船舶布置问题的特点。为了充分考虑船舶甲板对船舶布置方案的影响，在填充空间 c 内部增加多个二维布置平面，共同构成船舶布置空间。船舶几何布置中，布置平面的定义如下。

定义 3.2：布置平面 d_i 是表示在填充空间 c 内部的第 i 个能够完全覆盖其对应船舶甲板的二维矩形平面，记作

$$d_i = (x_i^d, y_i^d, z_i^d, l_i^d, w_i^d) \tag{3-3}$$

式中：x_i^d, y_i^d, z_i^d 分别为布置平面 d_i 参考点 p_i 的空间坐标；l_i^d, w_i^d 为布置平面 d_i 的平面尺寸，如图 3-5 所示。因此，布置平面集 D 是包含了所有布置平面 d_i 的集合，即

$$D = \{d_1, \cdots, d_i, \cdots, d_n\} \tag{3-4}$$

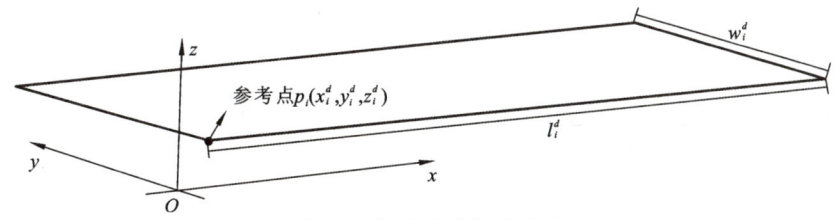

图 3-5　船舶甲板布置平面

船舶甲板之间的间距可以在船舶设计之初大致确定，并且后续设计过程的调整对船舶几何布置的影响相对较小，因此可直接假设布置平面之间的间距为定值。此外，为了保证布置平面不会影响到船舶甲板纵向位置、横向位置和尺寸的确定，可以直接使用填充空间 c 的尺寸信息确定布置平面，如图 3-6（a）所示。同时，船舶设计人员也可以根据设计经验和已有的船舶设计资料确定更为准确的布置平面位置和尺寸，以进一步提高船舶几何布置优化设计的效率，如图 3-6（b）所示。

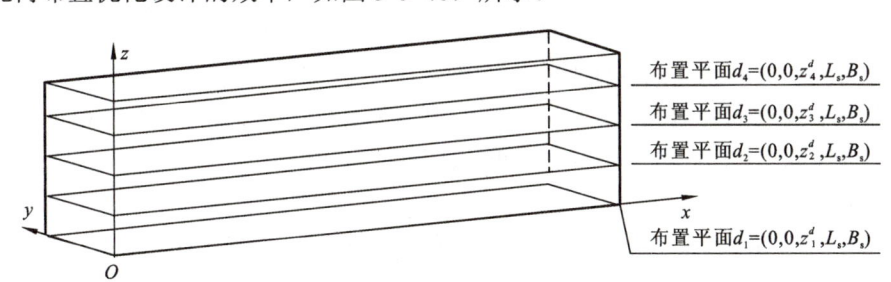

（a）基于填充空间尺寸确定的布置平面

（b）基于经验和设计资料确定的布置平面

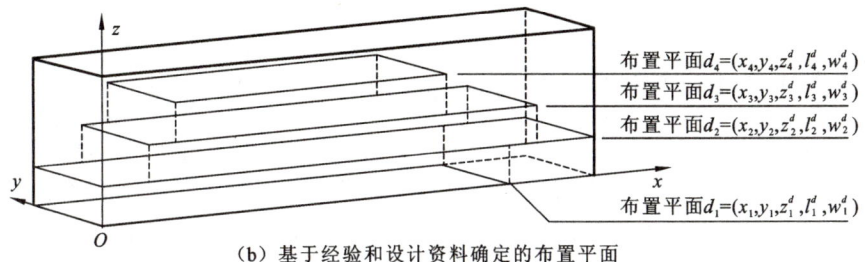

图 3-6　船舶甲板布置平面集

3.1.2 船舶布置对象

在船舶几何布置中，布置对象由布置在船舶各层甲板上的船舶舱室、船用设备系统等船舶元素构成。为了保证船舶布置对象参数化模型的简洁性和通用性，本书按照船舶布置对象的特点对其进行分类，并结合各类船舶布置对象的基本几何特征建立形式统一的数学模型。

1. 布置对象的参数化表达

船舶总布置优化设计涉及大量的布置对象，为了降低船舶几何布置参数化的复杂性，并保证通用性，将所有船舶布置对象统一简化为长方体，如图 3-7 所示。选取长方体下表面右后位置处顶点作为船舶布置对象 E_i 的位置参考点，并采用参考点的空间坐标 (x_i^E, y_i^E, z_i^E) 表示布置对象 E_i 的位置，船舶布置对象 E_i 的长度、宽度和高度分别使用 l_i^E, w_i^E, h_i^E 表示。因此第 i 个布置对象 E_i 记作

$$E_i = (x_i^E, y_i^E, z_i^E, l_i^E, w_i^E, h_i^E) \tag{3-5}$$

布置对象集 $E = \{E_1, \cdots, E_i, \cdots, E_N\}$ 表示包含所有 N 个船舶布置对象的集合。

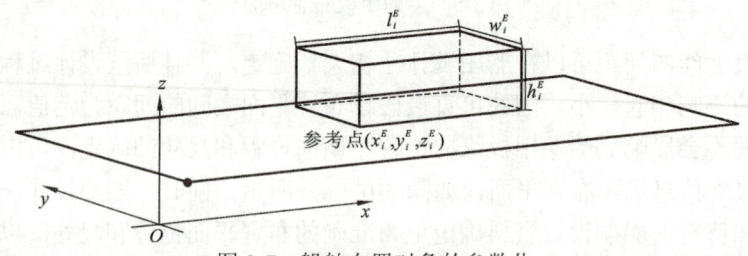

图 3-7 船舶布置对象的参数化

在船舶总布置设计过程中，船舶舱室的尺寸通常要求以最小布置面积的形式给出，而船舶尺寸与布置面积之间存在非线性的数学关系，因此船舶设计人员难以直接给出船舶舱室长度和宽度的合适取值范围。为合理给出船舶舱室的平面尺寸取值范围，使用参数面积 s 和长宽比 r 替代布置对象 E_i 长度 l 和宽度 w，记作

$$E_i = (x_i^E, y_i^E, z_i^E, s_i^E, r_i^E, h_i^E) \tag{3-6}$$

那么，布置对象 E_i 的平面尺寸长度 l 和宽度 w 可按式（3-7）计算：

$$\begin{cases} l = \sqrt{s \cdot r} \\ w = \sqrt{\dfrac{s}{r}} \end{cases} \tag{3-7}$$

2. 布置对象的分类和参数化特征

船舶总布置优化设计中涉及大量不同类别的布置对象，它们的使用功能、几何形状等各不相同。为了保证船舶布置对象参数化模型的通用性，并使最终得到的船舶几何布置方案合理可行，本书根据功能属性将船舶布置对象划分为 4 大类：舱室类、设备类、通道类、逻辑类，如图 3-8 所示，分析各类船舶布置对象的基本几何特征，并给出对应的参数化建模方法。

图 3-8 船舶布置对象的参数化

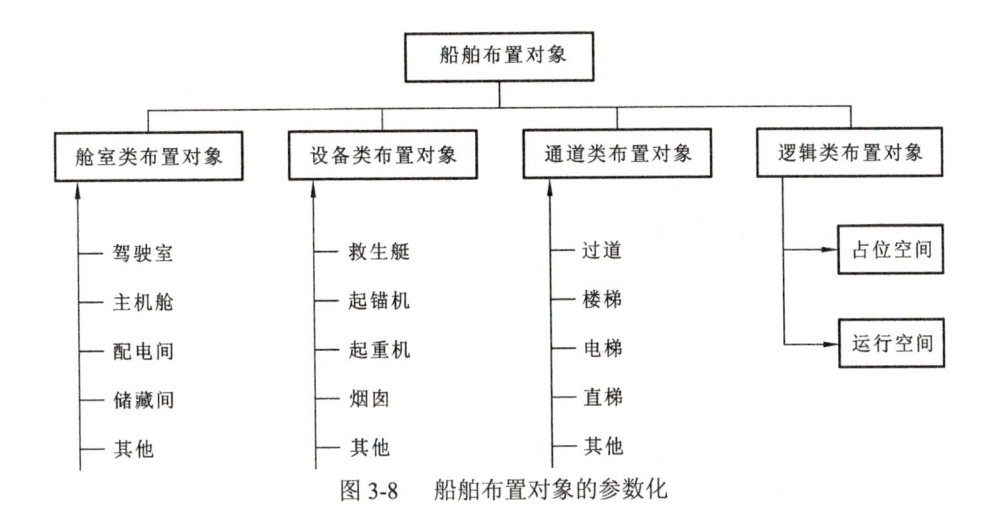

1）舱室类布置对象

舱室类布置对象是用以表示由船舶舱壁和船舶甲板构成的船舶舱室。在船舶几何布置中，船舶舱室的尺寸及位置都是可变的。由于船舶舱室都是布置于船舶甲板之上，船舶舱室的垂向位置 z_i^E 只能在预先定义的布置平面高度中取值，可表示为

$$z_i^E \in \{z_1^D, z_2^D, \cdots, z_n^D\} \tag{3-8}$$

在确定舱室 E_i 所在的布置平面 D_k 之后，舱室 E_i 的垂向位置坐标与布置平面 D_k 的垂向高度一致，即

$$z_i^E = z_k^D \tag{3-9}$$

受布置平面 D_k 尺寸的限制，舱室 E_i 参考点的平面纵向坐标和横向坐标取值范围如式（3-10）所示。当然，船舶设计者也可以根据其他设计信息提供更为准确的位置坐标取值范围。

$$\begin{cases} x_i^E \in [x_k^D, (x_k^D + l_k^D)] \\ y_i^E \in [y_k^D, (y_k^D + w_k^D)] \end{cases} \tag{3-10}$$

对于大部分船舶舱室而言，舱室是位于两层连续甲板之间，其高度是由甲板的层高决定。因此，舱室类布置对象的高度尺寸是根据其所在布置平面决定，并认为同一布置平面内的舱室类布置对象高度相等。布置于布置平面 D_k 上的舱室类布置对象的高度尺寸 h_i^E 应等于该层甲板层高，如式（3-11）所示。

$$h_i^E = z_{k+1}^D - z_k^D \tag{3-11}$$

此外，船舶上还存在贯穿一层或者多层甲板的船舶舱室。为了使贯穿船舶甲板的船舶舱室的参数化模型与一般船舶舱室（舱室高度等于甲板层高）的参数化模型通用，将贯穿船舶甲板的船舶舱室分解为多个不贯穿船舶甲板的舱室类布置对象，如图 3-9 所示。一个贯穿 k 层布置平面的船舶舱室可分解为 $k+1$ 个舱室类布置对象，并且分解得到的布置对象垂向坐标 z^E 和高度尺寸 h^E 是根据所在布置平面分别计算得到，而其平面位置参数 x^E 和 y^E 及平面尺寸参数 s^E 和 r^E 均保持一致。

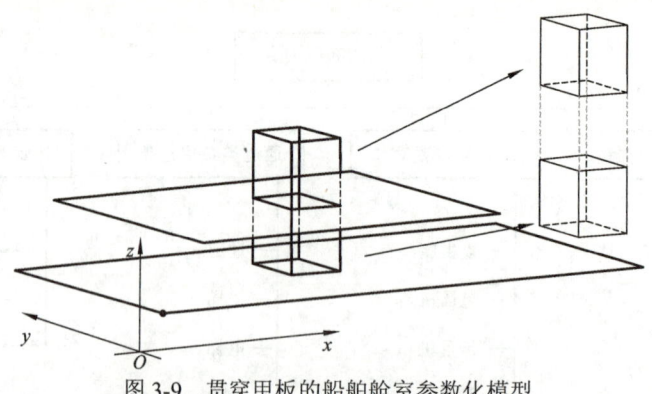

图 3-9 贯穿甲板的船舶舱室参数化模型

为避免船舶舱室过于狭窄，舱室长宽比 r 的合理取值范围一般为 $[1/3,3]$；对于一些特殊的船舶舱室，船舶设计者也可以根据实际情况调整其长宽比 r 的取值范围。船舶舱室面积 s 的取值范围 $[s_{min},s_{max}]$ 则是根据法律、法规和设计经验提前确定。

2）设备类布置对象

设备类布置对象是用以表示布置于船舶舱室外部的船用设备。对于船舶舱室内部的船用设备，在船舶初步计阶段可不做详细考虑，仅认为它们是布置于对应船舶舱室确定的布置空间内。例如，对于主机、辅机和冷却水系统等船舶机舱内的动力设备和系统，船舶几何布置中并不直接考虑，而仅对机舱的尺寸和位置进行考虑，使机舱能够容纳所有布置于机舱内部的设备和系统，同时保证机舱的位置有利于这些设备和系统的运行和使用。

设备类布置对象的位置坐标取值范围与舱室类布置对象相似，如式（3-8）和式（3-10）所示。船舶设备一般是由设备厂家统一生产制造，具有广泛适用性。当船用设备的型号确定后，其尺寸也就固定不可变。所以在船舶布置优化设计中，设备类布置对象的面积参数 s^E 和高度参数 h^E 保持为常数，而设备类布置对象的长宽比参数 r^E 是根据设备尺寸计算得到，如式（3-12）。当设备类布置对象沿船长方向布置时，长宽比 $r^E = l^E/w^E$；当设备类布置对象沿船宽方向布置时，长宽比 $r^E = w^E/l^E$。

$$\begin{cases} s^E = \text{constant} \\ r^E = \left\{\dfrac{l^E}{w^E}, \dfrac{w^E}{l^E}\right\} \\ h^E = \text{constant} \end{cases} \quad (3\text{-}12)$$

同样地，当设备类布置对象高度尺寸大于布置平面层高时，对其进行分解处理。不同的是，对于设备类布置对象，允许分解得到的最上层布置对象高度尺寸小于其所在布置平面的层高。

3）通道类布置对象

通道类布置对象是用以表示船舶通道。船舶通道可根据方向的不同分为垂向通道、纵向通道和横向通道三类。

船舶主要纵向通道和横向通道是指用作纵向连通和横向连通的直线通道，一般可由船舶设计人员提前进行定义，如图 3-10 所示。在传统设计方法中，初步设计阶段对船舶通道布局形式的考虑较少。为了提高船舶总布置优化设计的详细程度，在船舶几何布置中对船舶的主要纵向通道进行考虑。同时，结合船舶拓扑布置中各拓扑片之间的拓扑关系，可认为在船舶几何布置中垂向通道包含在主要纵向通道内部。

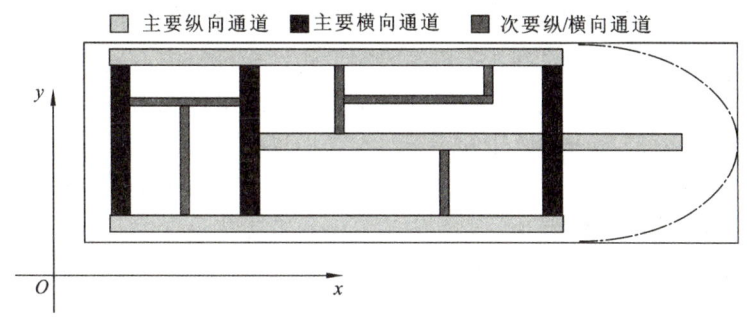

图 3-10 船舶几何布置中的船舶平面通道

主要纵向通道类布置对象的平面尺寸直接采用通道的长度 l^E 和宽度 w^E 进行参数化表达，如式（3-5）所示。在船舶几何布置中：船舶纵向通道长度 l^E 通常由甲板布置区域长度确定；而船舶纵向通道的宽度 w^E 则由船舶设计人员根据法规和经验预先确定。船舶主要纵向通道的高度等于所在布置平面 D_j 的甲板层高，如式（3-10）所示。

4）逻辑类布置对象

逻辑类布置对象是用以表示一类虚拟的空间对象，由占位空间和运行空间组成。占位空间是用于修正布置平面的形状，以保证布置对象不会超出实际的船舶甲板，如图 3-11（a）所示。图中点划线表示船体型线确定的实际甲板形状，而实线则为简化得到的二维矩形布置平面，点虚线表示的矩形是用以修正布置平面形状的占位空间。运行空间是表示保证船载机械和设备等正常运行所需的预留空间。图 3-11（b）给出了某舰载火炮对应的运行空间示例，图中深色长方体表示由船舶舰炮抽象得到的空间对象，白色长方体则是保证船舶舰炮正常发射所需要的预留空间，即运行空间。

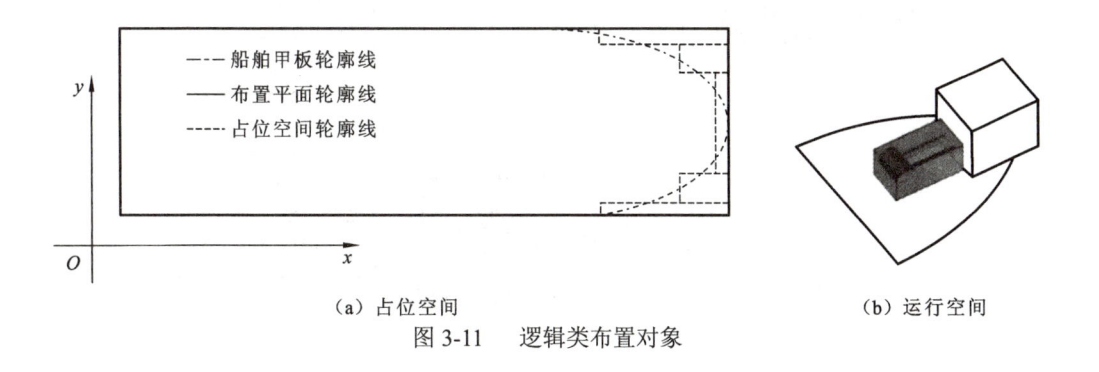

（a）占位空间　　　　　　　　　　（b）运行空间

图 3-11 逻辑类布置对象

在船舶几何布置问题中，由占位空间和运行空间组成的逻辑类布置对象的尺寸通常可由船舶设计人员预先确定。逻辑类布置对象的位置参数 (x^E, y^E, z^E) 应根据其对应的空间对象进行确定；逻辑类布置对象的尺寸参数 (s^E, r^E, h^E) 可按式（3-12）确定。

3.2 船舶几何布置设计约束

船舶作为一个复杂的系统工程,船舶总布置设计要求可分为可妥协设计要求和不可妥协设计要求。其中,可妥协设计要求对应船舶总布置设计的目标,而不可妥协设计要求则对应船舶总布置设计的约束。在传统船舶设计螺旋理论中,船舶总布置设计只能沿设计螺旋单向进行,只能根据当前阶段的固定设计要求进行总布置设计。对于后续设计要求的变化,这种螺旋单向的设计方法无法有效地进行及时反馈和修改,因此设计要求变化带来的局部修改可能会导致关联设计任务的反复。本节对船舶总布置设计中需要考虑的设计约束进行系统分析,并预置在船舶几何布置优化设计中,以减少船舶总布置设计的反复,提高船舶总布置设计效率。

3.2.1 设计约束分类

船舶几何布置方案合理可行的充分必要条件为满足所有布置设计约束。船舶几何布置作为船舶总布置方案的最终表现形式,在船舶几何布置优化设计中应对船舶总布置涉及的约束进行全面综合的考虑。根据涉及约束源头的不同可以将其分为三大类,如图3-12所示。其中:基础约束主要是来源于最基本的设计常识;法规约束主要是来源于相关法律法规;经验约束主要是来源于设计人员经验、母型船资料或者船东的特殊要求等。

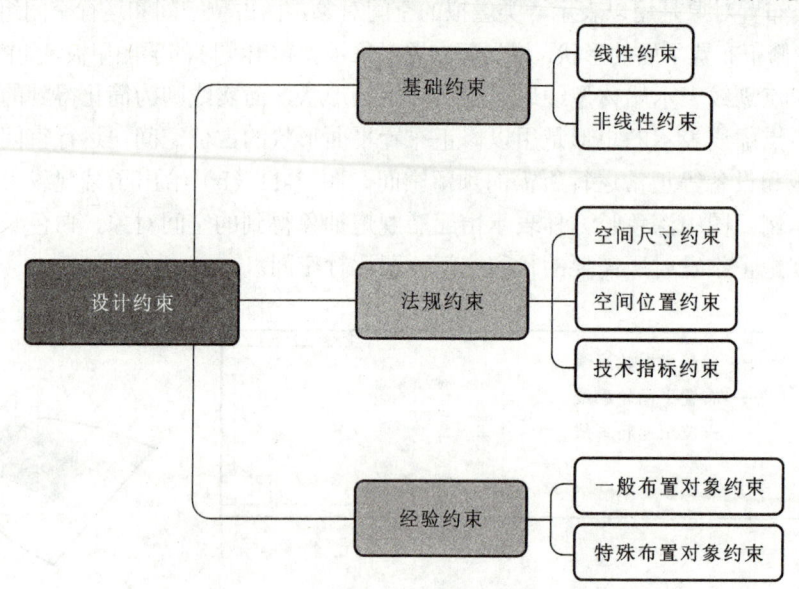

图3-12 船舶几何布置设计约束分类

3.2.2 基础约束

基础约束是保证船舶布置方案能够在现实物理空间中可行的最基本前提。此类设计约束所表达的物理内涵属于人类设计人员的一种潜意识。然而,在基于电子计算机进行船舶布置优化设计时，需要清晰明确地使用数学语言对其进行表达。根据基础约束数学形式的差异，可将基础类设计约束细分为线性约束和非线性约束。

1. 线性约束

船舶设计人员在进行船舶总布置设计时，会理所当然地将各类舱室、设备和甲板机械布置于船舶甲板之上，并不会出现将相关布置对象布置于船体外部空间的情况。在利用电子计算机自动生成船舶几何布局时，需要对此进行严格的数学表达，以保证船舶几何布置优化设计的顺利进行。

由建立的船舶几何布置参数化模型可知，布置对象在垂直方向上的布置位置和尺寸已经有严格的定义，并不会发生超出船体布置范围的情况。因此，将船舶布置对象限制在布置空间内部主要考虑船长方向和船宽方向。由图 3-7 中给出的船舶布置对象参数化模型可以看出，用于确定船舶布置对象位置的参考点是不会出现在对应船舶甲板布置空间的外部，如式（3-10）所示。参考点的位置能够确定船舶布置对象的后端（船尾方向）和右端（右舷方向）位置，也就是说按照式（3-10）定义的取值范围，船舶布置对象的后端和右端一定位于船舶布置空间内部。所以，基础类线性约束所表示的设计内涵为船舶布置对象前端和左端，应位于船舶甲板布置空间内部，如式（3-13）所示。

$$\begin{cases} x_i^E + l_i^E \leq x_k^D + l_k^D \\ y_i^E + w_i^E \leq y_k^D + w_k^D \end{cases} \tag{3-13}$$

式中：(x_i^E, y_i^E) 为布置对象 E_i 参考点的平面坐标；(x_k^D, y_k^D) 为甲板布置空间 D_k 参考点的平面坐标；l_i^E、l_k^D、w_i^E 和 w_k^D 分别为布置对象 E_i 和甲板布置空间 D_k 的长度和宽度。

2. 非线性约束

船舶几何布置在现实物理空间中合理可行的另一个重要潜在前提是布置对象之间不能出现干涉。为了保证船舶几何布置中不出现空间干涉，同样需要对布置对象的干涉进行严格的数学表示，并预置到船舶几何布置优化设计中。在船舶几何布置中，布置对象是布置于布置空间中的布置平面上，且布置对象的高度不会超过布置平面层高，因此布置对象间的干涉仅可能发生在相同布置平面内的布置对象之间。

同一甲板内布置对象具有相同的高度位置，它们不发生干涉的充分必要条件为同一甲板内布置对象在甲板平面的投影不发生干涉，这样就将这类特殊的三维干涉检测转化为一个二维平面干涉检测。二维平面中，任意两个矩形 E_i 和 E_j 存在如图 3-13 所示的 4 种布置情况：图 3-13（a）中，矩形 E_i 和 E_j 在 x 轴和 y 轴上的投影均不发生干涉，两矩形不干涉；图 3-13（b）中，矩形 E_i 和 E_j 在 x 轴上的投影发生干涉，y 轴上的投影不发生干涉，两矩形不干涉；图 3-13（c）中，矩形 E_i 和 E_j 在 x 轴上的投影不发生干涉，y 轴上的投影发生干涉，两矩形不干涉；仅在图 3-13（d）中，矩形 E_i 和 E_j 在 x 轴和 y 轴上的投影同时发生干涉，两矩形发生干涉。因此，二维平面中两矩形不发生干涉的充分必要条件为它们在 x 轴和 y 轴上的投影不同时干涉。

(a) x、y轴均不干涉

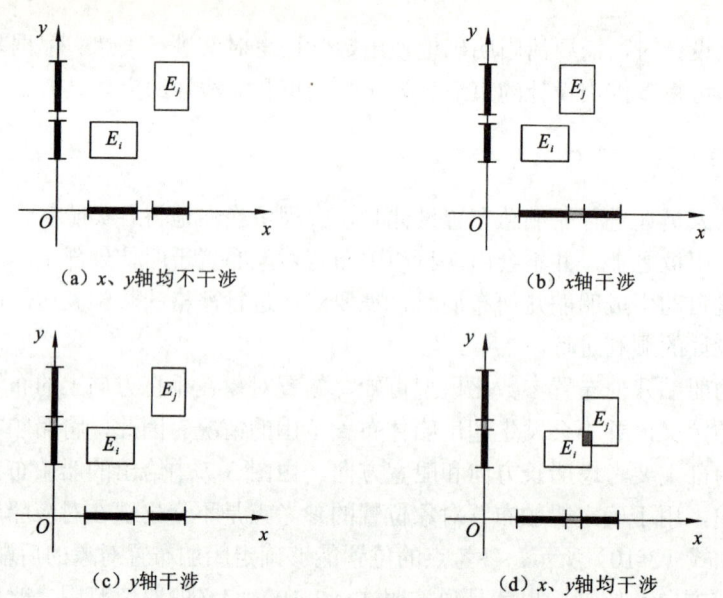

(b) x轴干涉

(c) y轴干涉

(d) x、y轴均干涉

图 3-13　二维平面上矩形的重叠干涉检测

矩形在 x 轴和 y 轴上的投影为一线段，那么 x 轴上任意两线段发生干涉时有

$$\left[x_i^E - (x_j^E + l_j^E)\right] \cdot \left[(x_i^E + l_i^E) - x_j^E\right] < 0 \tag{3-14}$$

式中：x_i^E 和 x_j^E 为两线段的起点坐标；l_i^E 和 l_j^E 为两线段的长度。

同理，y 轴上任意两线段发生干涉时有

$$\left[y_i^E - (y_j^E + w_j^E)\right] \cdot \left[(y_i^E + w_i^E) - y_j^E\right] < 0 \tag{3-15}$$

式中：y_i^E 和 y_j^E 为两线段的起点坐标；w_i^E 和 w_j^E 为两线段的长度。

若同一甲板布置空间内的两个布置对象 E_i 和 E_j 发生干涉，则

$$\begin{cases} C_x = \left[x_i^E - (x_j^E + l_j^E)\right] \cdot \left[(x_i^E + l_i^E) - x_j^E\right] < 0 \\ C_y = \left[y_i^E - (y_j^E + w_j^E)\right] \cdot \left[(y_i^E + w_i^E) - y_j^E\right] < 0 \end{cases} \tag{3-16}$$

若同一甲板布置空间内的两个布置对象 E_i 和 E_j 不发生干涉，则存在三种情况，分别如式（3-17）～式（3-19）所示。

$$\begin{cases} C_x = \left[x_i^E - (x_j^E + l_j^E)\right] \cdot \left[(x_i^E + l_i^E) - x_j^E\right] \geqslant 0 \\ C_y = \left[y_i^E - (y_j^E + w_j^E)\right] \cdot \left[(y_i^E + w_i^E) - y_j^E\right] < 0 \end{cases} \tag{3-17}$$

$$\begin{cases} C_x = \left[x_i^E - (x_j^E + l_j^E)\right] \cdot \left[(x_i^E + l_i^E) - x_j^E\right] \leqslant 0 \\ C_y = \left[y_i^E - (y_j^E + w_j^E)\right] \cdot \left[(y_i^E + w_i^E) - y_j^E\right] < 0 \end{cases} \tag{3-18}$$

$$\begin{cases} C_x = \left[x_i^E - (x_j^E + l_j^E)\right] \cdot \left[(x_i^E + l_i^E) - x_j^E\right] \geqslant 0 \\ C_y = \left[y_i^E - (y_j^E + w_j^E)\right] \cdot \left[(y_i^E + w_i^E) - y_j^E\right] \geqslant 0 \end{cases} \tag{3-19}$$

也就是说，式（3-17）～式（3-19）三式中任意一个成立即表示同一甲板布置空间内的两个布置对象 E_i 和 E_j 不发生干涉。

3.2.3 法规约束

船舶的设计建造需要接受船籍国政府的法定检验,入籍船舶还需要接受入籍船级社的入籍检验。此外,国际航行船舶还需要满足国际公约规定。船舶设计建造的规范、法规及国际公约是在不断修正和完善的。因此,船舶总布置设计也应考虑规范、法规及国际公约的要求。本小节以《内河船舶法定检验技术规则(2019)》为例,按照几何特征归纳分析法规对内河船舶总布置的约束要求。

1. 空间尺寸约束

法律法规对船舶总布置设计中布置对象空间尺寸的要求可按照其定义形式的不同分为 4 类:第一类是直接以平面几何尺寸规定的设计要求,这类规定方式多用于指导船舶通道的布置设计;第二类是以数量的形式明确布置设计要求,这类规定多用于具有确定空间尺寸的船舶设备和机械;第三类是通过规定布置面积来对船舶总布置设计进行约束,这类规定主要适用于确定船舶舱室的平面几何尺寸;第四类则是对空间高度尺寸的要求,通常是通过规定甲板最小层高来定义。表 3-1 中列出了《内河船舶法定检验技术规则(2019)》对船舶总布置空间尺寸方面的部分要求。

表 3-1 《内河船舶法定检验技术规则(2019)》对船舶布置对象的空间尺寸要求

序号	布置要求
1	不应设置长度超过 7 m 的端部封闭的走廊
2	旅游船应按船上总人数的 100%配置救生艇或者救生筏
3	为保证船员能充分地自由活动,船员舱室的最小甲板净高应不小于 1.9 m

法律法规中对船舶布置对象平面几何尺寸的要求,可以直接采用式(3-20)的形式预制到船舶几何布置优化设计中。

$$\begin{cases} l_i^E = \left[l_{i_{\min}}^E, l_{i_{\max}}^E \right] \\ w_i^E = \left[w_{i_{\min}}^E, w_{i_{\max}}^E \right] \end{cases} \quad (3\text{-}20)$$

式中:$l_{i_{\min}}^E$ 和 $w_{i_{\min}}^E$ 分别为相关法律法规要求的船舶布置对象长度和宽度尺寸最小设计值;$l_{i_{\max}}^E$ 和 $w_{i_{\max}}^E$ 为可用的最大设计尺寸。

船舶几何布置中,存在由几何尺寸确定的布置对象,其参数化表示形式如式(3-12)所示。规定此类布置对象的数量虽然不会对其几何尺寸产生影响,但会影响该类布置对象占用甲板的总面积。因此,这类设计约束对船舶几何布置的影响主要体现在船舶布置对象集合的确定上。

船舶布置对象布置面积的设计约束,可采用式(3-21)的形式预置到船舶几何布置中,并结合式(3-7)最终确定布置对象的平面几何尺寸。

$$s_i^E = \left[s_{i_{\min}}^E, s_{i_{\max}}^E \right] \quad (3\text{-}21)$$

式中:$s_{i_{\min}}^E$ 和 $s_{i_{\max}}^E$ 分别为船舶布置对象可用的最小甲板面积和最大甲板面积。通常,法律法规中仅对船舶布置对象可用的最小甲板面积做出要求，可用的最大甲板面积则需要根据设计经验、设计资料等确定，以减小后续优化设计的搜索空间。

船舶总布置设计的重点是甲板平面布局设计，本书提出的船舶几何布置中垂向尺寸与平面尺寸相对独立。因此，法律法规中有关甲板最小净高可用于辅助确定布置空间中甲板布置平面的划分，也可作为在确定船舶几何布置后调整甲板层高的依据。

2. 空间位置约束

法律法规对船舶总布置设计中布置对象空间位置的要求可按照其定义形式的不同分为两类：第一类是直接规定船舶布置对象绝对空间位置的可用范围；第二类则是规定船舶布置对象之间的相对位置。表 3-2 中列出了《内河船舶法定检验技术规则（2019）》对船舶布置对象空间位置的部分要求。

表 3-2　《内河船舶法定检验技术规则（2019）》对船舶布置对象的空间位置要求

序号	布置要求
1	尾尖舱舱壁一般应设置在距尾垂线 0.10 L 范围内，L 为船长
2	起居处所、货油控制站及服务处所均应位于所有货油舱、污油水舱、货油泵舱和隔离空舱的后方
3	卫生间不能设在厨房、餐厅、粮库和食品库之上
4	粮食库和食物库不应邻近温度较高的舱室

法律法规中对船舶布置对象绝对空间位置的规定可分为长度方向的规定和宽度方向的规定。通常，在长度方向对船舶布置对象绝对位置的限定，分为对其前端的限制和对其后端的限制，如式（3-22）和式（3-23）所示。在宽度方向上对船舶布置对象绝对位置的限制通常是左右两端需要同时满足的。例如，《天然气燃料动力船舶法定检验暂行规则（2018）》中 2.3.2.3 规定："对于内河船舶，燃料舱距离舷侧不少于 $B/10$ 或 1.0 m，取小者"，即表示燃料舱的左右两段与舷侧的距离均不少于 $B/10$ 或 1.0 m。因此，宽度方向上对船舶布置对象绝对空间位置的规定可用式（3-24）进行表示。

$$x^E_{f_{i\min}} \leqslant x^E_i + l^E_i \leqslant x^E_{f_{i\max}} \tag{3-22}$$

$$x^E_{a_{i\min}} \leqslant x^E_i \leqslant x^E_{a_{i\max}} \tag{3-23}$$

$$\begin{cases} y^E_i \geqslant y^E_{r_{i\min}} \\ y^E_i + w^E_i \geqslant y^E_{l_{i\max}} \end{cases} \tag{3-24}$$

式中：$x^E_{f_{i\min}}$ 和 $x^E_{f_{i\max}}$ 分别为布置对象 E_i 前端位置的最小可用值和最大可用值；$x^E_{a_{i\min}}$ 和 $x^E_{a_{i\max}}$ 分别为布置对象 E_i 后端位置的最小可用值和最大可用值；$y^E_{r_{i\min}}$ 为布置对象 E_i 右端的最小取值；$y^E_{l_{i\max}}$ 为布置对象 E_i 左端的最大取值。

相关法规对船舶布置对象相对空间位置的规定可按其描述方式进一步细分为几何要求和拓扑要求两类。其中，几何要求是指法律法规中明确地规定了两个布置对象之间的相对空间位置关系，包括前、后、左、右及是否重叠；拓扑要求则是法律法规中规定两个布置对象布置远离或者邻近的要求，如表 3-2 中第 4 条规定。本节重点讨论布置对象相对空间位置的几何要求。对于任意两个布置对象 E_i 和 E_j，要求 E_i 布置于 E_j 前、后、左和右方，可分别按式（3-25）～式（3-28）表示。几何要求中的重叠/不重叠布置要求通常是针对布置于不同甲板的布置而言的。不同甲板上的两个布置对象的不重叠，如表 3-2 中的第 3 条规定，可按式（3-17）～式（3-19）进行表示；而对于不同甲板上的需要重叠布置的两个布置对象，可将几何尺寸较大的布置对象的边界作为几何尺寸较小布置对象的绝对空间位置要求。

$$x_i^E \geqslant x_j^E + l_j^E \tag{3-25}$$

$$x_i^E + l_i^E \leqslant x_j^E \tag{3-26}$$

$$y_i^E + w_i^E \leqslant y_j^E \tag{3-27}$$

$$y_i^E \geqslant y_j^E + w_j^E \tag{3-28}$$

式中：(x_i^E, y_i^E) 和 (x_j^E, y_j^E) 分别为布置对象 E_i 和 E_j 的平面位置；(l_i^E, w_i^E) 和 (l_j^E, w_j^E) 分别为布置对象 E_i 和 E_j 的平面尺寸。

3. 技术指标约束

法律法规规定的船舶技术指标要求是保证船舶正常航行作业的最低要求。考虑大部分船舶技术指标的计算是由船舶型线、结构和总布置等多方面的信息参数共同确定，在船舶初步设计阶段，船舶型线、结构和总布置等信息不足，难以准确给出船舶技术指标与船舶布置几何布置之间的数学关系。本节提出将模糊集合论引入船舶几何布置评估中，实现对相关技术指标的量化评估。3.4 节将对此部分内容进行详细的说明。

3.2.4 经验约束

经验约束是对法规类设计约束的一种补充，根据船舶布置对象的不同可分为两类。第一类是针对常规的船舶布置对象，即真实存在的船舶舱室、设备和甲板机械等，其约束内容和表达方式与法规约束相似；经验约束和法规约束的主要差异在于，经验约束是由设计人员根据设计经验及设计资料主观确定的，具有一定可调整空间。第二类主要是针对船舶几何布置中的逻辑类对象提出的，本小节将详细介绍该类设计约束的内容和表示方式。

1. 占位空间对象的设计要求

占位空间对象是根据船舶实际甲板形状和布置平面形状差异，由船舶设计人员预先确定的，如图 3-11（a）所示。占位空间的位置坐标和尺寸参数均在船舶集合布置优化中保持不变。

2. 运行空间对象的设计要求

运行空间对象是用以表示保证船舶舱室设备正常运行所需要的自由空间，如图 3-11（b）所示。在船舶几何布置中，运行空间对象 E_j 要求与其配对的布置对象 E_i 相邻。运行空间对象 E_j 尺寸参数是由船舶设计人员预先确定，并保持不变。运行空间对象 E_j 的位置坐标则是根据运行空间对象 E_j 的尺寸及其配对布置对象 E_i 的位置和尺寸参数共同确定。

根据运行空间对象 E_j 与其配对的布置对象 E_i 配对方式的不同，运行空间对象 E_j 位置坐标计算方式也不相同，如图 3-14 所示。

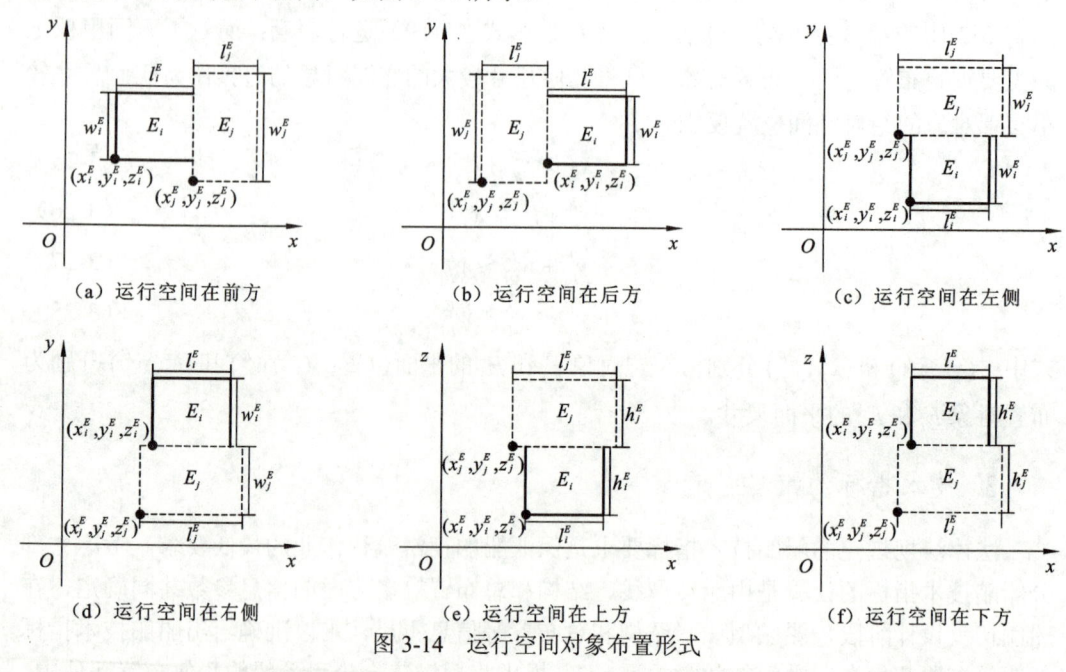

图 3-14 运行空间对象布置形式

当运行空间对象 E_j 位于布置对象 E_i 前方时，运行空间对象 E_j 的空间位置坐标如式（3-29）所示。

$$\begin{cases} x_j^E = x_i^E + l_i^E \\ y_j^E = y_i^E + \dfrac{w_i^E - w_j^E}{2} \\ z_j^E = z_i^E \end{cases} \quad (3\text{-}29)$$

当运行空间对象 E_j 位于布置对象 E_i 后方时，运行空间对象 E_j 的空间位置坐标如式（3-30）所示。

$$\begin{cases} x_j^E = x_i^E - l_j^E \\ y_j^E = y_i^E + \dfrac{w_i^E - w_j^E}{2} \\ z_j^E = z_i^E \end{cases} \quad (3\text{-}30)$$

当运行空间对象 E_j 位于布置对象 E_i 左侧时，运行空间对象 E_j 的空间位置坐标如式（3-31）所示。

$$\begin{cases} x_j^E = x_i^E + \dfrac{l_i^E - l_j^E}{2} \\ y_j^E = y_i^E + w_i^E \\ z_j^E = z_i^E \end{cases} \quad (3\text{-}31)$$

当运行空间对象 E_j 位于布置对象 E_i 右侧时，运行空间对象 E_j 的空间位置坐标如式（3-32）所示。

$$\begin{cases} x_j^E = x_i^E + \dfrac{l_i^E - l_j^E}{2} \\ y_j^E = y_i^E - w_j^E \\ z_j^E = z_i^E \end{cases} \qquad (3\text{-}32)$$

当运行空间对象 E_j 位于布置对象 E_i 上方时，运行空间对象 E_j 的空间位置坐标如式（3-33）所示。

$$\begin{cases} x_j^E = x_i^E + \dfrac{l_i^E - l_j^E}{2} \\ y_j^E = y_i^E + \dfrac{w_i^E - w_j^E}{2} \\ z_j^E = z_i^E + h_i^E \end{cases} \qquad (3\text{-}33)$$

当运行空间对象 E_j 位于布置对象 E_i 下方时，运行空间对象 E_j 的空间位置坐标如式（3-34）所示。

$$\begin{cases} x_j^E = x_i^E + \dfrac{l_i^E - l_j^E}{2} \\ y_j^E = y_i^E + \dfrac{w_i^E - w_j^E}{2} \\ z_j^E = z_i^E - h_j^E \end{cases} \qquad (3\text{-}34)$$

式（3-29）～式（3-34）中：(x_i^E, y_i^E, z_i^E) 和 (x_j^E, y_j^E, z_j^E) 分别为一般布置对象和运行空间对象的空间位置坐标；(l_i^E, w_i^E, h_i^E) 和 (l_j^E, w_j^E, h_j^E) 分别为一般布置对象和运行空间对象的空间尺寸。

3.3 船舶几何布置评估

船舶几何布置作为船舶总布置设计的最终表现形式，船舶几何布置的评估是船舶总布置优化设计中的重要环节。本节将船舶总布置分为船舶拓扑布置和船舶几何布置，分别在拓扑空间和几何空间对船舶布局进行表征，因此船舶几何布置的评估应重点关注与船舶几何布置特征相关联的评价指标。

需要特别说明的是，与船舶拓扑布置的评估不同，船舶几何布置的评估指标基本都具备非常明确的现实意义。随着不同船型总布置设计理念的不同，具体的评价指标可能会发生较大的变化。故而，本节建立船舶几何布置评价指标体系及各指标计算模型的主要目的是为船舶几何布置评估提供一种可参考的通用框架。实际工程应用中，船舶设计人员可借鉴本节提出的评估模式，自行确定评价指标和计算模型。

3.3.1 评价指标体系

船舶几何布置评价指标体系主要包含船舶航行性能、结构性能和使用效能三个大的方面，如图 3-15 所示。需要特别说明的是，在船舶初步设计阶段，船舶几何布置优化设计并不需要一次性将所有指标全部预置于优化模型中。船舶设计人员应根据船舶类型、使用用途和设计要求等因素，选取部分重点关注指标作为船舶几何布置优化设计目标。对于未选中的指标，可在后续的详细过程中进行考虑，或者进行简化处理。

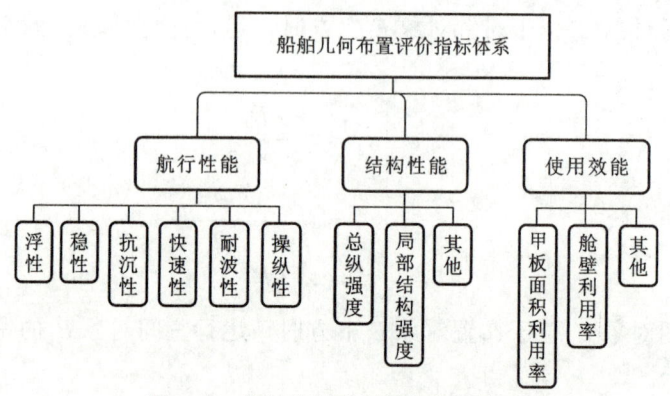

图 3-15 船舶几何布置评价指标体系

3.3.2 评价指标计算

1. 航行性能指标

船舶航行性能主要包括船舶浮性、稳性、抗沉性、快速性、耐波性和操纵性 6 类，船舶总布置对这些航行性能的影响程度不同。对于一般的民用船舶而言，船舶总布置对船舶耐波性和操纵性的影响很小，一般可不做考虑。因此本节主要考虑船舶几何布置对船舶浮性、稳性、抗沉性和快速性的影响。

1）浮性

船舶浮性是指船舶承载后可保持一定浮态的性能。船舶在水面平衡的前提条件是：船舶本身重量与浮力的平衡及船舶重心与浮心位置的匹配。重力与浮力的平衡是船舶型线设计阶段须重点考虑的问题，受船舶总布置影响很小。船舶重心位置与浮心位置则决定了船舶的浮态，其中重心位置是直接由船舶总布置确定的。重心和浮心的横向坐标决定船舶的横倾；重心和浮心的纵向坐标决定船舶总纵。船舶设计中，船舶横倾角应为 0°，而纵倾斜角则由船舶快速性等方面要求确定。因此可仅使用船舶重心的横向位置作为影响船舶浮性的几何特征，并以船舶横倾程度来衡量船舶浮性的优劣，如式（3-35）所示。

$$f_{\text{buoyancy}}(y_G) = \frac{|y_G - y_b|}{0.5B} \quad (3\text{-}35)$$

式中：y_G 和 y_b 分别为船舶重心和浮心的横向坐标；B 为船宽；$f_{\text{buoyancy}}(y_G)$ 为船舶横倾程度，其值越大表明船舶横倾角越大，当 $f_{\text{buoyancy}}(y_G)=0$ 时，船舶横倾程度为 0，表明船舶浮性达到最佳。

2）稳性

船舶稳性是指船舶在外力矩作用下偏离其初始平衡位置而倾斜，船舶具有抵抗外力并当外力矩消除后仍具有恢复原来平衡状态的能力。一般来说，船舶的稳性主要是由船舶型线和船舶重心高度决定的，而船舶重心高度与船舶几何布置密切相关。因此在船舶几何布置评估中，可使用船舶重心的垂线高度作为影响船舶稳性的几何特征，并以船舶横稳性高大小来衡量船舶稳性的优劣。在船舶概念设计阶段，船舶的横稳性高可按式（3-36）进行估算。

$$f_{\mathrm{GM}}(z_G) = z_b + R_{\mathrm{BM}} - z_G \qquad (3\text{-}36)$$

式中：z_G 和 z_b 分别为船舶的重心高度和浮心高度；R_{BM} 为横稳心半径。船舶横稳性高越大表明船舶抗倾斜力矩的能力越强；然而，过大的横稳性高会使船舶在大风浪下急剧摇摆。因此，船舶横稳性高的数值要选取适当，不宜过大或者过小。

3）抗沉性

船舶抗沉性是指船舶在一个舱或几个舱进水的情况下，仍能保持不至于沉没和倾覆的能力。船舶抗沉性与船舶干舷和水密舱壁的布置密切相关，船舶干舷布置主要是由型线设计确定，而水密舱壁的布置则由船舶总布置设计确定。因此，在船舶几何布置评估中，可使用船舶分舱后的水密舱舱长作为衡量船舶抗沉性的几何特征，并直接以实际舱长和许用舱长的差值衡量船舶抗沉性是否满足要求，如式（3-37）所示。

$$f_{\mathrm{insubmeribility}}(z_G) = L_c - L_\mu \qquad (3\text{-}37)$$

式中：L_c 和 L_μ 分别为实际舱长和许用舱长。当实际舱长 L_c 小于或等于许用舱长 L_μ 时船舶抗沉性满足要求。

4）快速性

船舶快速性是指船舶在一定主机功率下以较快速度航行的性能，主要受到船舶阻力性能的影响。而船舶阻力性能与船舶浮态密切相关，特别是船舶的纵向浮态，合理的纵倾角能够有效改善船舶的阻力性能。船舶的纵倾角是由船舶浮心和重心的纵向位置决定的，因此在船舶几何布置评估中可使用船舶重心纵向位置作为影响船舶快速性的几何特征，并以船舶纵倾程度来衡量船舶浮性的优劣，如式（3-38）所示。

$$f_{\mathrm{speed}}(x_G) = \frac{|x_G - x_b|}{L} \qquad (3\text{-}38)$$

式中：x_G 和 x_b 分别为船舶的重心纵向位置和浮心纵向位置；L 为船长。船舶纵倾程度越接近最佳纵倾表明船舶快速性越好。

2. 结构性能指标

船舶结构性能指标主要包括船舶总纵强度、局部结构强度等。船舶结构性能指标很大程度上是直接取决于船舶的结构形式。目前，船舶结构设计基本都是基于已有的总布置方案进行的适配设计，在不进行结构适配设计的情况下，基于船舶几何布置对船舶结构性能进行评估还存在较大难度，需要进一步的深入研究分析，本书对此不做进一步的讨论展开。

3. 使用效能指标

通常，船舶的使用效能是根据船型、用途等多方面因素决定的，不同的船型通常具有不同的使用效能指标。其中，船舶甲板面积利用率和舱壁利用率是两个相对通用的使用效能指标，本小节以此为例展开分析讨论。

1）甲板面积利用率

船舶甲板面积利用率是评估船舶使用效能的一个重要指标。优化船舶布局形式来提高船舶甲板面积利用率，能够增加船员及乘客的生活和工作活动空间，提高船舶的使用效能。在船舶几何布置评估中，船舶甲板面积利用率计算如式（3-39）所示。

$$f_{\text{area}} = \frac{\sum_{\forall i, z_i^E = z_j^D} s_i^E}{S_{e_j}} \tag{3-39}$$

式中：$\sum_{\forall i, z_i^E = z_j^D} s_i^E$ 为布置平面 D_j 上布置对象的面积和；S_{e_j} 为根据平面 D_j 上最艏端布置对象 E_i 和最艉端布置对象 E_j 共同确定的有效面积，如式（3-40）所示。

$$Se_j = \left[\max(x_i^E + l_i^E) - \min(x_i^E)\right] \cdot w_j^D \tag{3-40}$$

2）舱壁利用率

舱壁利用率也是衡量船舶几何布置的一个重要指标。提高船舶几何布置中的舱壁利用率能够降低舱壁建造长度和成本，从而提高建造经济性。此外，提高舱壁利用率有利于生成更为整齐紧凑的船舶几何布置方案。船舶舱壁利用率的计算过程相对复杂，如式（3-41）所示。

$$f_{\text{bulkhead}} = \frac{\sum_{i=1}^{N-1} b_i^E}{2 \cdot \sum_{i=1}^{N}(l_i^E + w_i^E)} \tag{3-41}$$

式中：b_i^E 为布置对象 E_i 与其他布置对象公用舱壁的总长度，可按式（3-42）计算。

$$b_i^E = \sum_{j=i+1}^{N} \left[\min(l_i^E, l_j^E, \varepsilon_x) \cdot \delta_x + \min(w_i^E, w_j^E, \varepsilon_y) \cdot \delta_y\right] \tag{3-42}$$

式中：$\varepsilon_x = |x_i^E - x_j^E - l_j^E|$；$\varepsilon_y = |y_i^E - y_j^E - w_j^E|$；$\delta_x$ 和 δ_y 分别为判断布置对象 E_i 和 E_j 是否在 x 轴或 y 轴方向发生共用舱壁的情况，如式（3-43）和式（3-44）所示。

$$\delta_x = \begin{cases} 1, & C_x < 0 \text{且} C_y = 0 \\ 0, & \text{其他} \end{cases} \tag{3-43}$$

$$\delta_y = \begin{cases} 1, & C_x = 0 \text{且} C_y < 0 \\ 0, & \text{其他} \end{cases} \tag{3-44}$$

式中：C_x 和 C_y 分别为布置对象在 x 轴或 y 轴方向投影的重叠判断函数，如式（3-16）所示。

3.3.3 基于模糊集合论的评价指标标准化

船舶几何布置的评估包含大量评价指标，而一个特定的评价指标仅代表船舶几何布置对船舶某一方面性能的影响。在船舶几何布置评估中，不同种类评价指标是根据不同的船舶布置几何特征来进行计算的。然而，根据船舶布置几何特征计算的评价指标具有一定的主观性，且量级和量纲也存在差异，这不利于同时考虑多个评价指标的综合评估。为了能够定量并且相对客观地反映船舶几何布置方案的优劣程度，本小节使用模糊集合论对船舶几何布置评估中涉及的评价指标进行标准化处理。

在船舶几何布置评估中，部分评价指标具有清晰明确的定义和计算方法，部分评价指标则定义相对模糊，计算过程存在大量简化。即使是对于定义相对清晰明确的评价指标而言，也很难直接建立指标值与布置优劣程度之间的客观联系。例如船舶稳性指标值可使用初稳性高来准确表示，而初稳性高与布置方案的优劣关系通常依靠设计者的设计经验来进行主观判断。此外，船舶几何布置评估中涉及多种类型不同的评价指标，这些评价指标的量纲、量级存在很大的差别，且基本性质也大不相同。为了科学、客观地利用船舶几何布置特征定量计算出各个评价指标的数值，并尽可能消除不同评价指标值量纲、量级的影响，本小节提出一种基于模糊集合论的评价指标标准化方法。

模糊集合论以模糊数学为基础，研究有关非精确现象，是一种用于描述模糊现象的方法。模糊集合作为模糊集合论的基础，是指具有某个模糊概念所描述的属性的对象的全体，定义如下。

定义 3.3：给定一个论域U，那么从U到单位区间$[0,1]$的一个映射$U_A:U \to [0,1]$称为论域U上的一个模糊集，记作A；映射函数$U_A(\cdot)$则称为模糊集A的隶属度函数；对于每个$x \in U$，$U_A(x)$称为元素x对模糊集A的隶属度。

船舶几何布置评估中，论域U_i即表示第i项评价指标；基于给定的隶属度函数$U_{A_i}(\cdot)$可计算得到指标值x对模糊集A_i的隶属度，即评价指标值高低反映出船舶几何布置的优劣程度，如式（3-45）所示。由于评价指标对船舶几何布置优劣程度的影响是不同的，不同评价指标的隶属度函数$U_{A_i}(\cdot)$也是不同的。基于对船舶几何布置评价指标体系的特点进行分析，本小节提出了两类较为通用的隶属度函数用以计算各类评价指标的隶属度。

$$F_{G_i} = \begin{cases} U_{A_i}(x) \\ 1 - U_{A_i}(x) \end{cases} \quad (3\text{-}45)$$

式中：F_{G_i}为标准化后的评价结果，根据评价指标值与船舶几何布置优劣的不同对应关系，F_{G_i}存在两种计算模式。当评价指标值越大表示船舶几何布置越好时，$F_{G_i} = 1 - U_{A_i}(x)$；当评价指标值越小表示船舶几何布置越好时，$F_{G_i} = U_{A_i}(x)$。

1. 线性隶属度函数

在船舶设计中广泛存在的一种情况：当船舶的某项技术指标低于某个限界值时，所设计的船舶无法满足基本的法律、法规要求；而该项技术指标超出某个限界值时，继续提高该项技术指标并无实际工程意义，或者可能造成其他技术指标急剧下降。基于此类特性，本小节提出一种线性隶属度函数$U_L(x)$，如式（3-46）所示。

$$U_L(x) = \begin{cases} 0, & x \leq \mu_{\min} \\ k \dfrac{x - \mu_{\min}}{\mu_{\max} - \mu_{\min}}, & \mu_{\min} < x < \mu_{\max} \\ 1, & x \geq \mu_{\max} \end{cases} \quad (3\text{-}46)$$

式中：斜率 k 及阈值 $\mu_{\min}$ 和目标值 $\mu_{\max}$ 是由对应评价指标的特性来确定的，通常阈值 $\mu_{\min}$ 可根据相关法律、法规确定，而目标值 $\mu_{\max}$ 则是根据设计需求和设计经验进行选取。图 3-16（a）给出这种线性隶属度函数的图像。当某项评价指标的值 x 小于船舶设计的基本要求阈值 $\mu_{\min}$ 时，对应隶属度为 0，表示对应的船舶几何布置方案是完全无法接受（最劣）的；而当指标值 x 等于或超出目标值 $\mu_{\max}$ 时，对应隶属度等于 1，即可认为对应的船舶几何布置是完全可以接受（最优）的；当指标值 x 处于阈值 $\mu_{\min}$ 和目标值 $\mu_{\max}$ 之间时，对应船舶几何布置的优劣程度即为模糊的，其隶属度在 [0,1] 变化。

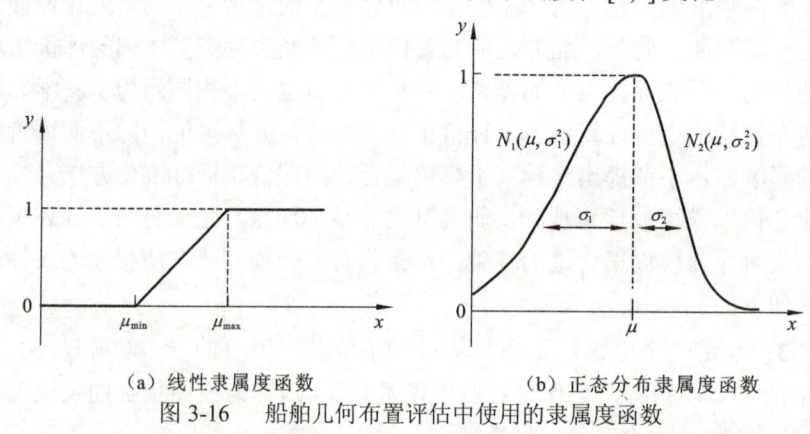

（a）线性隶属度函数　　　　（b）正态分布隶属度函数
图 3-16　船舶几何布置评估中使用的隶属度函数

从线性隶属度函数 U_L 的函数特点可以看出，适用于该类隶属度函数的评价指标应该在模糊区间 $[\mu_{\min}, \mu_{\max}]$ 是单调的。因此，船舶拓扑布置评估中，通道布局合理性可使用线性隶属度函数 U_L 进行归一化处理；船舶几何布置评估中，线性隶属度函数 U_L 适用于浮性、抗沉性和舱壁利用率等评价指标。

2. 正态分布隶属度函数

正态分布作为概率论中最重要的分布之一，有着极其广泛的实际应用背景。正态分布曲线及面积分布图由基区、负区和正区三个部分组成，其中基区占总面积的 68.27%。将正态分布隶属度函数应用于船舶几何布置评估的主要内涵表现为评价指标在一定范围内的适宜性。本小节给出一种由两个正态分布函数 $N_1(\mu, \sigma_1^2)$ 和 $N_2(\mu, \sigma_2^2)$ 共同构成的正态分布隶属度函数 $U_N(x)$，如式（3-47）所示。

$$U_N(x) = \begin{cases} \left(\dfrac{1}{\sqrt{2\pi} \cdot \sigma_1} e^{-\frac{(x-\mu)^2}{2\sigma_1^2}} \right) \bigg/ \dfrac{1}{\sqrt{2\pi} \cdot \sigma_1}, & x \leqslant \mu \\ \left(\dfrac{1}{\sqrt{2\pi} \cdot \sigma_2} e^{-\frac{(x-\mu)^2}{2\sigma_2^2}} \right) \bigg/ \dfrac{1}{\sqrt{2\pi} \cdot \sigma_2}, & x > \mu \end{cases} \quad (3\text{-}47)$$

式中：μ 为正态分布函数的均值，表示评价指标的理想值；σ 为正态分布的标准差，用来确定隶属度随指标值变化的速率。使用两个不同正态分布函数的作用是为了区别指标值小于理想值和大于理想值时隶属度变化的差异。从隶属度函数 $U_N(x)$ 的图 3.16（b）可以看出：当某项评价指标的指标值在理想值附近小幅波动时，船舶几何布置的优劣程度变化很小，表现为几乎完全可以接受；而当波动范围稍加扩大时，船舶几何布置的优劣性将对波动的敏感性不断增强，并且船舶几何布置可接受程度不断降低；当波动范围进一步扩大时，船舶几何布置对波动的敏感性又开始逐渐降低，且船舶几何布置的可接受程度仍然继续下降，并处于一个非常低的水平；最终当波动范围变化至远离理想值时，船舶几何布置方案对波动再次变得不敏感，并且船舶几何布置方案始终处于一个几乎不可接受的范围。船舶几何布置中，适用于正态分布隶属度函数 U_N 的评价指标主要包括稳性、快速性和甲板面积利用率等评价指标。

3.4 船舶几何布置优化问题数学模型

船舶几何布置作为船舶总布置设计的最终表现形式，其直观描述了各个船舶布置对象的准确空间位置和几何尺寸。为了实现船舶总布置设计的智能优化，以及配合船舶拓扑布置进行协同求解，本节围绕船舶几何布置设计过程中涉及的设计变量、目标函数和约束函数，建立船舶几何布置优化问题的标准数学模型，为实现船舶总布置优化设计奠定基础。

3.4.1 设计变量

船舶几何布置是由船舶布置空间和船舶布置对象共同构成，船舶几何布置优化问题的核心是将布置对象合理地布置于确定的布置空间中，满足船舶总布置设计的基本要求并使设计目标达到最优。船舶几何布置需要准确确定每个船舶布置对象的空间位置和几何尺寸，因此船舶几何布置优化问题的设计变量 V_G 是由布置对象的空间位置参数 (x^E, y^E, z^E) 和几何尺寸参数 (s^E, r^E, h^E) 共同构成的。考虑本书构建的船舶几何布置参数化模型中，布置对象的高度尺寸可以由布置平面层高累加确定或者由船舶设计人员预先给定，船舶几何布置优化中可不考虑船舶布置对象的高度尺寸。船舶几何布置优化中，设计变量 V_G 如式（3-48）所示。

$$V_G = (X, Y, Z, S, R) \quad (3\text{-}48)$$

式中：X 为由所有布置对象纵向位置坐标构成的向量；Y 为由所有布置对象横向位置坐标构成的向量；Z 为由所有布置对象所属船舶甲板构成的向量；S 为由所有布置对象面积构成的向量；R 为由所有布置对象长宽比构成的向量；如式（3-49）所示。

$$\begin{cases} X = (x_1^E, x_2^E, \cdots, x_i^E, \cdots, x_N^E) \\ Y = (y_1^E, y_2^E, \cdots, y_i^E, \cdots, y_N^E) \\ Z = (z_1^E, z_2^E, \cdots, z_i^E, \cdots, z_N^E) \\ S = (s_1^E, s_2^E, \cdots, s_i^E, \cdots, s_N^E) \\ R = (r_1^E, r_2^E, \cdots, r_i^E, \cdots, r_N^E) \end{cases} \quad (3\text{-}49)$$

对于任意布置对象 E_i，为保证船舶布置对象空间位置不超出布置平面所确定的范围，其纵向坐标位置 x_i^E 和横向坐标位置 y_i^E 的取值应处于布置平面内部，如式（3-50）所示。

$$\begin{cases} x_i^E \in \left[x_k^D, (x_k^D + l_k^D) \right] \\ y_i^E \in \left[y_k^D, (y_k^D + w_k^D) \right] \end{cases} \quad (3\text{-}50)$$

式中：x_k^D 和 y_k^D 分别为布置对象 E_i 所属甲板布置平面 D_k 位置参考点的纵向坐标和横向坐标；l_k^D 和 w_k^D 分别为甲板布置平面 D_k 的纵向长度尺寸和横向宽度尺寸。此外，船舶布置设计中部分船舶布置对象的纵向坐标位置 x_i^E 和横向坐标位置 y_i^E 的取值范围还需考虑相关法规经验类设计要求，因此其取值范围的确定方式如下：

$$\begin{cases} x_i^E \in \left[\max(x_k^D, x_{\min}^E), \min((x_k^D + l_k^D), x_{\max}^E) \right] \\ y_i^E \in \left[\max(y_k^D, y_{\min}^E), \min((y_k^D + w_k^D), y_{\max}^E) \right] \end{cases} \quad (3\text{-}51)$$

式中：$x_{\min}^E$ 和 $y_{\min}^E$ 为根据相关法律法规类确定的下限值；$x_{\max}^E$ 和 $y_{\max}^E$ 为根据法律法规确定的上限值。

同样地，除部分在优化过程中尺寸参数保持不变的布置对象外，布置对象面积参数和长宽比参数的取值范围一般都是根据法律法规和设计经验确定的，如式（3-52）所示。

$$\begin{cases} s_i^E \in [s_{\min}, s_{\max}] \\ r_i^E \in [r_{\min}, r_{\max}] \end{cases} \quad (3\text{-}52)$$

船舶几何布置优化中，布置对象垂向坐标的取值范围由甲板层数确定。对于包含 N_D 层甲板的船舶几何布置优化问题，船舶布置对象的垂向坐标取值范围如式（3-53）所示。考虑船舶布置对象均布置于船舶甲板上，对船舶布置对象的垂向坐标进行高斯取整，即可得到布置对象 E_i 所属的甲板 $[z_i^E]$。

$$z_i^E \in [1, N_D + 1) \quad (3\text{-}53)$$

3.4.2 目标函数

船舶几何布置的评估涉及众多方面，并且这些评价通常具有很强的模糊性，因此很难在船舶几何布置优化中进行全面准确的评估。在实际优化过程中，船舶设计者可根据设计需求和设计经验确定合适评估指标用以引导船舶几何布置优化设计过程。

为了标准化数学形式，在船舶几何布置优化模型中使用最小化目标函数，并对涉及的评估指标进行归一化处理，形成最终的目标函数，如式（3-54）所示。与船舶拓扑布置中使用加权和归一化模型不同，船舶几何布置优化问题中使用了一种基于乘积的归一化模型。这种归一化模型能够有效地体现出评估过程中最差评价指标对船舶几何布置整体评价的影响。

$$F_G = \sqrt[3]{\frac{\sum_{i=1}^{n} F_{G_i}}{n} \cdot \min F_{G_i} \cdot \max F_{G_i}} \quad (3\text{-}54)$$

式中：F_{G_i} 为所选择的评价指标 $(F_{G_1}, F_{G_2}, \cdots, F_{G_n})$ 中的第 i 个指标。

3.4.3 约束函数

船舶几何布置优化问题中包含大量不同类别的设计约束,根据这些设计约束的数学形式,可将其分为线性约束和非线性约束两类。

线性约束主要用来约束船舶布置对象的布置范围。考虑船舶布置对象的后端和右端可以通过可行域进行限制,线性约束主要是约束船舶布置对象前端和左端的布置范围,如式(3-55)所示。

$$\begin{cases} G_{Gx} = \left[(x_i^E + l_i^E) - x_{\max} \right] \leqslant 0 \\ G_{Gy} = \left[(y_i^E + w_i^E) - y_{\max} \right] \leqslant 0 \end{cases} \quad (3\text{-}55)$$

式中:(x_i^E, y_i^E)为布置对象的参考坐标;(l_i^E, w_i^E)为布置对象的尺寸;$(x_{\max}, y_{\max})$为根据相关设计要求确定的布置范围。

船舶几何布置优化问题中,非线性约束主要是用于避免布置对象之间发生干涉,其数学形式为等式约束,如式(3-56)所示。

$$H_{Gij} = (C_x - |C_x|) \cdot (C_y - |C_y|) = 0 \quad (3\text{-}56)$$

式中:C_x和C_y分别为x轴和y轴方向上投影的干涉判断函数,如式(3-16)所示。对于任意两个布置对象E_i和E_j,当且仅当$H_{Gij}=0$,布置对象E_i和E_j在xOy平面的投影不发生干涉。

3.4.4 标准数学模型

综上所述,船舶几何布置优化问题的标准数学模型如式(3-57)所示:

$$\begin{cases} \min F_G(V_G), \quad V_G = (X, Y, Z, S, R) \\ \text{s.t. } G_{Gx_i}(V_T) \leqslant 0 \\ G_{Gy_i}(V_T) \leqslant 0, \quad i = 1, 2, \cdots, N \\ H_{Gij} = 0, \quad i, j \in \mathbf{C} \end{cases} \quad (3\text{-}57)$$

式中:F_G为船舶几何布置优化问题中的最小化目标函数,如式(3-54)所示;G_{Gx_i}和G_{Gy_i}为船舶几何布置优化问题中的线性不等式约束函数,如式(3-55)所示;H_{Gij}为船舶几何布置优化问题中的非线性等式约束函数,如式(3-56)所示。

3.5 本章小结

船舶几何布置作为船舶总布置的最终表现形式,重点关注船舶布置对象的具体空间位置和几何尺寸,是船舶布局在几何空间的一种直观表现形式。考虑基于智能优化算法求解船舶总布置优化问题的需要,本章建立了船舶几何布置优化问题的数学模型,与船舶拓扑布置优化问题数学模型在数学形式上保持一致,为后续的智能协同求解奠定了基础。本章的主要工作包括以下几点。

（1）建立了一种船舶几何布置参数化模型。将船舶几何布置分解为船舶布置空间和船舶布置对象，并分别建立了船舶布置空间和布置对象的参数化模型。其中：船舶布置空间由船舶主尺度确定的立体填充空间和船舶甲板确定的平面空间共同构成；船舶布置对象则按照几何特征分为舱室类、设备类、通道类和逻辑类布置对象，并且详细讨论了各类布置对象的几何特征和参数化定义方式。考虑所建立参数模型的通用性，将各层甲板布置离散成相对独立的平面布置，简化考虑船舶布置对象在垂向上的布置特征。对于布置中贯穿多层甲板的布置对象，提出了一种分解方法，将其分解成多个布置于不同甲板平面的独立布置对象。

（2）总结归纳了船舶几何布置的设计约束。船舶总布置作为船舶设计中协调设计矛盾的主要环节，需要统筹考虑船舶设计中众多的设计要求。为了将船舶几何布置中需要考虑的设计约束预制到船舶总布置优化中，对船舶几何布置设计约束的性质和特点进行了深入分析，将其按照来源分为基础约束、法规约束和经验约束。基础约束是保证船舶几何布置在现实物理空间可行的重要前提，根据数学形式的不同，可进一步细分为线性约束和非线性约束；其中，线性约束要求布置对象布置于布置空间内部，非线性约束则要求布置对象之间不发生重叠干涉。法规约束来源于船舶设计建造规范、法定检验技术规则和国际公约，根据具体内容可进一步细分为对布置对象尺寸的约束、对布置对象位置的约束和对船舶技术指标的约束三类。经验约束主要针对船舶几何布置参数化过程中增加的两种逻辑类布置对象，它们的空间尺寸和位置通常需要设计人员根据设计经验来确定。

（4）提出了船舶几何布置方案评价指标体系及量化计算方法。船舶布置方案的评估是船舶布置优化设计的重要前提，船舶几何布置是船舶总布置的最终表现形式，船舶几何布置的评估应该考虑船舶的各个方面。为了进行准确全面的评估，首先建立了船舶几何布置评估体系，将所有评价指标分为航行性能、结构性能和使用效能三大类。通过分析船舶几何布置典型几何特征对船舶各种航行性能和使用效能的影响，建立了各个评价指标的计算模型。为了避免不同评价指标量纲和量级的影响并降低评价的主观性，在船舶几何布置评估中引入模糊集合论，构建了两种不同适用范围的隶属度函数。

船舶几何布置优化设计重点关注船舶布置对象的具体空间尺寸和位置，并预置了大量设计约束，通过在船舶总布置优化设计中协调使用船舶拓扑布置和船舶几何布置，能够有效协调船舶设计中的各种设计矛盾，从而提高船舶设计效率和设计质量。

第 4 章

基于膜计算理论的智能扩散求解算法

船舶布置优化问题是典型的 NP 完全问题，随着问题规模的增加，解空间呈现指数级扩大，出现组合爆炸现象。随着计算机辅助设计技术的迅速发展，船舶型线、结构等方向的优化设计方法不断创新，船舶总布置设计成为限制船舶设计效率及设计质量的重要原因之一。

船舶几何布置优化和拓扑布置优化问题中都涉及大规模的优化变量和复杂的设计目标，且用于评估船舶布置的目标函数通常具有多峰且不可微的特性。诸如最速下降、动态规划和分支定界等经典优化算法难以求解此类复杂的优化问题，其主要原因在于这类经典优化算法通常十分依赖于目标函数的梯度信息，且容易陷入局部最优。智能优化算法作为近年来快速发展一项求解方法，不仅能够克服经典优化算法求解船舶布置优化问题存在的困难，还能够充分发挥计算机的运算能力。相关研究也表明[2,17-18,20]，智能优化算法是实现船舶布置优化设计的一个有效工具。

近 30 年间，遗传算法、进化算法、粒子群算法、蚁群算法和人工蜂群算法等许多智能优化算法相继问世，弥补了经典优化算法在处理复杂优化问题方面的不足，且均被证明在解决复杂优化问题上具有优于经典优化算法的能力。然而，已有研究表明，任何一种智能优化算法无法在所有优化问题上都保持同等优良的性能，通常一种特定的智能优化算法仅能在一部分优化问题上表现出优秀的求解性能[65]。所以，寻找一种适合船舶布置优化问题的智能优化算法对提高求解效率和质量有着十分重要的意义。

近年来，结合膜计算框架的智能优化算法引起了人们的广泛关注，并成为一个快速发展的研究领域和新兴的跨学科研究方向。从生物学中抽象而来的膜计算作为自然计算的一个新分支，为分布式计算提供了一个非常合适的框架。1998 年，在芬兰图尔库计算机科学中心的研究报告上，欧洲科学院院士 Gheorghe Păun 首次提出膜系统模型的概念，并以其姓氏的首字母 P 将其命名为 P 系统。相关研究表明[67-69]，智能优化算法与 P 系统的合理结合能够有效提高算法的求解性能。受此启发，本章提出一种全新的智能优化算法——基于 P 系统的扩散算法（diffusion algorithm based on P systems，DAPS），用于提高复杂优化问题的求解效率，为船舶布置优化问题的求解提供基础。

4.1 P 系统的基本概念和计算原理

4.1.1 基本概念

膜系统模型又称 P 系统,是一种从生命细胞的结构和功能及从组织和器官等细胞群的协作中抽象出的计算模型,主要包含计算对象、特定演化规则和传输规则的膜结构。膜结构作为 P 系统中最重要的特征,决定了并行分布计算的整体框架。一般地,一个 P 系统可表示为如式(4-1)所示的多元组。

$$\Pi = [V, T, C, \mu, \omega_1, \cdots, \omega_2, (R_1, \rho_1), \cdots, (R_n, \rho_n)] \tag{4-1}$$

式中:V 为字母表,其中包含的元素用于表示计算对象;$T \subseteq V$,为输出字母表;$C \subseteq (V-T)$,为计算过程中某些演化规则所必需的催化剂,其包含的元素在计算过程中不发生变化,也不产生新元素;μ 为包含 m 个膜的膜结构,各个膜及其所围成的区域用标号集 H 表示,$H = \{1,2,\cdots,m\}$,其中 m 称为 Π 的度;$\omega_i \in V^*(1 \leq i \leq m)$ 为膜结构 μ 中的区域 i 内所包含的对象多重集,其中 V^* 是 V 中字符组成的任意字符串的集合;$R_i(1 \leq i \leq m)$ 为膜结构 μ 中区域 i 内的规则有限集合;ρ_i 为 R_i 中的偏序关系,即为演化规则的执行优先顺序。

概括地说,P 系统由膜结构、表示对象的多重集和规则三部分构成。本章构建膜系统中使用的规则主要包含对象进化规则和对象转运规则两类。为了更好地说明 P 系统的基本概念,用一个包含 4 层膜的 P 系统为例,进一步详细描述 P 系统的计算过程,如图 4-1 所示。

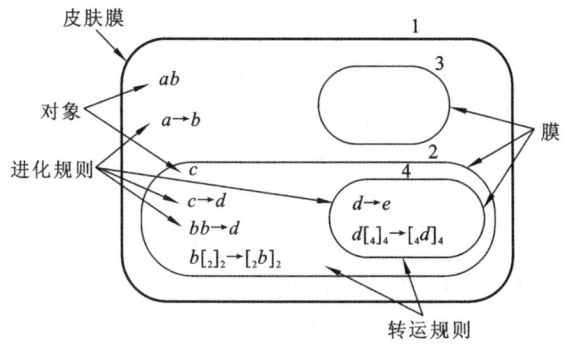

图 4-1 系统示意图

图 4-1 中的 P 系统可描述为

$$\Pi = [V, \mu, \omega_1, \omega_2, \omega_3, \omega_4, (R_1, \rho_1), (R_2, \rho_2), (R_4, \rho_4)] \tag{4-2}$$

式中:$V = \{a,b,c,d,e\}$;

$\mu = [_1[_2[_4]_4]_2[_3]_3]_1$;

$\omega_1 = ab$,$\omega_2 = c$,$\omega_3 = \varnothing$,$\omega_4 = \varnothing$;

$R_1 = \{a \rightarrow b\}$,$\rho_1 = \{1\}$;

$R_2 = \{c \rightarrow d, bb \rightarrow d, b[_2]_2 \rightarrow [_2b]_2\}$,$\rho_2 = \{1,1,2\}$;

$$R_4 = \{d \to e, d[_4]_4 \to [_4 d]_4\}, \quad \rho_4 = \{1, 2, 2\}。$$

4.1.2 计算原理

在 P 系统中，规则的使用原则是极大并行的，即凡是能够使用的规则都必须同时执行；且一个对象仅能被一个规则使用，规则使用优先级按照偏序关系 ρ_i 确定（如果偏序关系 ρ_i 为空或两规则具有相同偏序等级，则随机选择使用的规则）。在图 4-1 所示的膜系统中，皮肤膜 1 内包含一条偏序为 1（最优先执行）的进化规则；膜 2 内包含两条偏序为 1 的进化规则和一条偏序为 2 的转运规则；膜 4 内包含一条偏序为 1 的进化规则和一条偏序为 2 的转运规则。P 系统的计算从计算对象的多重集表示开始，其计算过程如下。

(1) 初始状态：皮肤膜 1 中包含一个对象 a 和一个对象 b；膜 2 中包含一个对象 c；膜 3 和膜 4 中不包含初始计算对象。

(2) 膜 1 中进化规则 $a \to b$ 被执行，将计算对象 a 进化为对象 b；膜 2 中进化规则 $c \to d$ 和转运规则 $b[_2]_2 \to [_2 b]_2$ 被执行，膜中计算对象 c 被进化为对象 d，同时膜 2 外部（膜 1 内）的初始计算对象 b 被转运进入膜 2 中。

经过规则执行，各个膜内的计算对象变化如下：

$$\begin{cases} \omega_1 = ab \\ \omega_2 = c \\ \omega_3 = \varnothing \\ \omega_4 = \varnothing \end{cases} \to \begin{cases} \omega_1 = b \\ \omega_2 = bd \\ \omega_3 = \varnothing \\ \omega_4 = \varnothing \end{cases} \tag{4-3}$$

(3) 膜 2 中转运规则 $b[_2]_2 \to [_2 b]_2$ 被执行，膜 2 外部（膜 1 内）的计算对象 b 被转运进入膜 2 中；膜 4 中的转运规则 $d[_4]_4 \to [_4 d]_4$ 被执行，膜 4 外部（膜 2 内）的计算对象 d 被转运进入膜 4 中。

经过规则执行后，各个膜内的计算对象变化如下：

$$\begin{cases} \omega_1 = b \\ \omega_2 = bd \\ \omega_3 = \varnothing \\ \omega_4 = \varnothing \end{cases} \to \begin{cases} \omega_1 = \varnothing \\ \omega_2 = bb \\ \omega_3 = \varnothing \\ \omega_4 = d \end{cases} \tag{4-4}$$

(4) 膜 2 中进化规则 $bb \to d$ 被执行，将膜 2 内的两个计算对象 b 进化为一个计算对象 d；膜 4 中进化规则 $d \to e$ 被执行，将膜 4 内的计算对象 d 进化为计算对象 e。

经过规则执行后，各个膜内的计算对象变化如下：

$$\begin{cases} \omega_1 = \varnothing \\ \omega_2 = bb \\ \omega_3 = \varnothing \\ \omega_4 = d \end{cases} \to \begin{cases} \omega_1 = \varnothing \\ \omega_2 = d \\ \omega_3 = \varnothing \\ \omega_4 = e \end{cases} \tag{4-5}$$

(5) 膜 4 中转运规则 $d[_4]_4 \to [_4 d]_4$ 被执行，将膜 4 外部（膜 3 内）的计算对象 d 被转运进入膜 4 中。

经过规则执行后，各个膜内的计算对象变化如下：

$$\begin{cases}\omega_1=\varnothing\\\omega_2=d\\\omega_3=\varnothing\\\omega_4=e\end{cases}\rightarrow\begin{cases}\omega_1=\varnothing\\\omega_2=\varnothing\\\omega_3=\varnothing\\\omega_4=ed\end{cases} \quad (4\text{-}6)$$

（6）膜 4 中进化规则 $d\rightarrow e$ 被执行，将膜 4 内的计算对象 d 进化为计算对象 e。经过规则执行后，各个膜内的计算对象变化如下：

$$\begin{cases}\omega_1=\varnothing\\\omega_2=\varnothing\\\omega_3=\varnothing\\\omega_4=ed\end{cases}\rightarrow\begin{cases}\omega_1=\varnothing\\\omega_2=\varnothing\\\omega_3=\varnothing\\\omega_4=ee\end{cases} \quad (4\text{-}7)$$

（7）经过上述计算后，P 系统内没有可执行的规则，因此计算终止。

4.2　DAPS 的基本结构及数学模型

受到植物细胞中叶绿体和线粒体中 O_2 和 CO_2 循环，以及叶绿体和线粒体的双膜结构和粒子扩散现象的启发，本节提出一种基于 P 系统的扩散算法（DAPS）。

4.2.1　DAPS 的灵感来源

P 系统作为一种并行分布式计算框架，具有灵活且通用的特点。本小节从叶绿体和线粒体的生物结构中抽象得到一种混合膜结构 P 系统，并基于粒子扩散现象，构建 4 种新颖的随机搜索模型，用于指定膜结构中作为计算对象的进化规则。

1. 叶绿体和线粒体

叶绿体作为植物和藻类细胞中的重要细胞器，具有合成脂肪酸和氨基酸等许多重要功能，其中最为重要的功能是进行光合作用。叶绿体作为光合作用的重要场所，内部包含的叶绿素将从光照中获取的太阳能转换为化学能，同时产生有机物，并从水（H_2O）和二氧化碳（CO_2）中释放出氧气（O_2）。

线粒体是大多数真核细胞都具有的细胞器，是细胞有氧呼吸的重要部位。线粒体内部能够产生和供应生物细胞正常生理活动所需的大部分能量。在线粒体内部的有氧呼吸过程中，线粒体消耗有机物和 O_2，产生大量化学能，同时也产生 CO_2。

图 4-2 显示了叶绿体和线粒体之间的 O_2 和 CO_2 循环过程。植物细胞的光合作用速率与光照强度密切相关。当光照强度高时，光合作用速率将大于呼吸作用的速率，此时植物细胞将从外界吸收 CO_2 并释放 O_2；当光照强度较低或者光照强度为 0 时，植物细胞将从外界吸收 O_2 并释放出 CO_2。当光照强度保持在临界值，即植物细胞光合作用速率等于呼吸作用速率时，叶绿体中光合作用吸收的 CO_2 可恰好全部由线粒体中呼吸作用来供应，而呼吸作用所需的 O_2 则全部来自叶绿体中的光合作用。此时，植物细胞既不向外界输送 O_2，也不从外界吸收 CO_2。本节所构建的 P 系统中，计算对象的传输即模仿了线粒体和叶绿体之间的 O_2 和 CO_2 的循环过程。

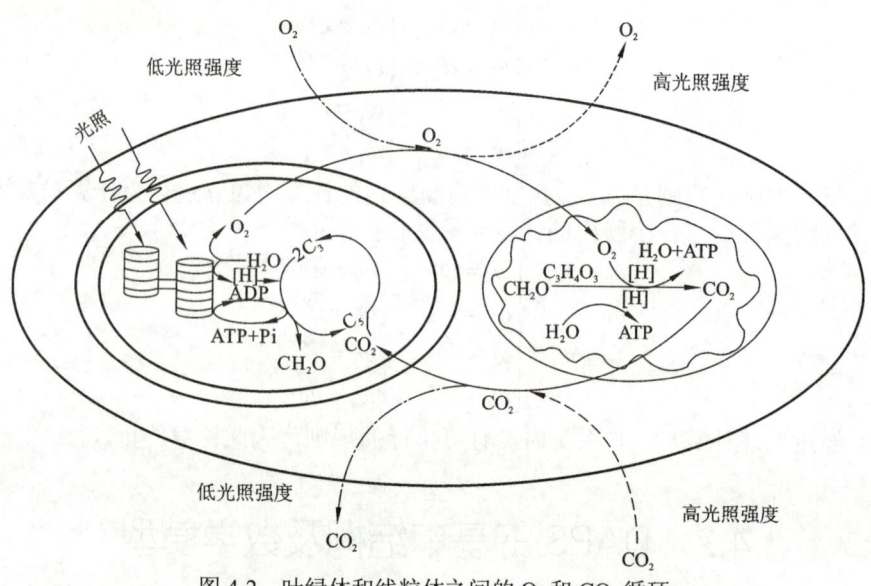

图 4-2 叶绿体和线粒体之间的 O_2 和 CO_2 循环

ADP 为腺苷二磷酸（adenosine diphosphate），ATP 为腺苷三磷酸（adenosine triphosphate）

叶绿体和线粒体的特殊膜结构是确保它们有序完成复杂化学反应的前提，本章构建的 P 系统的膜结构是从叶绿体和线粒体中抽象而来。图 4-3 为叶绿体和线粒体的亚显微结构。可以观察到，叶绿体和线粒体都是具有双膜结构的细胞器。包围整个细胞器的外部叶绿体膜是一种半透多孔膜，小分子和离子能够自由扩散通过。与之类似，线粒体的外膜包含大量的孔蛋白，也允许小分子和离子从膜的一侧自由扩散至另一侧。与外部膜结构不同，叶绿体和线粒体的内膜上有许多特殊的转运蛋白，对所通过的物质具有高度选择性，能够调节物质的通过。

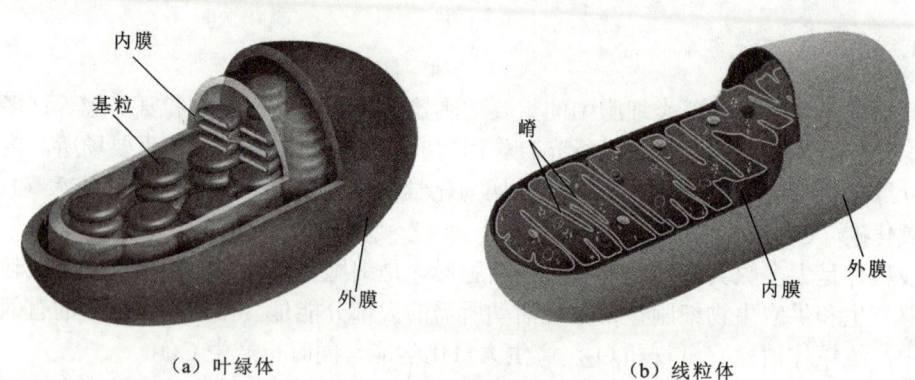

(a) 叶绿体　　　　　　(b) 线粒体

图 4-3 细胞器亚显微结构

2. 粒子扩散现象

扩散的概念广泛应用于物理、化学、生物学、社会学、经济学和金融学等多个学科，本节提出的随机搜索模型主要是受物理学中粒子扩散现象的启发。在物理学中，扩散的概念可以从宏观和微观两个层面进行解释。

在宏观层面，粒子扩散的研究基础是菲克（Fick）定律及其数学结果。扩散的本质被解释为物质从高化学势区域到低化学势区域的运动,也称为物质在浓度梯度下的运动。在忽略外力且恒定温度条件下,扩散的最终结果是达到完全混合的平衡状态。根据由式(4-8)表示的菲克定律,扩散通量 J 与浓度的负梯度 $\left(-\dfrac{\partial C}{\partial x}\right)$ 呈正比关系。扩散系数 D 则表征了物质的扩散能力,是物质的基本物理特征之一。如今,在热力学和非平衡热力学框架中,菲克定律具有各种推广形式。

$$J = \frac{\mathrm{d}m}{A\mathrm{d}t} = -D\left(\frac{\partial C}{\partial x}\right) \tag{4-8}$$

在微观层面,粒子扩散现象最初被认为是扩散粒子随机运动的结果。随着科学技术的发展和研究的深入,科学家已经发现,在分子扩散中,单个原子、离子或分子的随机运动并不是真正的随机过程,而是与其他离子碰撞的结果[127]。因此,在对某一粒子进行单独观察时,其运动呈现出"完全随机"的特点。在扩散系统内,物质浓度是影响粒子碰撞的关键因素。在高浓度区域,由于有更多的粒子聚集,在此区域中运动的粒子与其他粒子发生碰撞的概率更高。扩散过程的最终结果是形成一个粒子均匀分布的动态平衡系统。分子扩散运动是由其自身热能驱动,扩散系统内的动能则主要受内部压力和温度变化的影响。

4.2.2 DAPS 中的混合膜结构 P 系统

DAPS 中的 P 系统是受叶绿体和线粒体启发,在皮肤膜内并列放置两个类似于叶绿体和线粒体的双膜结构,如图 4-4 所示。因此,DAPS 中的 P 系统 Π 可表示为

$$\Pi = [V, \mu, \omega_1, \omega_2, \cdots, \omega_5, (R_1, \rho_1), (R_2, \rho_2), \cdots, (R_5, \rho_5)] \tag{4-9}$$

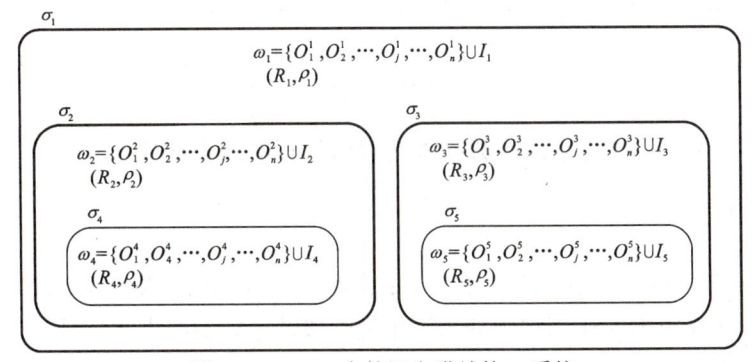

图 4-4 DAPS 中的混合膜结构 P 系统

1. 字母表及编码方式

式(4-9)中,V 是用于表示计算对象的字符集。DAPS 中包括表示优化问题解向量和控制计算进程的两类计算对象。表示优化问题解向量的计算对象由解向量采用实数编码的方式构成,即直接由优化问题解向量构成;而控制计算进程的计算对象则由字母 $\{e,t,c\}$ 表示。表示优化问题解向量的计算对象称为主要计算对象,用于控制计算进程的对象称为次要计算对象。因此,P 系统中字符集 V 如式(4-10)所示。

$$V = \mathbf{R} \cup \{e, t_1, t_2, c\} \tag{4-10}$$

式中：$\mathbf{R}$ 为实数集。

2. 膜结构

式（4-9）中，μ 表示 P 系统 Π 的膜结构，如式（4-11）所示。

$$\mu = [_1[_2[_4]_4]_2[_3[_5]_5]_3]_1 \tag{4-11}$$

图 4-4 显示了 P 系统 Π 的膜结构。P 系统 Π 的度为 5，各个膜及其所围成的区域用标号集 H 表示，如式（4-12）所示。

$$H = \{\sigma_1, \sigma_2, \sigma_3, \sigma_4, \sigma_5\} \tag{4-12}$$

3. 计算对象及初始化

式（4-9）中，ω_i ($i = 1, \cdots, 5$) 表示不同膜内的计算对象集，如式（4-13）所示。

$$\omega_i = \{O_1^i, O_2^i, \cdots, O_j^i, \cdots, O_n^i\} \cup I_i \tag{4-13}$$

式中：i 对应标号为 σ_i 的膜；n 为膜内包含主要计算对象的数量；O_j^i 为膜 σ_i 内的第 j 个主要计算对象；I_i 为膜 σ_i 内次要计算对象集。在 DAPS 中，各个膜内的主要计算对象数量均保持为 n，因此 P 系统 Π 中主要计算对象的总数为 $5n$。

在 DAPS 中，初始的主要计算对象采用完全随机的方式生成，如式（4-14）所示。

$$O_j^i = \mathbf{LB} + \mathbf{R} \circ (\mathbf{UB} - \mathbf{LB}) \tag{4-14}$$

式中：$\mathbf{LB} = (x_l^1, \cdots, x_l^d)$ 和 $\mathbf{UB} = (x_u^1, \cdots, x_u^d)$ 分别为优化问题中变量的取值下限和上限；d 为优化问题的维度；$\mathbf{R}$ 为由 d 个 $[0,1]$ 中服从内均匀分布的随机量构成；$\circ$ 为哈达玛积，表示两个矩阵对应元素的乘积。

所有膜中初始次要对象集是相同的，如式（4-15）所示。

$$I_i = \left\{ \underbrace{e, \cdots, e}_{n}, \underbrace{c, \cdots, c}_{nN} \right\} \tag{4-15}$$

式中：n 为膜内主要计算对象的个数；N 为算法运行的最大迭代次数。

4. 计算规则

式（4-9）中，(R_i, ρ_i) ($i = 1, \cdots, 5$)，表示膜 σ_i 内的计算规则集和对应的规则偏序集。在 DAPS 中，P 系统内的计算规则分为进化规则和转运规则两大类，其中进化规则优先于转运规则执行。不同膜中的主要计算对象进化规则和转运规则是有差异的。受到粒子扩散现象的启发，P 系统中共包含 4 种类型的主要计算对象进化规则。而对于次要计算对象，P 系统 Π 中仅存在进化规则，且不同膜中的次要计算对象进化规则完全相同。

1）膜 σ_1

皮肤膜 σ_1 中，主要计算对象进化规则是由一种从"浓度随时间变化模型"中抽象构建的随机搜索算子演变而来。主要计算对象进化规则如式（4-16）所示。

$$\begin{cases} O_j^1 ec \xrightarrow{S_1^1} O_j^{1*} O_j^1 t_1 \\ O_j^1 ec \xrightarrow{S_2^1} O_j^{1*} t_1 \end{cases} \tag{4-16}$$

式中：O_j^1 为膜 σ_1 的原主要计算对象；O_j^{1*} 为由原主要计算对象 O_j^1 进化生成的新的主要计算对象；e、c 和 t_1 为次要计算对象；S_1^1 和 S_2^1 为进化规则的执行条件，如式（4-17）所示。

$$\begin{cases} S_1^1 : \text{sort}[O^1, f(O_j^1)] \leqslant p_1 \cdot n \\ S_2^1 : \text{sort}[O^{1*}, f(O_j^{1*})] \leqslant n \end{cases} \tag{4-17}$$

式中：$\text{sort}[O^1, f(O_j^1)]$ 为将膜 σ_1 的所有主要计算对象的适应度 $f(O_j^1)$ 按升序排列，主要计算对象 O_j^1 的排名；$\text{sort}[O^{1*}, f(O_j^{1*})]$ 为将膜 σ_1 的由进化规则得到的所有主要计算对象（包括保留的原主要计算对象和生成的新的主要计算对象）的适应度升序排列，主要计算对象 O_j^{1*} 的排名；p_1 为一个比例系数，根据测试试验结果，建议取 15%；n 为膜 σ_1 中主要计算对象的数量。

对于主要计算对象 O_j^1，当条件 S_1^1 满足且存在催化剂 c 时，通过消耗膜内的一个次要计算对象 e 和 c 生成一个新的计算对象 O_j^{1*} 和一个次要计算对象 t_1；当条件 S_2^1 满足且存在催化剂 c 时，通过消耗膜内的一个主要计算对象 O_j^1 和一个次要计算对象 e 和 c 生成一个新的计算对象 O_j^{1*} 和一个次要计算对象 t_1。满足条件 S_1^1 的进化规则优先于满足条件 S_2^1 的进化规则执行。因此，主要计算对象经过一次进化后，膜 σ_1 中的主要计算对象数量保持不变。

由于膜 σ_1 是皮肤膜，并且外部环境中不存在计算对象，因此膜 σ_1 上没有对应的转运规则。考虑次要计算对象无法仅依靠上述进化规则完成循环转化，在皮肤膜 σ_1 内增加用于次要计算对象转化循环的进化规则，如式（4-18）所示。

$$\begin{cases} ec \to t_1 \\ t_1 \to t_2 \\ t_2 \to e \end{cases} \tag{4-18}$$

式中：c、t_1、t_2 和 e 均为次要计算对象。需要注意的是，P 系统内各个膜内的次要规则相同，且次要计算对象进化规则的执行优先级低于主要计算对象的进化规则。

综上可得，皮肤膜 σ_1 中计算规则 (R_1, ρ_1) 可表示为

$$\begin{cases} R_1 = \left\{ O_j^1 ec \xrightarrow{S_1^1} O_j^{1*} O_j^1 t_1, O_j^1 ec \xrightarrow{S_2^1} O_j^{1*} t_1, ec \to t_1, t_1 \to t_2, t_2 \to e \right\} \\ \rho_1 = \{1,1,2,2,2\} \end{cases} \tag{4-19}$$

2）膜 σ_2

膜 σ_2 相当于植物细胞中叶绿体的外膜。在膜 σ_2 中，主要计算对象进化规则是由一种从"粒子碰撞反射模型"中抽象构建的随机搜索算子演变而来。主要计算对象进化规则如式（4-20）所示。

$$O_j^2 ec \xrightarrow{S_1^2} O_j^{2*} t_1 \tag{4-20}$$

式中：O_j^2 为膜 σ_2 的原主要计算对象；O_j^{2*} 为由原主要计算对象 O_j^2 进化生成的新的主要计算对象；e、c 和 t_1 为次要计算对象；S_1^2 为进化规则的执行条件，其具体内容为新的主要计算对象 O_j^{2*} 的适应度 $f(O_j^{2*})$ 优于原主要计算对象 O_j^2 的适应度 $f(O_j^2)$，如式（4-21）所示。

$$f(O_j^{2*}) < f(O_j^2) \tag{4-21}$$

对于主要计算对象 O_j^2，当 S_1^2 条件满足且存在催化剂 c 时，通过消耗膜内的一个主要计算对象 O_j^2 和一个次要计算对象 e 生成一个主要计算对象 O_j^{2*} 和一个次要计算对象 t_1；否则，进化规则不被执行，O_j^2 在膜 σ_2 中保持不变。

膜 σ_2 中的次要计算对象进化规则与膜 σ_1 中完全相同，如式（4-18）所示。

膜 σ_2 作为膜 σ_1 区域和膜 σ_2 区域的分隔，膜上存在 4 种转运规则，如式（4-22）所示。

$$\begin{cases} [_2 O_j^2 t_1]_2 \xrightarrow{S_2^2} [_2 t_2]_2 O_j^2 \\ O_j^1 t_1 [_2]_2 \xrightarrow{S_3^2} [_2 O_j^1]_2 t_2 \\ [_2 O_j^2 t_2]_2 \xrightarrow{S_4^2, S_2^2} [_2 e]_2 O_j^2 \\ O_j^1 t_2 [_2]_2 \xrightarrow{S_5^2, S_3^2} [_2 O_j^1]_2 e \end{cases} \tag{4-22}$$

式中：O_j^2 为膜 σ_2 中的主要计算对象；O_j^1 为膜 σ_1 中的主要计算对象；e、t_1 和 t_2 为次要计算对象；S_2^2、S_3^2、S_4^2 和 S_5^2 分别为不同转运规则的执行条件，如式（4-23）所示。

$$\begin{cases} S_2^2: f(O_j^2) < f(O_{\text{rand}}^1) \\ S_3^2: f(O_j^1) > f(O_{\text{rand}}^2) \\ S_4^2: |\sigma_2| > n \\ S_5^2: |\sigma_2| < n \end{cases} \tag{4-23}$$

式中：O_{rand}^1 和 O_{rand}^2 分别为从膜 σ_1 和膜 σ_2 随机选择的主要计算对象；$|\sigma_2|$ 为膜 σ_2 中主要计算对象的数量。条件 S_2^2 表明，对于膜 σ_2 中的主要计算对象 O_j^2，如果其适应度 $f(O_j^2)$ 优于从膜 σ_1 中随机选取的一个主要计算对象 O_{rand}^1 的适应度 $f(O_{\text{rand}}^1)$，那么允许膜 σ_2 中的主要计算对象 O_j^2 转运出膜 σ_2 进入膜 σ_1 区域中。条件 S_3^2 表明，如果一个从膜 σ_2 中随机选取的主要计算对象 O_{rand}^2 的适应度 $f(O_{\text{rand}}^2)$ 优于膜 σ_2 外（膜 σ_1 区域内）主要计算对象 O_j^1 的适应度 $f(O_j^1)$，那么允许膜 σ_1 中的主要计算对象 O_j^1 转运进入膜 σ_2 区域内。条件 S_4^2（或 S_5^2）表明，当膜 σ_2 主要计算对象数量大于（或小于）初始数量 n 时，允许膜 σ_2 中主要计算对象 O_j^2 的向外转运（或膜 σ_2 外主要计算对象 O_j^1 的向内转运）。

膜 σ_2 内部和外部，次要计算对象 t_1 的数量均为 n，因此转运规则 $[_2 O_j^2 t_1]_2 \xrightarrow{S_2^2} [_2 t_2]_2 O_j^2$ 和 $O_j^1 t_1 [_2]_2 \xrightarrow{S_3^2} [_2 O_j^1]_2 t_2$ 将至多被执行 n 次。如果执行次数不足，优先级较低的次要计算对象进化规则 $t_1 \to t_2$ 将并行执行，确保生成 n 个次要计算对象 t_2。之后，如果膜 σ_2 中主要计算对象数量大于初始数量 n，转运规则 $[_2 O_j^2 t_2]_2 \xrightarrow{S_4^2, S_2^2} [_2 e]_2 O_j^2$ 将被执行；相反，如果膜 σ_2 中主

要计算对象数量小于初始数量 n，转运规则 $O_j^1 t_2 [_2]_2 \xrightarrow{t_2, S_5^2, S_3^2} [_2 O_j^1]_2 e$ 将被执行。通常，此阶段转运规则执行次数不足 n 次。同样地，膜 σ_2 中次要计算对象进化规则 $t_2 \to e$ 将同步并行执行。

综上可得，膜 σ_2 中计算规则 (R_2, ρ_2) 如式（4-24）所示。

$$\begin{cases} R_2 = \left\{ O_j^2 ec \xrightarrow{S_1^2} O_j^{2*} t_1, ec \to t_1, t_1 \to t_2, t_2 \to e, [_2 O_j^2 t_1]_2 \xrightarrow{S_2^2} [_2 t_2]_2 O_j^2 \right\} \\ \quad \cup \left\{ O_j^1 t_1 [_2]_2 \xrightarrow{S_3^2} [_2 O_j^1]_2 t_2, [_2 O_j^2 t_2]_2 \xrightarrow{S_4^2, S_2^2} [_2 e]_2 O_j^2, O_j^1 t_2 [_2]_2 \xrightarrow{t_2, S_5^2, S_3^2} [_2 O_j^1]_2 e \right\} \\ \rho_2 = \{1,2,2,2,1\} \cup \{1,1,1\} \end{cases} \quad (4\text{-}24)$$

3）膜 σ_3

膜 σ_3 相当于植物细胞中线粒体的外膜。在膜 σ_3 中，主要计算对象进化规则是由一种基于布朗运动设计的随机搜索算子演变而来。主要计算对象进化规则如式（4-25）所示。

$$O_j^3 ec \to O_j^{3*} t_1 \quad (4\text{-}25)$$

式中：O_j^3 为膜 σ_3 中的原主要计算对象；O_j^{3*} 为由原主要计算对象 O_j^3 进化生成的新的主要计算对象；e、c 和 t_1 为次要计算对象。

膜 σ_3 中的次要计算对象进化规则与膜 σ_1 中类似，如式（4-18）所示。需要注意的是，膜 σ_3 中主要计算对象进化规则每次都会并行执行 n 次，完全消耗膜中的次要计算对象 e。因此次要计算对象进化规则 $ec \to t_1$ 将不会在膜 σ_3 中执行。

膜 σ_3 作为膜 σ_1 区域和膜 σ_3 区域的分隔，膜上存在 4 种转运规则，如式（4-26）所示。

$$\begin{cases} [_3 O_j^3 t_1]_3 \xrightarrow{S_1^3} [_3 O_j^3 t_2]_3 O_j^3 \\ O_j^1 t_1 [_3]_3 \xrightarrow{S_2^3} [_3]_3 t_2 \\ [_3 O_j^3 t_2]_3 \xrightarrow{S_1^3, S_3^3} [_3 O_j^3 e]_3 O_j^3 \\ O_j^1 t_2 [_3]_3 \xrightarrow{S_2^3, S_4^3} [_3 e]_3 \end{cases} \quad (4\text{-}26)$$

式中：O_j^3 为膜 σ_3 中的主要计算对象；O_j^1 为膜 σ_1 中的主要计算对象；e、t_1 和 t_2 为次要计算对象；S_1^3、S_2^3、S_3^3 和 S_4^3 分别为不同转运规则的执行条件，如式（4-27）所示。

$$\begin{cases} S_1^3 : f(O_j^3) < f(O_{rand}^1) \\ S_2^3 : f(O_j^1) > f(O_{rand}^3) \\ S_3^3 : |\sigma_1| < n \\ S_4^3 : |\sigma_1| > n \end{cases} \quad (4\text{-}27)$$

式中：O_{rand}^1 和 O_{rand}^3 分别为从膜 σ_1 和膜 σ_3 随机选择的一个主要计算对象；$|\sigma_1|$ 为膜 σ_1 中主要计算对象的数量。条件 S_1^3 表明，对于膜 σ_3 中的主要计算对象 O_j^3，如果其适应度 $f(O_j^3)$ 优于从膜 σ_1 中随机选取的一个主要计算对象 O_{rand}^1 的适应度 $f(O_{rand}^1)$，那么膜 σ_3 将

复制一份主要计算对象 O_j^3 并将其转运进入膜 σ_1 区域中。条件 S_2^3 表明，如果一个从膜 σ_3 中随机选取的主要计算对象 O_{rand}^3 的适应度 $f(O_{rand}^3)$ 优于膜 σ_3 外（膜 σ_1 区域内）主要计算对象 O_j^1 的适应度 $f(O_j^1)$，那么膜 σ_3 将删除膜外区域的主要计算对象 O_j^1。条件 S_3^3（或 S_4^3）表明，当膜 σ_1 中的主要计算对象数量小于（或大于）初始数量 n 时，允许膜 σ_3 复制膜内的主要计算对象 O_j^3 向外转运（或删除膜外区域的主要计算对象 O_j^1）。

显然，在膜 σ_3 上转运规则的作用下，膜 σ_3 中主要计算对象的数量保持不变。而转运规则 $[_3 O_j^3 t_2]_3 \xrightarrow{S_1^3 S_3^3} [_3 O_j^3 e]_3 O_j^3$ 和 $O_j^1 t_2 [_3]_3 \xrightarrow{t_2, S_2^3, S_4^3} [_3 e]_3$ 能够保证膜 σ_1 中主要计算对象数量保持为 n。主要计算对象转运规则和次要计算对象进化规则的极大并行能够使膜中所有的次要计算对象 t_1 在第一次执行转运规则时同步转化为 t_2，在第二次执行转运规则时进一步将次要计算对象 t_2 转化为 e，保证了膜内各种计算规则有序的循环执行。

综上可得，膜 σ_3 中计算规则 (R_3, ρ_3) 如式（4-28）所示。

$$\begin{cases} R_3 = \left\{ O_j^3 ec \rightarrow O_j^{3^*} t_1, t_1 \rightarrow t_2, t_2 \rightarrow e, [_3 O_j^3 t_1]_3 \xrightarrow{S_1^3} [_3 O_j^3 t_2]_3 O_j^3 \right\} \\ \qquad \bigcup \left\{ O_j^1 t_1 [_3]_3 \xrightarrow{S_2^3} [_3]_3 t_2, [_3 O_j^3 t_2]_3 \xrightarrow{S_1^3, S_3^3} [_3 O_j^3 e]_3 O_j^3, O_j^1 t_2 [_3]_3 \xrightarrow{t_2, S_2^3, S_4^3} [_3 e]_3 \right\} \\ \rho_3 = \{1, 2, 2, 1\} \bigcup \{1, 1, 1\} \end{cases} \qquad (4\text{-}28)$$

4) 膜 σ_4

膜 σ_4 和膜 σ_5 分别是相当于植物细胞中叶绿体和线粒体的内膜。膜 σ_4 和膜 σ_5 具有相同的主要计算对象进化规则，是由一种基于菲克定律抽象出的随机搜索算子演变而来。主要计算对象进化规则如式（4-29）所示。

$$O_j^4 ec \rightarrow O_j^{4^*} t_1 \qquad (4\text{-}29)$$

式中：O_j^4 为膜 σ_4 中的原主要计算对象；$O_j^{4^*}$ 为由原主要计算对象 O_j^4 进化生成的新的主要计算对象；e、c 和 t_1 为次要计算对象。

膜 σ_4 中的次要计算对象进化规则与膜 σ_3 中相同，与膜 σ_1 中类似，如式（4-18）所示。同样地，次要计算对象进化规则 $ec \rightarrow t_1$ 将不会在膜 σ_4 中执行。

膜 σ_4 作为膜 σ_2 区域和膜 σ_4 区域的分隔，膜上存在 5 种转运规则，如式（4-30）所示。

$$\begin{cases} [_4 O_j^4 t_1]_4 \xrightarrow{S_1^4} [_4 t_2]_4 O_j^4 \\ O_j^2 t_1 [_4]_4 \xrightarrow{S_2^4} [_4 O_j^2]_4 t_2 \\ [_4 O_j^4 t_2]_4 \xrightarrow{S_1^2, S_3^2} [_4 e]_4 O_j^4 \\ O_j^2 t_2 [_4]_4 \xrightarrow{S_2^2, S_4^2} [_4 O_j^2]_4 e \\ O_{best}^2 [_4 O_{best}^4]_4 \xrightarrow{S_5^4, S_6^4} O_{best}^2 [_4 O_{best}^2]_4 \end{cases} \qquad (4\text{-}30)$$

式中：O_j^4 为膜 σ_4 中的主要计算对象；O_j^2 为膜 σ_2 中的主要计算对象；e、t_1 和 t_2 为次要

计算对象，其中 t_2 是第 5 条转运规则的催化剂；S_1^4、S_2^4、S_3^4、S_4^4、S_5^4 和 S_6^4 分别为不同转运规则的执行条件，如式（4-31）所示。

$$\begin{cases} S_1^4: f(O_j^4) < f(O_{rand}^2) \\ S_2^4: f(O_j^2) > f(O_{rand}^4) \\ S_3^4: |\sigma_4| > n \\ S_4^4: |\sigma_4| < n \\ S_5^4: f(O_{best}^2) < f(O_{best}^4) \\ S_6^4: r < 1 - \dfrac{|c|}{nN} \end{cases} \quad (4\text{-}31)$$

式中：O_{rand}^2 和 O_{rand}^4 分别为从膜 σ_2 和膜 σ_4 随机选择的一个主要计算对象；O_{best}^2 和 O_{best}^4 分别为膜 σ_2 和膜 σ_4 适应度最优的主要计算对象；r 为在 [0,1] 范围内服从均匀分布的一个随机数；$|c|$ 为膜 σ_4 中次要计算对象 c 的数量；n 为膜内主要计算对象数量；N 为算法可允许的最大迭代次数。

与膜 σ_2 上转运规则比较可发现，膜 σ_4 上的前 4 种转运规则与膜 σ_2 上的转运规则完全一致。最后一种转运规则 $O_{best}^2[_4O_{best}^4]_4 \xrightarrow{t_2,S_5^4,S_6^4} O_{best}^2[_4O_{best}^2]_4$ 表示，当条件 S_5^4 和 S_6^4 同时满足且存在催化剂 t_2 时，将膜 σ_4 外部适应度最优的主要计算对象 O_{best}^2 转运进入膜 σ_4 区域中，并删除膜 σ_4 区域中适应度最优的主要计算对象 O_{best}^4。条件 S_5^4 表示，膜 σ_4 外部主要计算对象的最优适应度 $f(O_{best}^2)$ 优于膜 σ_4 区域中主要计算对象的最优适应度 $f(O_{best}^4)$；条件 S_6^4 表示，该转运规则被允许执行的概率为 $1-\dfrac{|c|}{2nN}$，即随机数 r 小于 $1-\dfrac{|c|}{2nN}$ 时该转运规则被执行。随着算法迭代计算次数的增加，满足条件 S_6^4 的概率呈线性递增。膜 σ_4 上多出的这种转运规则并不会增加膜 σ_4 区域中主要计算对象的数量，所以膜 σ_4 区域中主要计算对象的数量将始终维持不变（等于 n）。

综上可得，膜 σ_4 中计算规则 (R_4, ρ_4) 如式（4-32）所示。

$$\begin{cases} R_4 = \left\{ O_j^4 ec \rightarrow O_j^{4*} t_1, t_1 \rightarrow t_2, t_2 c \rightarrow e, [_4 O_j^4 t_1]_4 \xrightarrow{S_1^4} [_4 t_2]_4 O_j^4 \right\} \\ \quad \cup \left\{ O_j^2 t_1 [_4]_4 \xrightarrow{S_2^4} [_4 O_j^2]_4 t_2, [_4 O_j^4 t_2]_4 \xrightarrow{S_1^2, S_3^2} [_4 e]_4 O_j^4 \right\} \\ \quad \cup \left\{ O_j^2 t_2 [_4]_4 \xrightarrow{S_2^2, S_4^2} [_4 O_j^2]_4 e, O_{best}^2 [_4 O_{best}^4]_4 \xrightarrow{t_2, S_5^4, S_6^4} O_{best}^2 [_4 O_{best}^2]_4 \right\} \\ \rho_4 = \{1,2,2,2,1\} \cup \{1,1\} \cup \{1,1\} \end{cases} \quad (4\text{-}32)$$

5）膜 σ_5

膜 σ_5 相当于植物细胞中线粒体的内膜。膜 σ_5 中主要计算对象进化规则与膜 σ_4 中的相同，如式（4-33）所示。

$$O_j^5 ec \longrightarrow O_j^{5^*} t_1 \tag{4-33}$$

式中：O_j^5 为膜 σ_5 中的原主要计算对象；$O_j^{5^*}$ 为由原主要计算对象 O_j^5 进化生成的新的主要计算对象；e、c 和 t_1 为次要计算对象。

膜 σ_5 中的次要计算对象进化规则与膜 σ_4 中相同。

膜 σ_5 作为膜 σ_3 区域和膜 σ_5 区域的分隔，膜上存在两种转运规则，如式（4-34）所示。

$$\begin{cases} O_{\text{best}}^3 [_5 O_{\text{dis}}^5 t_1]_5 \xrightarrow{S_1^5} O_{\text{best}}^3 [_5 O_{\text{best}}^3 t_2]_5 \\ O_{\text{dis}}^3 [_5 O_{\text{best}}^5 t_1]_5 \xrightarrow{S_2^5} O_{\text{best}}^5 [_5 O_{\text{best}}^5 t_2]_5 \end{cases} \tag{4-34}$$

式中：O_{best}^3 和 O_{best}^5 分别为膜 σ_3 和膜 σ_5 中适应度最优的主要计算对象；O_{dis}^5 为膜 σ_5 中与 O_{best}^2 之间欧几里得距离最小的主要计算对象；O_{dis}^3 为膜 σ_3 中与 O_{best}^5 之间欧几里得距离最小的主要计算对象；t_1 和 t_2 为次要计算对象；S_1^5 和 S_2^5 分别为不同转运规则的执行条件，如式（4-35）所示。

$$\begin{cases} S_1^5 : f(O_{\text{best}}^3) < f(O_{\text{best}}^5) \\ S_2^5 : f(O_{\text{best}}^5) < f(O_{\text{best}}^3) \end{cases} \tag{4-35}$$

条件 S_1^5 表明，当膜 σ_5 外部（膜 σ_3 中）的最优适应度 $f(O_{\text{best}}^3)$ 优于膜 σ_5 中的最优适应度 $f(O_{\text{best}}^5)$，膜 σ_5 将复制外部（膜 σ_3 中）适应度最优的主要计算对象 O_{best}^3 进入膜 σ_5 中，并删除膜 σ_5 中与 O_{best}^3 欧几里得距离最小的主要计算对象 O_{dis}^5。条件 S_2^5 表明，当膜 σ_5 中的最优适应度 $f(O_{\text{best}}^5)$ 优于膜 σ_5 外部（膜 σ_3 中）的最优适应度 $f(O_{\text{best}}^3)$，膜 σ_5 将复制膜内适应度最优的主要计算对象 O_{best}^5 排出膜外，并删除膜 σ_5 外部（膜 σ_3 中）与 O_{best}^5 欧几里得距离最小的主要计算对象 O_{dis}^3。由于膜 σ_5 上的两种转运规则并不会改变膜 σ_5 中或膜 σ_5 外部主要计算对象的数量，所以膜 σ_5 中主要计算对象的数量始终保持不变（等于 n）。

式（4-35）所示的两条转运规则，一次执行中仅有一条可执行，且仅能执行一次。因此，此时次要计算对象进化规则 $t_1 \longrightarrow t_2$ 可与其同时并行执行 $n-1$ 次。之后，膜 σ_5 中，并行执行 n 次次要计算对象进化规则 $t_2 \longrightarrow e$。

综上可得，膜 σ_5 中计算规则 (R_5, ρ_5) 如式（4-36）所示。

$$\begin{cases} R_5 = \left\{ O_j^5 ec \longrightarrow O_j^{5^*} t_1, t_1 \longrightarrow t_2, t_2 \longrightarrow e \right\} \\ \qquad \cup \left\{ O_{\text{best}}^3 [_5 O_{\text{dis}}^5 t_1]_5 \xrightarrow{S_1^5} O_{\text{best}}^3 [_5 O_{\text{best}}^3 t_2]_5 \right\} \\ \qquad \cup \left\{ O_{\text{dis}}^3 [_5 O_{\text{best}}^5 t_1]_5 \xrightarrow{S_2^5} O_{\text{best}}^5 [_5 O_{\text{best}}^5 t_2]_5 \right\} \\ \rho_5 = \{1,2,2,1\} \cup \{1\} \cup \{1\} \end{cases} \tag{4-36}$$

5. 计算终止条件及计算流程

为了控制 DAPS 的计算进程，保证进化规则和转运规则有序地交替执行，P 系统 Π 中引入由字母 $\{e, t_1, t_2, c\}$ 表示的次要计算对象。当 P 系统中的所有规则均不能够被成功执行时，计算终止。DAPS 的计算流程如图 4-5 所示。

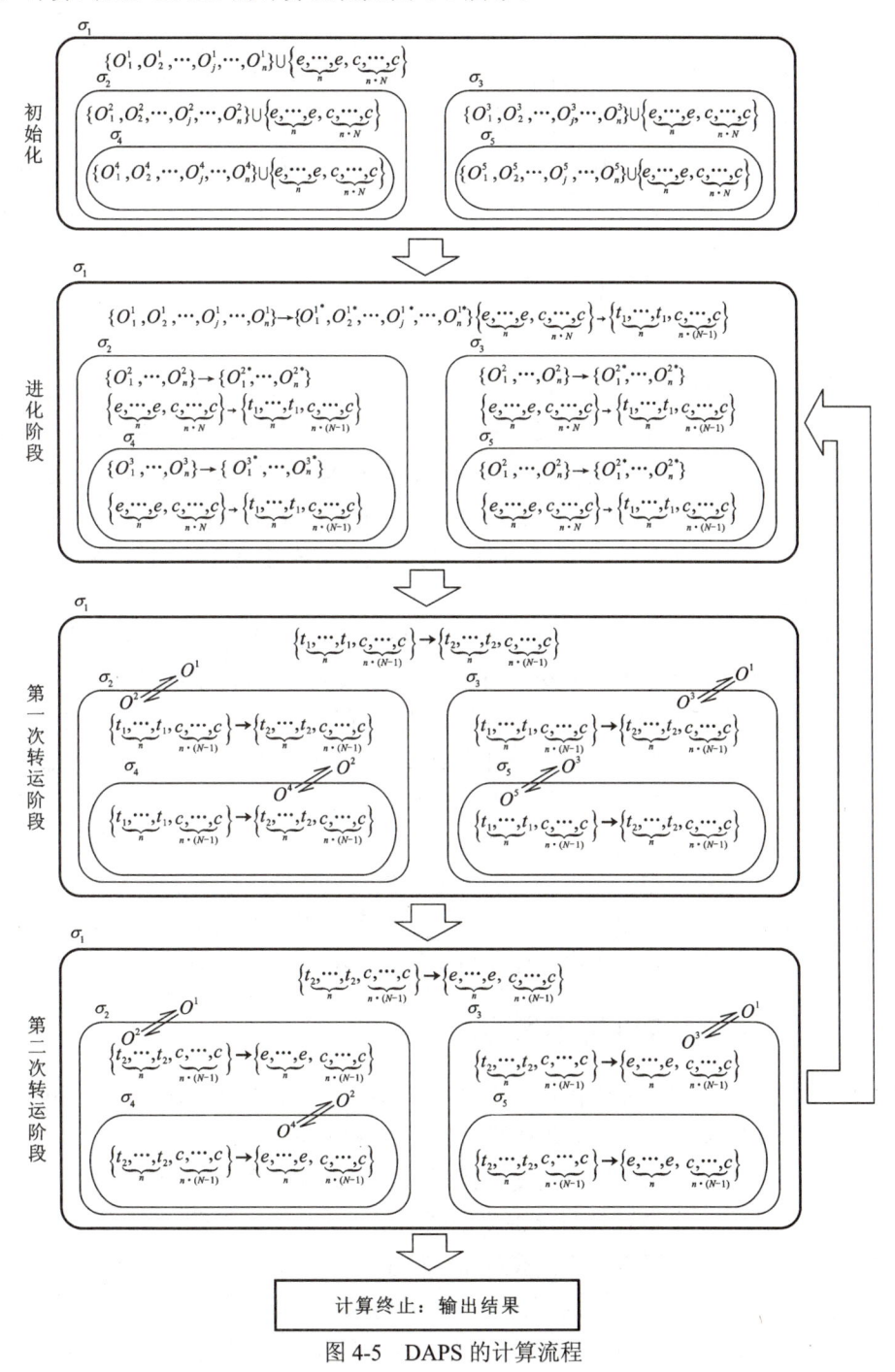

图 4-5 DAPS 的计算流程

Step 1：初始化。P 系统 Π 的各个膜中均包含 n 个随机生成的主要计算对象、n 个次要计算对象 e 和 nN 个次要计算对象 c。

Step 2：极大并行的计算规则执行。

（1）进化阶段。膜中同时存在次要计算对象 e 和 c 时，主要计算对象进化规则和次要计算对象进化规则 $ec \to t_1$ 以极大并行的方式总共执行 n 次。其中，主要计算对象进化规则具有更高的偏序等级，因此主要计算对象进化规则并行执行次数应最大化。计算规则并行执行完毕后，膜中次要对象 e 被全部消耗，次要计算对象 c 消耗 n 个，生成了 n 个次要计算对象 t_1 和新的主要计算对象集。

（2）第一次转运阶段。膜中存在次要计算对象 t_1 时，对应的转运规则和次要计算对象进化规则 $t_1 \to t_2$ 以极大并行的方式总共执行 n 次。其中，转运规则具有更高的偏序等级，因此转运并行执行次数应最大化。计算规则并行执行完毕后，膜中次要对象 t_1 被全部消耗，生成 n 个次要计算对象 t_2，并且膜中主要计算对象与膜外主要计算对象发生交流传递。

（3）第二次转运阶段。膜中存在次要计算对象 t_2 时，对应的转运规则和次要计算对象进化规则 $t_2 \to e$ 以极大并行的方式总共执行 n 次。其中，转运规则具有更高的偏序等级，因此转运并行执行次数应最大化。计算规则并行执行完毕后，膜中次要对象 t_2 被全部消耗，生成 n 个次要计算对象 e，并且膜中主要计算对象数量保持为 n。

Step 3：计算终止。P 系统 Π 中所有规则均不能够被成功执行时，即次要计算对象 c 消耗完毕，计算终止。

计算终止时，P 系统次要计算对象 c 已全部被消耗完，P 系统各膜中的计算对象为 n 个主要计算对象和 n 个次要计算对象 e。此时，无计算规则能够成功执行。

根据 DAPS 计算流程可知，P 系统内规则执行可分为进化阶段、第一次转运阶段、第二次转运阶段。在进化阶段，原主要计算对象基于对应的随机搜索算子生成新的主要计算对象，各膜内主要计算对象数量不发生改变。在第一次转运阶段，根据不同膜上转运策略不同，不同膜内的主要计算对象相互交换，各膜内主要计算对象数量会增加或减少。在第二次转运阶段，膜中额外增加的主要计算对象会转运进入数量不足的膜内，以维持各膜内主要计算对象数量不变。由于一次规则执行循环会消耗掉 n 个次要计算对象 c，对于初始状态时包含 nN 个次要计算对象 c 的 P 系统，计算规则执行循环将迭代 N 次。

4.2.3 DAPS 中的随机搜索算子

DAPS 中，主要计算对象进化规则主要用于根据已有主要计算对象生成新的主要计算对象。并且，不同膜内，新的主要计算对象生成规则不同：皮肤膜 σ_1 中，主要计算对象进化规则基于一种从"浓度随时间变化模型"中抽象得到的随机搜索算子生成新的主要计算对象；膜 σ_2 中，主要计算对象进化规则基于一种从"粒子碰撞反射模型"中启发构建的随机搜索算子生成新的主要计算对象；膜 σ_3 中，主要计算对象进化规则基于一种模仿布朗运动的随机搜索算子生成新的主要计算对象；膜 σ_4 和膜 σ_5 中，主要计算对象进化规则相似，都是基于一种从菲克定律中抽象构建的随机搜索算子来生成新的主要计算对象。本节将详细说明 DAPS 中使用的 4 种随机搜索模算子。

1. 基于浓度随时间变化模型的随机搜索算子

皮肤膜 σ_1 中，主要计算对象进化规则使用的随机搜索算子是从一种特殊的物理扩散模型中抽象得到的。该扩散模型主要用于描述两种不同浓度溶液突然接触时，浓度随时间的变化规律，如图 4-6 所示。

考虑如图 4-6 所示的特殊情形，区域 A 中为浓度较高的某种溶液，其周围区域 E 为低浓度 C_e 的同种溶液，两个区域初始状态下是相互分隔的。当解除两个区域之间的分隔时，区域 A 与区域 E 会突然发生接触，溶液中的物质将从 A 向 E 发生扩散，单位时间内通过区域 A 和区域 E 接触面的粒子数量如式（4-37）所示。

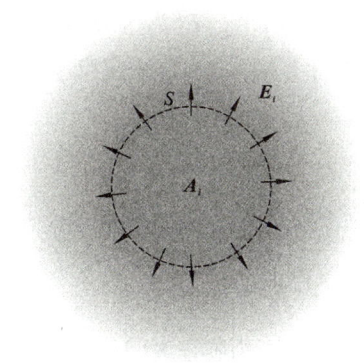

图 4-6 两种不同浓度溶液接触模型

$$\frac{dQ}{dt} = JA = -D(C_e - C_a)S \tag{4-37}$$

式中：J 为扩散通量，表示单位时间内通过单位截面的粒子数；D 为物质的扩散系数，在该系统中为常数；S 为区域 A 与区域 E 的接触面面积。

那么，dt 时间内通过该接触面的粒子数量为 $D(C_a - C_e)Sdt$，应与区域 A 中浓度下降 dC 时粒子数的变化量相等，如式（4-38）所示。

$$VdC = -DS(C - C_e)dt \tag{4-38}$$

假定，区域 A 的初始浓度为 C_0，将式（4-38）化简并两边同时积分得

$$\frac{C - C_e}{C_0 - C_e} = e^{-\frac{DS}{V}t} \tag{4-39}$$

当且仅当 $\frac{DS}{V}$ 为常量，即不随 C 变化而变化时，式（4-38）的积分才成立，因此可令

$$\alpha = \frac{DS}{V} \tag{4-40}$$

因此，式（4-39）可化为

$$C = C_e + (C_0 - C_e)e^{-\alpha T} \tag{4-41}$$

式（4-41）即为"基于浓度随时间变化模型的随机搜索算子"的基础。

皮肤膜 σ_1 中，主要计算对象 O_i^1 被抽象为区域 A 中溶液的浓度 A_i；区域 A 的周围区域 E 中的溶液浓度 E_i 是通过随机选取的另一个主要计算对象 O_{rand}^1，并按照式（4-42）随机确定。

$$\boldsymbol{E}_i = [1 - (1+T)R] \cdot O_{rand}^1 \tag{4-42}$$

式中：R 为范围 $[0,1]$ 中的一个随机数。

当前迭代次数为 t 时，区域 A 中浓度为 A_i^t 的溶液与周围区域 E 中浓度为 E_i^t 的溶液发生扩散后，区域 A 中溶液浓度变为 A_i^{t+1}，如式（4-43）所示。发生扩散后，新的溶液浓度 A_i^{t+1} 即为由主要计算对象 O_i^1 生成的新的主要计算对象 O_i^{1*}。

$$\boldsymbol{A}_i^{t+1} = \boldsymbol{E}_i^t + (\boldsymbol{A}_i^t - \boldsymbol{E}_i^t)e^{-\alpha T} \tag{4-43}$$

式中：t 为扩散的起始时刻算法的当前迭代次数；T 为计算进程对随机搜索的影响，如

式（4-44）所示；E_i^l 为区域 A 周围区域 E 中的溶液浓度值，如式（4-42）所示；系数 α 与主要计算对象 O_i^l 的适应度 $f(O_i^l)$ 相关，适应度越小对应的 α 值越小，如式（4-45）所示。

$$T = \frac{t}{N} \tag{4-44}$$

式中：t 为算法的当前迭代次数；N 为算法允许的最大迭代次数。

$$\alpha = \frac{f(O_i^l)}{\max f} \tag{4-45}$$

式中：$\max f$ 为膜 σ_1 中主要计算对象的最大（最差）适应度值。

为了进一步提高搜索效率，将算子中周围区域 E 的溶液浓度 E_i 确定方式与膜 σ_1 中主要计算对象进化规则的执行条件相结合，对于满足条件 S_1^l（适应度排名前 15%）的主要计算对象 O_i^l，其周围区域 E 的溶液浓度 E_i 由膜 σ_1 适应度最小（最佳）的计算对象 O_{best}^l 确定，如式（4-46）所示；对于满足条件 S_2^l 的主要计算对象 O_i^l，其周围区域 E 的溶液浓度 E_i 按式（4-42）计算，式中的随机对象 O_{rand}^l 是从所有满足条件 S_1^l 的主要计算对象中随机挑选。

$$E_i = [1-(1+T)R] \cdot O_{best}^l \tag{4-46}$$

2. 基于粒子碰撞反射模型的随机搜索算子

在膜 σ_2 中，主要计算对象进化规则使用的随机搜索算子是从"粒子碰撞反射模型"中抽象得到。粒子间的碰撞反射是造成扩散系统中粒子随机运动的主要原因。在微观层面上，扩散系统中粒子的随机运动并非真正的随机过程，而是粒子之间的 4 种基本力（引力、电磁力、弱核力和强核力）相互作用的结果。受此启发，膜 σ_2 中使用了一种基于粒子碰撞反射模型的随机搜索算子，旨在提高 DAPS 的全局搜索能力。

膜 σ_2 中的主要计算对象 O_i^2 表示的是扩散系统中粒子 i 的位置区域 P_i，适应度 $f(O_i^2)$ 则表征粒子 i 所在区域的浓度。由于扩散系统中高浓度区域内包含的粒子多，所以当一个粒子运动到此区域时，与该区域中其他粒子发生碰撞的概率相对较高。反之，粒子在低浓度区域运动时，与区域中其他粒子发生碰撞的概率相对较低。那么，粒子 i 区域内的粒子碰撞概率 C_i 可按式（4-47）计算。

$$C_i = \frac{f(O_i^2) - \min f}{\max f - \min f} \tag{4-47}$$

式中：$\min f$ 和 $\max f$ 分别为膜 σ_2 中主要计算对象的最小适应度值和最大适应度值。由式（4-47）可知，较差（大）适应度对应碰撞概率高的区域，而较好（低）适应度则对应碰撞概率低的区域。

t 时刻，扩散系统中粒子 i 处于位置区域 P_i^t 中，并假定粒子 i 将朝随机确定的另外一个粒子 $j(j \neq i)$ 运动。由于粒子 j 所处区域 P_j^t 中的粒子碰撞概率为 C_j，粒子 i 可能在区域 P_j^t 中发生碰撞反射，也可能不碰撞继续做直线运动。图 4-7 显示了二维扩散系统中粒子不发生碰撞反射和发生碰撞反射的运动情况。当粒子 i 向区域 P_j^t 运动未发生碰撞时，粒

子 i 在朝区域 P_j^t 扩散趋势 D_1 和系统整体扩散趋势 D_2 的联合作用下运动至新区域 P_i^{t+1}，如图 4-7（a）所示。当粒子 i 向区域 P_j^t 运动发生碰撞时，粒子 i 将由区域 P_j^t 反射运动至新区域 P_i^{t+1}，如图 4-7（b）所示。粒子 i 的新位置区域 P_i^{t+1} 即为膜 σ_2 中由主要计算对象 O_i^2 进化得到的新对象 O_i^{2*}。

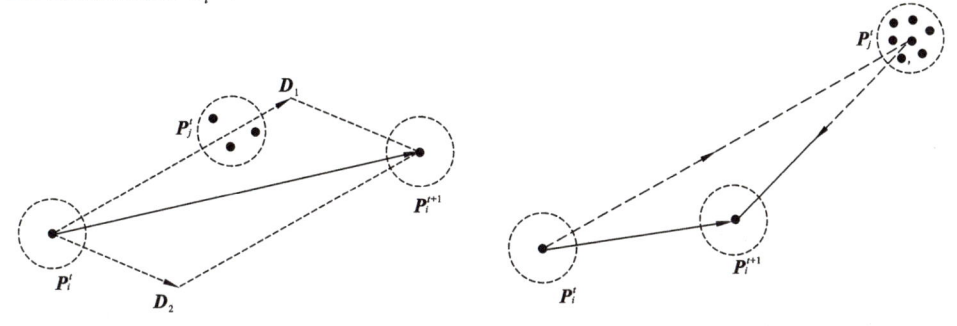

（a）未发生碰撞　　　　　　　　　（b）发生碰撞

图 4-7　二维扩散系统中粒子的随机碰撞反射

若不发生碰撞，粒子 i 将沿直线由区域 P_i^t 运动至区域 P_i^{t+1} 中，如式（4-48）所示。

$$P_i^{t+1} = P_i^t + D_1 + D_2 \tag{4-48}$$

式中：D_1 为粒子 i 朝粒子 j 的运动趋势，如式（4-49）所示；D_2 为扩散系统的整体扩散趋势对粒子 i 的运动影响，如式（4-50）所示。

$$D_1 = R \cdot c \cdot (P_j^t - P_i^t) \tag{4-49}$$

$$D_2 = 2R \cdot c \cdot [P_{\text{best}}^t - (2R+1) \cdot P_{\text{mean}}^t] \tag{4-50}$$

式中：R 为 [0,1] 中的一个随机数；c 为一个方向系数，其值按式（4-51）计算；P_{best}^t 为当前最低浓度（最佳适应度）位置区域；P_{mean}^t 为膜 σ_2 中全部粒子位置区域（主要计算对象）的几何中心，如式（4-52）所示。

$$c = \begin{cases} -1, & f(O_i^2) < f(O_j^2) \\ 0, & f(O_i^2) = f(O_j^2) \\ 1, & f(O_i^2) > f(O_j^2) \end{cases} \tag{4-51}$$

$$P_{\text{mean}}^t = \frac{1}{n} \sum_{k=1}^{n} P_k^t \tag{4-52}$$

式中：n 为膜 σ_2 中主要计算对象的数量。

若发生碰撞，粒子 i 将由位置区域 P_i^t 经碰撞反射至新的位置区域 P_i^{t+1} 处，如式（4-53）所示。

$$P_i^{t+1} = P_j^t + (2R - 1) \cdot S_{ij} \tag{4-53}$$

式中：t 为算法迭代次数，每次迭代即表示粒子进行一次运动；P_j^t 为随机确定的粒子 j 的位置区域；R 为一个 d 维随机向量，其元素均为 [0,1] 中的随机数；S_{ij} 为粒子 i 和 j 的欧几里得距离，如式（4-54）所示。

$$S_{ij} = \| v_i, v_j \|_2 \tag{4-54}$$

3. 基于布朗运动的随机搜索算子

为了增加 DAPS 全局搜索的随机性，避免过早地陷入局部最优，膜 σ_3 中主要计算对象进化规则使用了一种受布朗运动启发设计的随机搜索算子。布朗运动是指悬浮在液体或气体中的微粒永不停息地进行无规则运动。布朗运动过程是一个连续时间随机过程，属于 Lévy 过程。许多已有的研究[128,129]表明，Lévy 运动策略能够有效提高智能优化算法的全局搜索能力，有利于寻找到那些远离当前最优解的备选解。

Lévy 概率分布属于一类特殊的对称 α-稳定分布（symmetric α-stable distribution），又被称作 α-稳定 Lévy 概率分布（α-stable Lévy probability distribution）。根据对称 α-稳定分布的特征函数，服从 Lévy 概率分布的随机变量 S 可定义如下：

$$\Phi_{\alpha,\sigma} = E[e^{-izS}] = e^{-\sigma^{\alpha}|z|^{\alpha}} \tag{4-55}$$

式中：$E[\cdot]$ 为数学期望算子；i 为复数，z 则为实数；$\sigma \geqslant 0$，α 为一个缩放因子，其取值范围为 $(0,2]$。满足对称 α-稳定分布的随机变量 S 的概率密度函数可由式（4-54）经过傅里叶逆变换得到，如式（4-56）所示。

$$L_{\alpha,\gamma}(S) = \frac{1}{2\pi}\int_{-\infty}^{\infty}\Phi_{\alpha,\sigma}(z)\cdot e^{izS}dz = \frac{1}{\pi}\int_{0}^{\infty}e^{-\gamma z^{\alpha}}\cdot\cos(zS)dz \tag{4-56}$$

式中：α 为一个缩放因子，可称为形状参数，其作用是控制分布的函数在取值范围内的取值比例；γ 为位置参数，用于确定分布函数的取值范围。值得注意的是，除一些极少数的特殊情况外，对于 α 的一般化取值，式（4-56）的解析形式是未知的。特殊情况下，例如 $\alpha=1$ 时，式（4-56）满足柯西分布；$\alpha=2$ 时，式（4-56）满足高斯分布。在不失一般性的情况下，取 $\gamma=1$，$L_{\alpha,\gamma}(S)$ 可表示为 $L_{\alpha,1}(S)$ 或 $L_{\alpha}(S)$。在 S 取值较大时，Lévy 分布呈现出幂律特性，其概率密度有式（4-57）所示的极限形式。

$$L_{\alpha} \approx \frac{1}{y^{(\alpha+1)}}, \quad |y|\gg 1 \tag{4-57}$$

由于 α 一般化取值时，式（4-56）所示的概率密度函数的解析形式未知，因此 Mantegna 在 1994 年提出了一种有效的算法用于生成服从 Lévy 分布的随机变量[130]。在 Mantegna 提出的算法中，两个服从正态分布的随机变量 X 和 Y 被用于生成 Lévy 分布，如式（4-58）所示。

$$X \sim N(0,\sigma_X^2), Y \sim N(0,\sigma_Y^2) \tag{4-58}$$

式中：σ_X^2 和 σ_Y^2 为正态分布的方差，其中 $\sigma_Y=1$，σ_X 如式（4-59）所示。

$$\sigma_X = \left[\frac{\Gamma(1+\alpha)\sin(\pi\alpha/2)}{\Gamma((1+\alpha)/2)\alpha\cdot 2^{\frac{\alpha-1}{2}}}\right]^{1/\alpha} \tag{4-59}$$

式中：$\Gamma(\cdot)$ 为伽马函数。

然后，通过式（4-60）所示的非线性变换计算得到一个新的随机变量 V：

$$V = \frac{X}{|Y|^{1/\alpha}} \tag{4-60}$$

为了使随机变量 V 的分布呈现指数倾斜的趋势，继续使用一个新的非线性变换来得到一个新的随机变量 W，如式（4-61）和式（4-62）所示。

$$W = \{[K(\alpha)-1]e^{-|V|/C(\alpha)}+1\}V \qquad (4-61)$$

$$K(\alpha) = \frac{\alpha\Gamma((1+\alpha)/2\alpha)}{\Gamma(1/\alpha)}\left[\frac{\alpha\Gamma((1+\alpha)/2)}{\Gamma(\alpha+1)\sin(\pi\alpha/2)}\right] \qquad (4-62)$$

式中：$C(\alpha)$ 为基于样本数据值的多项式拟合结果。

这样，通过生成 n 个独立的随机变量 W 可获得收敛到 Lévy 分布的随机变量 Z，如式（4-63）所示。

$$Z = \frac{1}{n^{1/\alpha}}\sum_{k=1}^{n}W_k \qquad (4-63)$$

显然，按照式（4-63）生成布朗运动过程中粒子的随机运动步长需要消耗大量计算资源。为了节约计算资源，保证搜索效率，DAPS 使用了一种简化的 Lévy 随机变量生成方式，如式（4-64）所示。

$$\text{Lévy}(\alpha) = 0.01\frac{X\cdot\sigma}{|Y|^{1/\alpha}} \qquad (4-64)$$

式中：X 和 Y 为如式（4-58）所示的随机变量；α 为一个常数；σ 为根据式（4-59）计算得到的一个系数。图 4-8 显示了扩散系统中按式（4-64）计算仿真得到的布朗运动粒子轨迹。可以观察到，粒子的运动步长通常很小，但偶尔也会出现大步长随机运动。

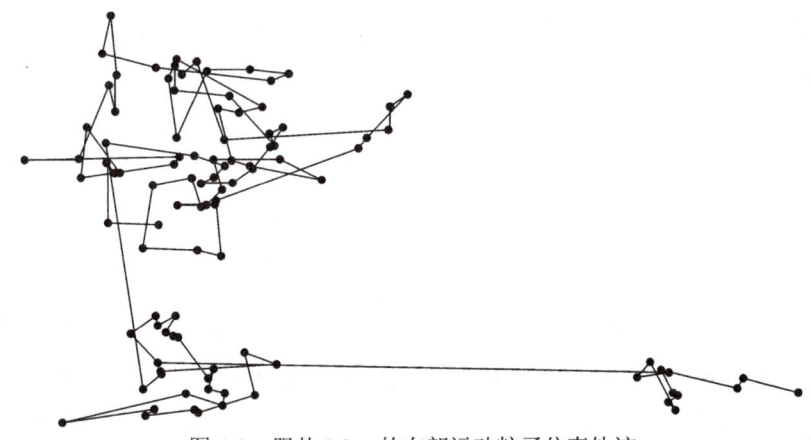

图 4-8 服从 Lévy 的布朗运动粒子仿真轨迹

在膜 σ_3 中，主要计算对象进化规则使用的随机搜索算子是受到布朗运动启发，因此主要计算对象 O_i^3 表示的是扩散系统中做布朗运动的粒子 i 的空间位置 $\boldsymbol{P}_i$。DAPS 的每一次迭代计算表示膜 σ_3 中的粒子做一次随机运动，且每次随机运动的步长近似服从 Lévy 分布，按式（4-64）计算。

当前迭代次数为 t 时，扩散系统中的粒子 i 的空间位置为 $\boldsymbol{P}_i^t$，经过一次随机运动后，粒子 i 运动到新位置 $\boldsymbol{P}_i^{t+1}$ 处，如式（4-65）所示。粒子 i 的新位置 $\boldsymbol{P}_i^{t+1}$ 即为由主要计算对象 O_i^3 生成的新的主要计算对象 O_i^{3*}。

$$\boldsymbol{P}_i^{t+1} = \boldsymbol{P}_i^t + (\mathbf{UB}-\mathbf{LB})\oplus\text{Lévy}(\alpha) \qquad (4-65)$$

式中：t 为算法迭代次数，每次迭代即表示粒子进行一次随机运动；$\mathbf{LB}=(x_l^1,\cdots,x_l^d)$ 和

$UB = (x_u^1, \cdots, x_u^d)$ 分别为 d 维优化问题中变量的取值下限和上限；α 为一个常系数，根据试验测试经验，建议取值为 1.5。

4. 基于菲克定律的随机搜索算子

膜 σ_4 和 σ_5 中使用的是同一种随机搜索模型，该模型是基于菲克定律设计构建的。根据菲克定律，粒子会从高浓度区域向低浓度区域运动，所以通过跟踪粒子的扩散趋势来调整观测点位置，最终可以找到一个最优观测位置以观测到系统中的最低粒子浓度。

膜 σ_4 和 σ_5 中的计算对象是表示扩散系统中的观测点，而其对应的适应度则表示浓度梯度。对于一个包含 N 个观测点的 d 维扩散系统，第 i 个观测点的位置可定义为

$$v_i = (x_i^1, x_i^2, \cdots, x_i^k, \cdots, x_i^d) \tag{4-66}$$

式中：$i = 1, 2, \cdots, N$；x_i^k 为观测点 i 在维度 k 上的位置。

对于任意观测点 i 和 j，定义由观测点 i 向观测点 j 的扩散通量在维度 k 上的分量如式（4-67）所示。

$$J_{ij}^k = -D \cdot \nabla C_j \cdot \frac{x_i^k - x_j^k}{R_{ij}} \tag{4-67}$$

式中：D 为扩散常系数；∇C_j 为经过归一化处理之后浓度梯度，如式（4-68）和式（4-69）所示；R_{ij} 为观测点 i 和 j 之间的欧几里得距离，$R_{ij} = \|v_i, v_j\|_2$；ε 为为了避免分母为 0 而增加的一个小量。

$$f'(O_j^4) = \frac{f(O_j^2) - \max f}{\min f - \max f} \tag{4-68}$$

$$\nabla C_j = \frac{f'(v_j)}{\sum_{k=1}^{N} f'(v_k)} \tag{4-69}$$

式中：$f(O_j^4)$ 为计算对象 O_j^4 的适应度，$f'(O_j^4)$ 为计算得到的对应区域浓度梯度；$\max f$ 为膜 σ_4 或 σ_5 中计算对象的最大适应度；$\min f$ 为膜 σ_4 或 σ_5 中计算对象的最小适应度。图 4-9 显示了二维扩散系统中粒子扩散趋势。图中不同区域的颜色对应浓度梯度，颜色越深即表明粒子朝该区域的扩散趋势越明显。

为了提升搜索算子的随机性，将一个随机权重引入特定观测点 i 处扩散通量 J_i 在维度 k 上的分量 J_i^k 的计算中，如式（4-70）所示。

$$J_i^k = \sum_{j=1, j \neq i}^{N} r_j J_{ij}^k \tag{4-70}$$

式中：r_j 为在 [0,1] 中满足均匀分布的一个随机权重；J_{ij}^k 为观测点 i 向观测点 j 方向的扩散通量 J_{ij} 在维度 k 上的分量，可按式（4-71）计算：

$$J_{ij}^k = J_{ij} \cdot (x_j^k - x_i^k) \tag{4-71}$$

根据观测点 i 处的扩散趋势，可以计算由观测点 v_i^t 得到的一个新观测点位置 v_i^{t+1}，如式（4-72）所示。

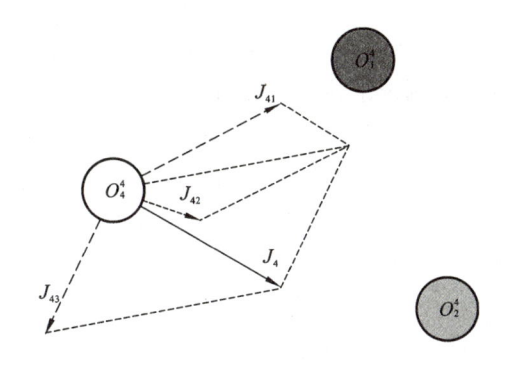

图 4-9 二维扩散系统中粒子扩散趋势

$$x_i^k(t+1) = x_i^k(t) + J_i^k(t) \tag{4-72}$$

式中：t 为迭代次数。

此外，为了使该算子在搜索过程的开始阶段具有较强的探索能力，而在搜索过程的结束阶段具有较强的开发能力，将扩散常系数 D 定义为式（4-73）所示的指数递减函数，其函数图像如图 4-10 所示。

$$D = 2Ne^{-\alpha\frac{t}{\text{Max iteration}}} \tag{4-73}$$

式中：N 为膜 σ_4 或 σ_5 中的计算对象数量；α 为一个常数，根据测试经验，建议取 17.5；t 为当前迭代次数；Max iteration 为算法允许的最大迭代次数。

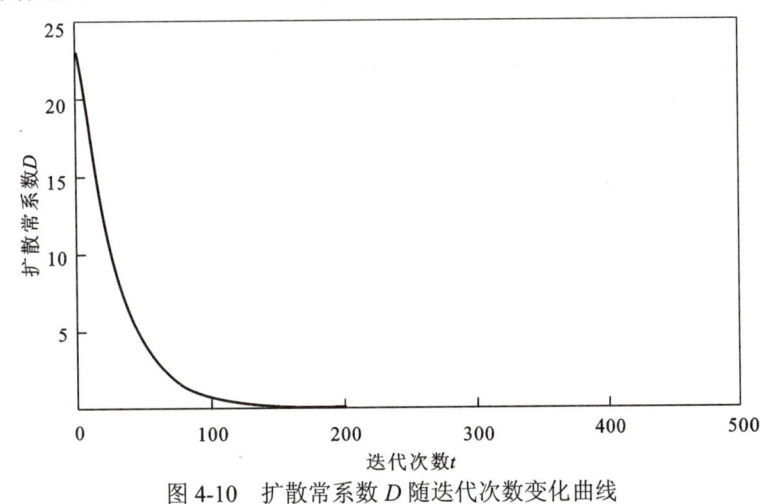

图 4-10 扩散常系数 D 随迭代次数变化曲线

4.3 DAPS 的算法测试试验及性能分析

船舶总布置优化是一类复杂的优化问题，其局部最优解多，求解难度高，设计变量规模庞大，并且不可导、不连续。为充分验证 DAPS 求解船舶布置优化问题的有效性及分析其计算性能,本节根据船舶布置优化问题的特点选取了 4 类基准测试函数进行测试试验,分别为:单峰函数测试试验、多峰函数测试试验、不同维度优化函数测试试验和复合函数测试试验。单峰函数测试试验可反映不同船舶布置优化目标函数形式具备的基本特征;多峰函数测试试验则能够体现 DAPS 摆脱局部最优解的能力;不同维度优化函数测试试验可以验证 DAPS 在求解船舶布置优化这类大规模优化问题时计算性能的衰减程度;复合函数测试试验能够有效说明 DAPS 在处理复杂优化问题的效率。最后,本节将 DAPS 的测试结果与多种优化算法(包括一些著名智能优化算法和一些新颖的智能优化算法)进行比较。为保证试验结果的客观性,规定相同测试试验中各种算法的适应度评估次数相等;并且,以算法重复运行 30 次的最优解均值和标准偏差值进行比较。最优解的平均值表征了算法找到全局最优解的能力,而最优解的标准差则表征了算法的鲁棒性。

4.3.1 单峰函数测试试验

1. 测试函数及算法参数设置

在单峰函数测试试验中,选取 7 种经典优化函数作为基准函数对 DAPS 的计算性能进行测试,见表 4-1。单峰基准测试函数的二维形状如图 4-11 所示,各类型单峰基准测试函数通过在搜索空间内提供不同的形状来模拟各类实际优化问题的解空间特点。其中:Step 函数由 Sphere 函数平移得到,具有相同的函数形状;Quartic 函数中引入噪声污染,因此其函数形状波动十分明显。

表 4-1 单峰基准测试函数

函数	表达式	取值范围	$F_{\min}$
Sphere	$F_1 = \sum_{i=1}^{n} x_i^2$	$[-100,100]^D$	0
Schwefel 2.22	$F_2 = \sum_{i=1}^{n} \lvert x_i \rvert + \prod_{i=1}^{n} \lvert x_i \rvert$	$[-10,10]^D$	0
Schwefel 1.2	$F_3 = \sum_{i=1}^{n} \left(\sum_{j=1}^{i} x_j \right)^2$	$[-100,100]^D$	0
Schwefel 2.21	$F_4 = \max_i \{\lvert x_i \rvert, 1 \leq i \leq n\}$	$[-100,100]^D$	0
Rosenbrock	$F_5 = \sum_{i=1}^{n} [100(x_{i+1} - x_i^2)^2 + (x_i - 1)^2]$	$[-30,30]^D$	0
Step	$F_6 = \sum_{i=1}^{n} [(x_i + 0.5)^2]$	$[-100,100]^D$	0
Quartic	$F_7 = \sum_{i=1}^{n} i x_i^4 + \mathrm{random}[0,1)$	$[-1.28,1.28]^D$	0

(a) F_1

(b) F_2

(c) F_3

(d) F_4

(e) F_5

(f) F_6

(g) F_7

图 4-11 二维单峰基准测试函数图像

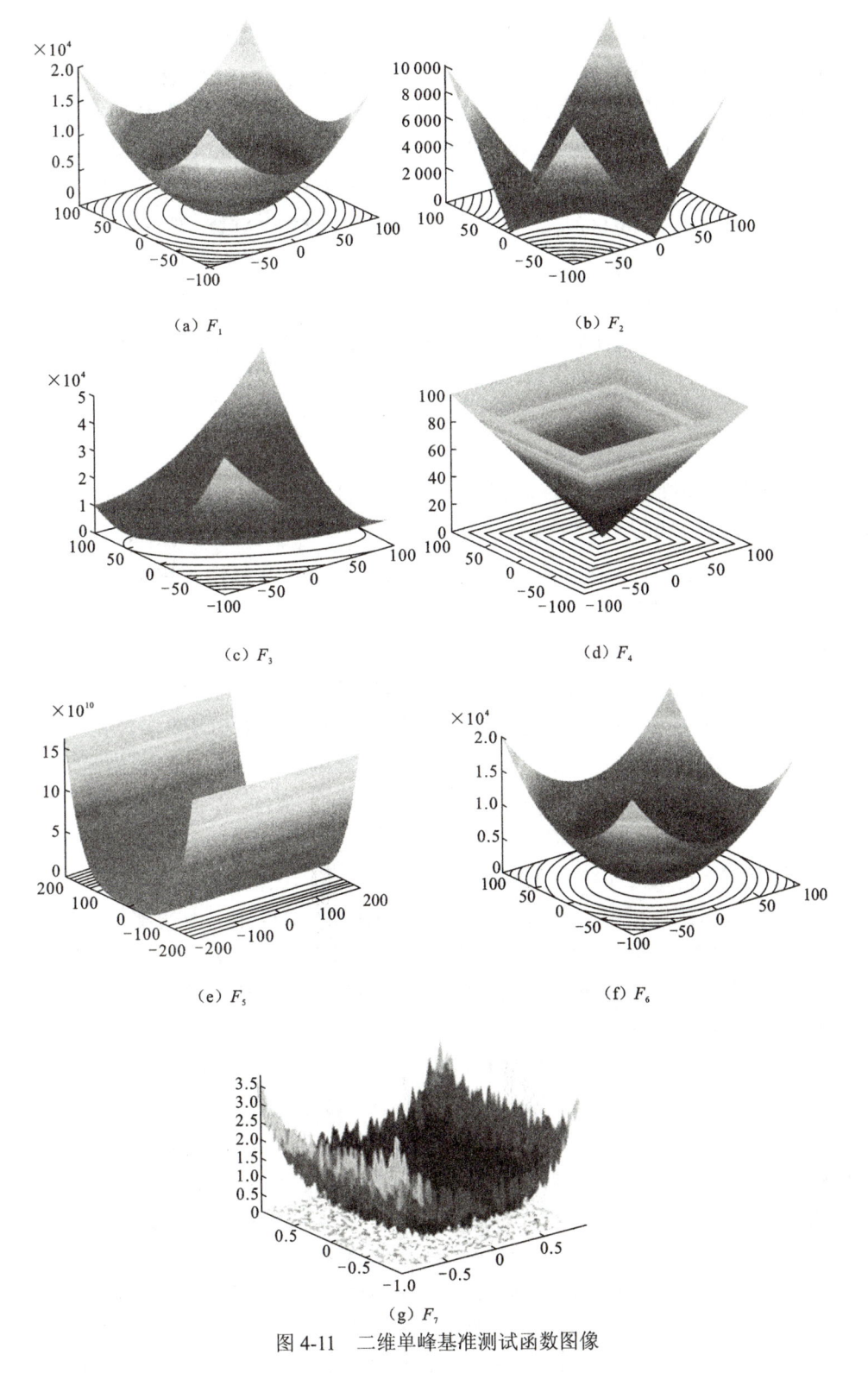

单峰函数测试试验中,所有基准测试函数的维数(变量个数)D 为 30,并将 DAPS 测试结果与 PSO、GA、GWO 和 ALO 4 种不同智能优化算法的计算结果进行对比分析。

PSO 和 GA 是两种著名的智能优化算法，已被广泛应用于各类工程实际问题中。测试试验中，PSO 和 GA 的测试结果是基于 Matlab 2019a 中 PSO 和 GA 工具箱计算得到。GWO 和 ALO 是两种新颖的智能优化算法，其在测试试验中所使用的源代码分别来源于 http://www.alimirjalili.com/GWO.html 和 http://www.alimirjalili.com/ALO.html。

为保证不同算法测试结果对比的客观性，测试试验中保证所有算法的目标函数调用次数相等，调用次数为 30 000 次。对于 PSO、GA、GWO 和 ALO，种群规模设置为 30，最大迭代次数设置为 1 000 次。考虑 DAPS 包含 5 膜区域，每个膜内存在一个相对独立的子种群，为了避免每个膜内计算对象过少导致算法性能的下降，将 DAPS 的种群总规模设置为 5×12 = 60，即每个膜内的子种群规模为 12，算法最大迭代次数设置为 500 次。各算法均独立运行 30 次。

2. 试验结果与分析

单峰函数测试试验结果见表 4-2，从试验结果可以看出 DAPS 在处理单峰优化问题上展现出了很强的竞争力。对于测试试验中选取的 7 种单峰基准测试函数，DAPS 能够为基准函数 F_1、F_2、F_3、F_4、F_5、F_7 提供相较于其他 4 种算法（PSO、GA、ALO、GWO）更高的求解精度；对于基准函数 F_6，PSO 求解精度最高，DAPS 的求解精度仅优于 GA 和 GWO。

DAPS、PSO、GA、ALO 和 GWO 对 7 种单峰基准函数收敛曲线如图 4-12 所示，从图中可以看出 DAPS 和 GWO 的收敛性能明显优于其他算法。对于基准函数 F_1、F_2、F_3、F_4，DAPS 和 GWO 能够很好地避免过早收敛问题，表现出随着迭代次数增加收敛趋于加速的收敛特性，并且 DAPS 的求解精度远高于其他 4 种算法。基准测试函数 F_5 作为一种求解难度非常高的单峰优化问题，其全局最优解位于一个很长并且狭窄的抛物线型平坦谷中，是非常难以被搜寻到的，如图 4-11（e）所示。测试试验结果表明，对于基准测试函数 F_5，DAPS 能够产生一个非常接近最优解的结果，而其他 4 种算法无法找到接近全局最优的近似解。从图 4-12（e）可以看出，DAPS 在基准测试函数 F_5 上表现出异于一般情况的收敛特性，根据搜索效率的变化，可将搜索过程分为两个阶段：在算法搜索的初期阶段，DAPS 的收敛特性与 GWO 相似，种群中最优解质量迅速提高；当最优解对应的适应度接近 28 时，DAPS 和 GWO 搜索效率大幅下降，其中 GWO 趋于收敛，DAPS 则保持非常低的效率持续提高最优解质量；在保持一段时间低效率搜索后，DAPS 将迎来第二次高效率搜索阶段，使种群中的最优解迅速逼近全局最优，并最终趋于收敛。在基准测试函数 F_7 中引入噪声污染，试验结果表明 DAPS 能够有效克服噪声污染对算法搜索效率的影响，并表现出优于其他 4 种算法的收敛特性。在单峰函数测试试验中，DAPS 在基准函数 F_6 上的求解精度是低于 PSO 和 ALO 的；从收敛曲线上可以看出，相比于 PSO 和 ALO，DAPS 出现了过早的收敛现象，是影响求解精度的主要因素。

单峰测试函数不存在局部最优，函数梯度变化趋势相对单一，因此非常适合用于测试各类优化算法的全局探索能力。DAPS 在单峰函数测试试验中展现出相比于 PSO、GA、ALO 和 GWO 更好的求解精度，证明了 DAPS 局部优越全局探索能力。

表 4-2 单峰基准测试函数（$D=30$）测试结果对比

测试函数	DAPS 平均提取方差	DAPS 标准差	PSO 平均提取方差	PSO 标准差	GA 平均提取方差	GA 标准差	ALO 平均提取方差	ALO 标准差	GWO 平均提取方差	GWO 标准差
F_1	**6.70×10^{-118}**	1.44×10^{-117}	7.83×10^{-9}	2.23×10^{-8}	2.84×10^{-2}	3.98×10^{-2}	1.31×10^{-5}	9.23×10^{-6}	4.24×10^{-59}	6.98×10^{-59}
F_2	**3.89×10^{-68}**	4.06×10^{-68}	4.58×10^{-4}	1.07×10^{-3}	2.79×10^{0}	1.59×10^{0}	5.78×10^{1}	5.42×10^{1}	1.66×10^{-34}	3.94×10^{-34}
F_3	**1.05×10^{-117}**	1.06×10^{-117}	1.47×10^{1}	8.16×10	4.02×10^{0}	1.89×10^{0}	1.35×10^{3}	6.13×10^{2}	5.64×10^{-15}	1.80×10^{-14}
F_4	**4.77×10^{-69}**	5.83×10^{-69}	6.49×10^{-1}	1.77×10^{-1}	1.96×10^{0}	4.21×10^{-1}	1.15×10^{1}	2.47×10^{0}	1.31×10^{-14}	1.35×10^{-14}
F_5	**2.91×10^{-3}**	3.93×10^{-3}	4.69×10^{1}	3.17×10^{1}	9.64×10^{0}	2.08×10^{1}	2.88×10^{2}	4.16×10^{2}	2.69×10^{1}	7.69×10^{-1}
F_6	5.22×10^{-5}	3.21×10^{-5}	**1.13×10^{-8}**	4.28×10^{-8}	6.96×10^{-2}	1.52×10^{-1}	1.02×10^{-5}	8.89×10^{-6}	6.63×10^{-1}	2.93×10^{-1}
F_7	**2.41×10^{-4}**	1.49×10^{-4}	8.20×10^{-2}	3.01×10^{-2}	1.31×10^{0}	3.13×10^{-1}	9.19×10^{-2}	2.36×10^{-2}	7.52×10^{-4}	4.16×10^{-4}

注：加粗数字表示测试函数求解结果的最优值

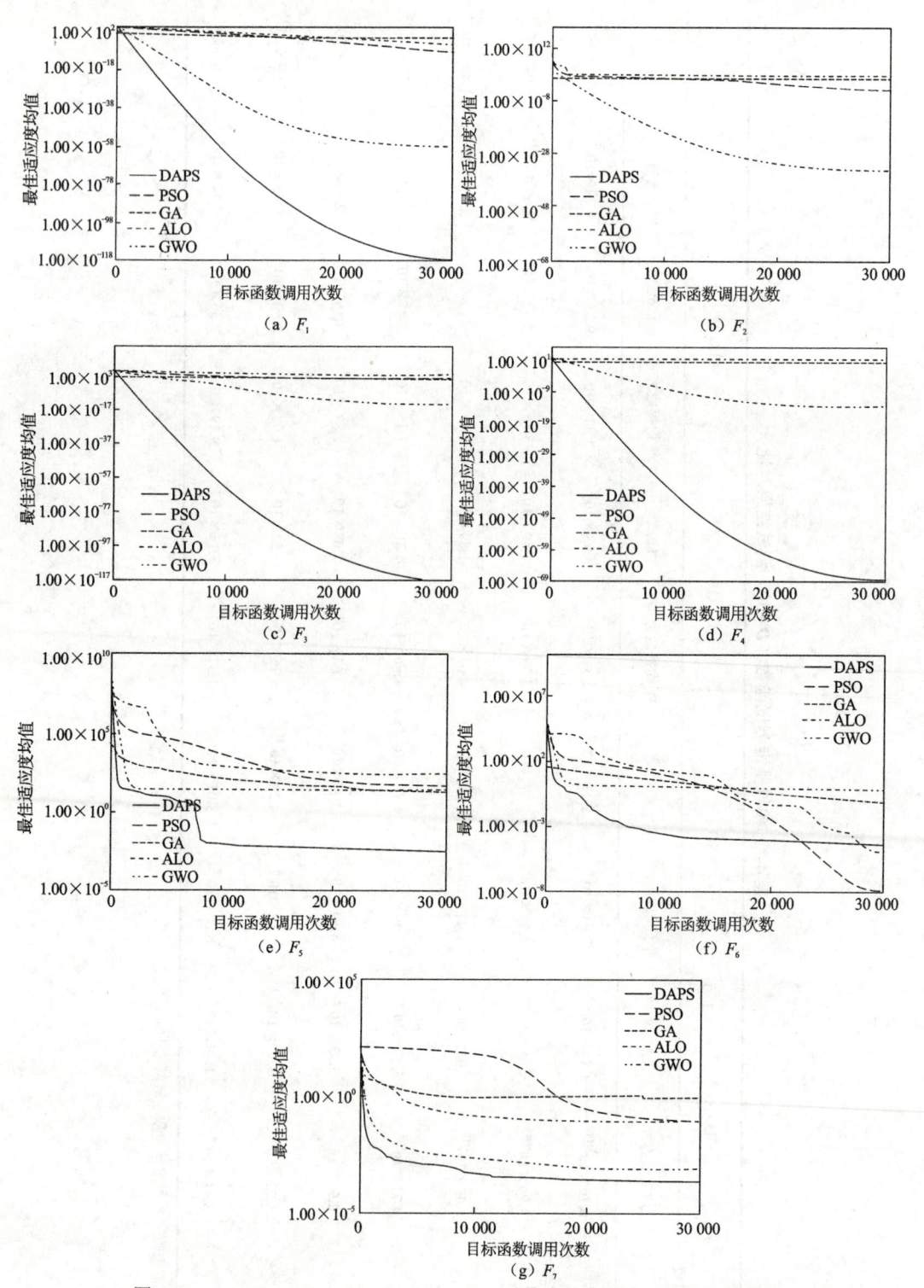

图 4-12　DAPS、PSO、GA、ALO、GWO 对单峰基准测试函数的收敛曲线

4.3.2 多峰函数测试试验

1. 测试函数及算法参数设置

在多峰函数测试试验中,选取 6 种经典数学优化函数作为基准函数对 DAPS 的性能进行测试,见表 4-3。多峰基准测试函数的二维形状如图 4-13 所示,各类型多峰基准测试函数通过在搜索空间内提供的大量局部最优值和不同的函数形状来模拟各类实际优化问题的求解困难。其中,Ackley 函数(F_{10})和 Griewank 函数(F_{11})的整体梯度趋势较为明显,但存在大量局部小范围波动;而其他 4 类函数则具有多个非常明显的局部最优值。

表 4-3 多峰基准测试函数

函数	表达式	取值范围	$F_{\min}$
Schwefel	$F_8 = \sum_{i=1}^{n} -x_i \sin(\sqrt{|x_i|})$	$[-500,500]^D$	$-419D$
Rastrigin	$F_9 = \sum_{i=1}^{n} [x_i^2 - 10\cos(2\pi x_i) + 10]$	$[-5.12, 5.12]^D$	0
Ackley	$F_{10} = -20\exp\left(-0.2\sqrt{\frac{1}{n}\sum_{i=1}^{n} x_i^2}\right) - \exp\left(\frac{1}{n}\sum_{i=1}^{n}\cos(2\pi x_i)\right) + 20 + e$	$[-32,32]^D$	0
Griewank	$F_{11} = \frac{1}{4000}\sum_{i=1}^{n} x_i^2 - \prod_{i=1}^{n}\cos\left(\frac{x_i}{\sqrt{i}}\right) + 1$	$[-600,600]^D$	0
Penalized 1	$F_{12} = \frac{\pi}{n}\left\{10\sin(\pi y_1) + \sum_{i=1}^{n-1}(y_i-1)^2[1+10\sin^2(\pi y_{i+1})] + (y_n-1)^2\right\} + \sum_{i=1}^{n} u(x_i,10,100,4)$	$[-50,50]^D$	0
Penalized 2	$F_{13} = 0.1\left\{\sin^2(3\pi x_1) + \sum_{i=1}^{n}(x_i-1)^2[1+\sin^2(3\pi x_i+1)] + (x_n-1)^2[1+\sin^2(2\pi x_n)]\right\} + \sum_{i=1}^{n} u(x_i,10,100,4)$	$[-50,50]^D$	0

注:$y_i = 1 + (x_i+1)/4$;$u(x_i,a,k,m) = \begin{cases} k(x_i-a)^m, & x_i > a \\ 0, & -a \leq x_i \leq a \\ k(-x_i-a)^m, & x_i < -a \end{cases}$

在多峰函数测试试验中,所有基准测试函数的维数(变量个数)D 为 30,并将 DAPS 测试结果与 PSO、GA、GWO 和 ALO 4 种不同智能优化算法的计算结果进行对比分析。其中,PSO 和 GA 的测试结果是基于 Matlab 2019a 中 PSO 和 GA 工具箱计算得到;GWO 和 ALO 的源代码分别来源于 http://www.alimirjalili.com/GWO.html 和 http://www.alimirjalili.com/ALO.html。

为保证不同算法测试结果对比的客观性,测试试验中保证所有算法的目标函数调用次数相等,为 30 000 次。对于 PSO、GA、GWO 和 ALO,种群规模设置为 30,最大迭代次数设置为 1 000。考虑 DAPS 包含 5 膜区域,每个膜内存在一个相对独立的子种群,为了避免每个膜内计算对象过少导致算法性能的下降,将 DAPS 的种群总规模设置为 $5 \times 12 = 60$,即每个膜内的子种群规模为 12。各算法均独立运行 30 次。

(a) F_8　　(b) F_9　　(c) F_{10}

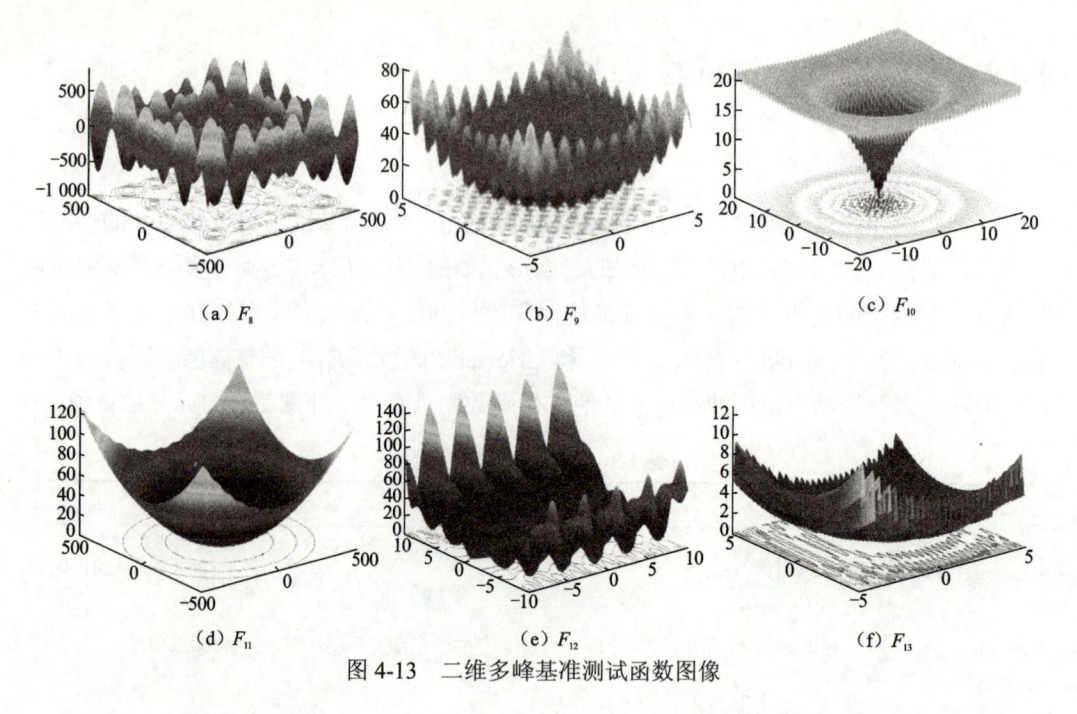

(d) F_{11}　　(e) F_{12}　　(f) F_{13}

图 4-13　二维多峰基准测试函数图像

2. 试验结果与分析

多峰基准函数测试对比试验结果见表 4-4，从试验结果可以看出 DAPS 在 6 种多峰基准测试函数上均展现出明显优于其他 4 种算法的求解精度和求解性能。其中，对于测试函数 F_9、F_{10} 和 F_{11}，DAPS 能够在 64 位浮点数运算精度下生成理论最优解，而其他 4 种算法中，仅有 GWO 算法能够生成测试函数 F_{11} 的理论最优解。

DAPS、PSO、GA、ALO 和 GWO 对 6 种多峰基准函数的收敛曲线如图 4-14 所示，从图中可以看出 DAPS 具有相对优秀的收敛性能，能够在兼顾搜索效率的前提下有效避免过早收敛现象。对于测试函数 F_8、F_{12} 和 F_{13}，DAPS 表现出相对其他 4 种算法更好的搜索效率及更快的收敛速度。对于测试函数 F_9、F_{10} 和 F_{11}，DAPS 展现出十分优秀的求解性能，能够在其他算法趋于收敛之前找到理论最优解。

多峰测试函数存在多个局部最优点，并且这些局部最优点的数量随着函数维度的增加呈指数增长，因此多峰函数非常适用于测试各类优化算法的局部开发能力。多峰测试试验结果证明，DAPS 具备非常优秀的开发能力。

4.3.3　不同维度基准函数测试试验

1. 测试函数及算法参数设置

为了测试研究优化问题变量规模（维度）对 DAPS 性能的影响，本次算法对比测试试验从表 4-1 和表 4-3 的单峰和多峰函数中选取了 Sphere(F_1)、Rosenbrock(F_5)、Rastrigin(F_9)、Ackley(F_{10}) 和 Griewank(F_{11})5 个可拓展函数作为基准测试函数，并且每个基准测试函数包含 5 维、10 维、30 维、50 维和 100 维 5 个不同维度的变体。

表 4-4 多峰基准测试函数（$D=30$）测试结果对比

测试函数	DAPS 平均提取方差	DAPS 标准差	PSO 平均提取方差	PSO 标准差	GA 平均提取方差	GA 标准差	ALO 平均提取方差	ALO 标准差	GWO 平均提取方差	GWO 标准差
F_8	-1.25×10^4	1.48×10^2	-5.97×10^3	1.35×10^3	-8.13×10^3	6.39×10^2	-6.22×10^3	2.12×10^3	-5.79×10^3	2.12×10^3
F_9	0.00×10^0	0.00×10^0	4.57×10^1	7.90×10^0	1.79×10^1	6.95×10^0	8.40×10^1	2.22×10^1	1.14×10^{-14}	2.22×10^1
F_{10}	0.00×10^0	0.00×10^0	3.12×10^{-2}	1.67×10^{-1}	1.86×10^0	5.98×10^{-1}	1.86×10^0	5.37×10^{-1}	1.52×10^{-14}	5.37×10^{-1}
F_{11}	0.00×10^0	0.00×10^0	9.77×10^{-3}	1.16×10^{-2}	2.58×10^{-3}	6.52×10^{-3}	1.54×10^{-2}	1.91×10^{-2}	0.00×10^0	1.91×10^{-2}
F_{12}	5.63×10^{-6}	4.31×10^{-6}	3.46×10^{-3}	1.86×10^{-2}	1.19×10^{-1}	1.43×10^{-1}	9.22×10^0	2.69×10^0	4.81×10^{-2}	2.69×10^0
F_{13}	8.06×10^{-5}	5.60×10^{-5}	4.76×10^{-3}	8.83×10^{-3}	1.11×10^{-1}	2.04×10^{-1}	4.22×10^{-2}	4.41×10^{-2}	4.66×10^{-1}	4.41×10^{-2}

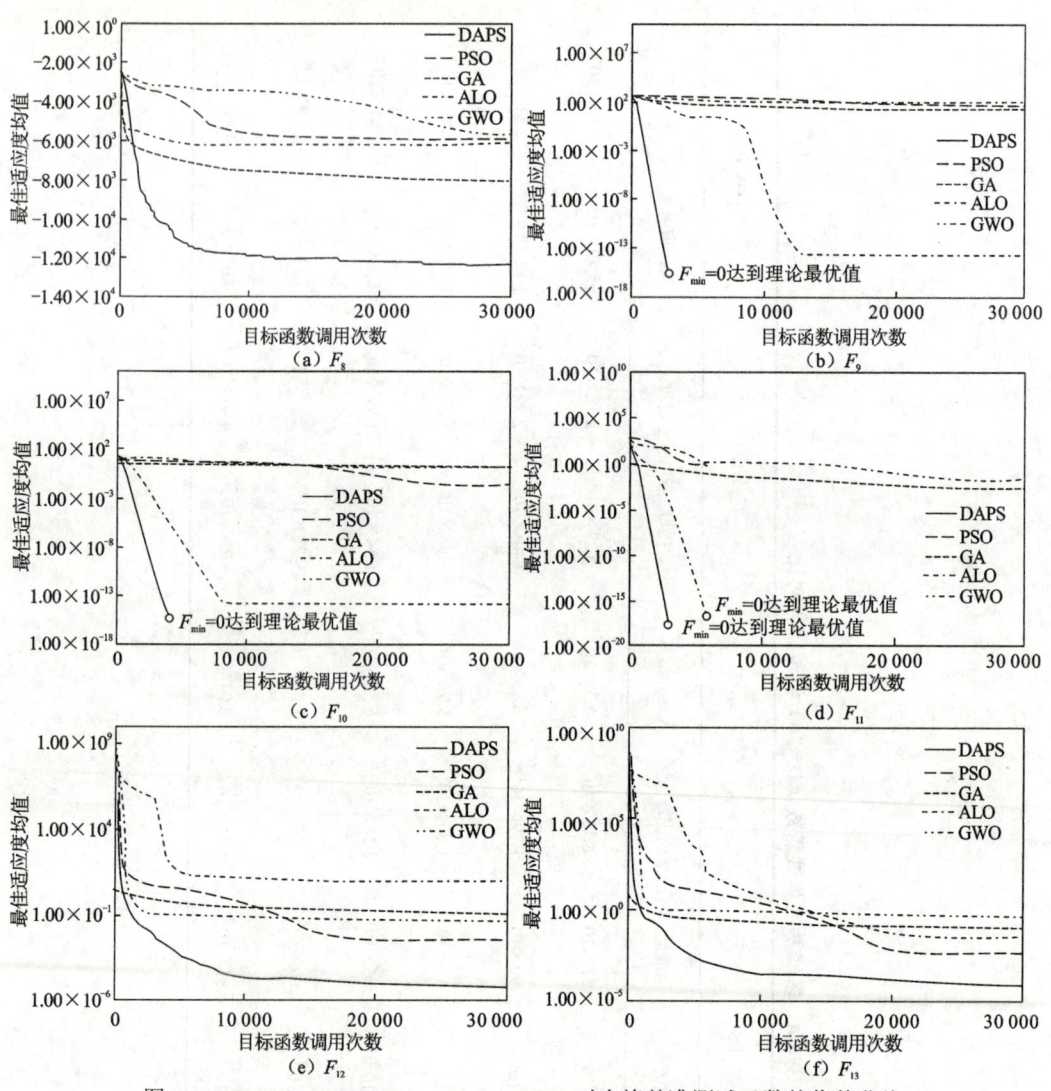

图 4-14 DAPS、PSO、GA、ALO、GWO 对多峰基准测试函数的收敛曲线

本次试验中，将 DAPS 的测试结果分别与 HS、IBA 和 ABC 三种智能优化算法进行对比。其中，HS、IBA 和 ABC 的计算结果来源于文献[131]。为保证测试结果对比客观性，DAPS 以最大优化函数调用次数为终止条件，最大目标函数调用次数与文献[131]中 HS、IBA 和 ABC 保持一致，为 50 000 次，其中种群总规模设置为 $5 \times 20 = 100$，算法迭代次数设置为 500 次。DAPS 的测试结果从 30 次独立运行中计算得到。

2. 试验结果与分析

不同维度（5 维、10 维、30 维、50 维和 100 维）基准函数测试对比试验结果见表 4-5，从试验结果可以看出 DAPS 能够在除测试函数 F_5 外的 4 种测试函数上表现出优于 HS、IBA 和 ABC 的求解精度。如前所述，测试函数 F_5 是一种求解难度很大的单峰函数，DAPS 仅在低维度（5 维）上的求解精度差于 ABS；但随着函数维度的提升，DAPS 在 10 维、30 维、50 维和 100 维上的求解精度均优于其他 3 种算法。同时，根据试验结

表 4-5 不同维度基准测试函数测试结果对比

函数	D	HS 平均提取方差	HS 标准差	IBA 平均提取方差	IBA 标准差	ABC 平均提取方差	ABC 标准差	DAPS 平均提取方差	DAPS 标准差
F_1	5	3.20×10^{-10}	2.89×10^{-10}	3.91×10^{-17}	1.24×10^{-17}	4.30×10^{-17}	1.07×10^{-17}	3.95×10^{-122}	4.86×10^{-122}
	10	6.45×10^{-8}	3.07×10^{-8}	4.95×10^{-17}	2.30×10^{-17}	7.36×10^{-17}	4.43×10^{-17}	2.42×10^{-120}	2.67×10^{-120}
	30	7.21×10^{0}	3.62×10^{0}	2.92×10^{-16}	6.77×10^{-17}	4.69×10^{-16}	1.07×10^{-16}	2.33×10^{-119}	2.28×10^{-119}
	50	5.46×10^{2}	9.27×10^{1}	5.39×10^{-16}	1.07×10^{-16}	1.19×10^{-15}	4.68×10^{-16}	2.57×10^{-119}	4.60×10^{-119}
	100	1.90×10^{4}	1.78×10^{3}	1.45×10^{-15}	1.63×10^{-16}	1.99×10^{-6}	2.26×10^{-6}	6.84×10^{-119}	7.00×10^{-119}
F_5	5	5.94×10^{0}	6.71×10^{0}	4.55×10^{-1}	1.54×10^{0}	2.33×10^{-1}	2.24×10^{-1}	8.75×10^{-1}	1.17×10^{0}
	10	6.52×10^{0}	8.16×10^{0}	1.10×10^{1}	2.55×10^{1}	4.62×10^{-1}	5.44×10^{-1}	5.62×10^{-4}	1.54×10^{-3}
	30	3.82×10^{2}	5.29×10^{2}	7.57×10^{1}	1.16×10^{2}	9.98×10^{-1}	1.52×10^{0}	9.36×10^{-4}	1.50×10^{-3}
	50	2.47×10^{4}	1.02×10^{4}	6.30×10^{2}	1.20×10^{2}	4.33×10^{0}	5.48×10^{0}	1.43×10^{-3}	1.82×10^{-3}
	100	1.45×10^{7}	2.16×10^{6}	6.42×10^{2}	8.20×10^{2}	1.12×10^{2}	6.92×10^{1}	1.11×10^{-2}	1.25×10^{-2}
F_9	5	6.07×10^{-8}	5.52×10^{-8}	4.58×10^{0}	2.31×10^{0}	4.34×10^{-17}	1.10×10^{-17}	0.00×10^{0}	0.00×10^{0}
	10	1.05×10^{-5}	5.23×10^{-6}	2.20×10^{1}	7.46×10^{0}	5.77×10^{-17}	2.98×10^{-17}	0.00×10^{0}	0.00×10^{0}
	30	7.40×10^{-1}	7.00×10^{-1}	1.28×10^{2}	2.49×10^{1}	4.80×10^{-5}	2.43×10^{-4}	0.00×10^{0}	0.00×10^{0}
	50	3.76×10^{0}	4.87×10^{0}	2.72×10^{2}	3.27×10^{1}	4.72×10^{1}	4.92×10^{1}	0.00×10^{0}	0.00×10^{0}
	100	3.15×10^{2}	2.33×10^{1}	6.49×10^{2}	4.52×10^{1}	1.46×10^{2}	4.18×10^{0}	0.00×10^{0}	0.00×10^{0}
F_{10}	5	2.68×10^{-5}	1.24×10^{-5}	6.35×10^{-10}	9.77×10^{-11}	9.64×10^{-17}	5.24×10^{-17}	0.00×10^{0}	0.00×10^{0}
	10	2.76×10^{-4}	7.58×10^{-5}	6.71×10^{-2}	3.61×10^{-1}	3.51×10^{-16}	6.13×10^{-17}	0.00×10^{0}	0.00×10^{0}
	30	9.43×10^{-1}	5.63×10^{-1}	1.75×10^{0}	9.32×10^{-1}	3.86×10^{-15}	3.16×10^{-15}	0.00×10^{0}	0.00×10^{0}
	50	5.28×10^{0}	4.03×10^{0}	8.43×10^{0}	7.70×10^{0}	4.38×10^{-8}	4.65×10^{-8}	0.00×10^{0}	0.00×10^{0}
	100	1.32×10^{2}	4.90×10^{1}	1.89×10^{1}	8.50×10^{1}	1.32×10^{-2}	1.30×10^{-2}	0.00×10^{0}	0.00×10^{0}
F_{11}	5	2.60×10^{-2}	1.38×10^{-2}	3.14×10^{0}	1.41×10^{0}	4.04×10^{-17}	1.12×10^{-17}	0.00×10^{0}	0.00×10^{0}
	10	0.00×10^{0}	3.02×10^{-2}	1.04×10^{0}	1.13×10^{0}	6.96×10^{-17}	4.06×10^{-17}	0.00×10^{0}	0.00×10^{0}
	30	1.09×10^{0}	3.92×10^{-2}	6.68×10^{0}	6.43×10^{-1}	5.82×10^{-6}	3.13×10^{-5}	0.00×10^{0}	0.00×10^{0}
	50	3.76×10^{1}	4.87×10^{0}	2.72×10^{2}	3.27×10^{1}	4.72×10^{-1}	4.92×10^{-1}	0.00×10^{0}	0.00×10^{0}
	100	3.15×10^{2}	2.33×10^{1}	6.49×10^{2}	4.52×10^{1}	1.46×10^{1}	4.18×10^{0}	0.00×10^{0}	0.00×10^{0}

果可以看出，HS、IBA 和 ABC 随着优化问题维数的增加，其求解精度会出现非常明显的衰减。而对于 DAPS，在优化问题维度不超过 100 维时，其求解精度衰减情况明显优于其他算法。其中：测试函数 F_5 的求解精度衰减相对明显，但仍然远优于其他 3 种算法；测试函数 F_1 的求解精度衰减则表现得十分微弱，即使函数维度增加至 100 维，DAPS 仍然能提供非常高的求解精度；对于测试函数 F_9、F_{10} 和 F_{11}，在函数维度不超过 100 维的情况下，DAPS 的求解精度未出现任何衰减，始终保持能够产生理论最优解的状态。

4.3.4 复合函数测试试验

1. 测试函数及算法参数设置

为进一步研究 DAPS 在求解复杂优化问题的性能，本次试验选取了 6 种基于 Sphere、Rastrigin、Ackley、Weierstrass 和 Griewank 函数复合形成的基准测试函数，见表 4-6。表 4-7 给出了复合基准测试函数的计算方式，各复合函数的二维形状如图 4-15 所示。

表 4-6 复合基准测试函数

复合函数	维度	可行域	$F_{\min}$
F_{14}(CF1)： $f_1,f_2,f_3,\cdots,f_{10}$ = Sphere Function $[\sigma_1,\sigma_2,\sigma_3,\cdots,\sigma_{10}]=[1,1,1,\cdots,1]$ $[\lambda_1,\lambda_2,\lambda_3,\cdots,\lambda_{10}]=\left[\dfrac{5}{100},\dfrac{5}{100},\dfrac{5}{100},\cdots,\dfrac{5}{100}\right]$	10	[-5,5]	0
F_{15}(CF2)： $f_1,f_2,f_3,\cdots,f_{10}$ = Griewank's Function $[\sigma_1,\sigma_2,\sigma_3,\cdots,\sigma_{10}]=[1,1,1,\cdots,1]$ $[\lambda_1,\lambda_2,\lambda_3,\cdots,\lambda_{10}]=\left[\dfrac{5}{100},\dfrac{5}{100},\dfrac{5}{100},\cdots,\dfrac{5}{100}\right]$	10	[-5,5]	0
F_{16}(CF3)： $f_1,f_2,f_3,\cdots,f_{10}$ = Griewank's Function $[\sigma_1,\sigma_2,\sigma_3,\cdots,\sigma_{10}]=[1,1,1,\cdots,1]$ $[\lambda_1,\lambda_2,\lambda_3,\cdots,\lambda_{10}]=[1,1,1,\cdots,1]$	10	[-5,5]	0
F_{17}(CF4)： f_1,f_2 = Ackley's Function f_3,f_4 = Rastrigin's Function f_5,f_6 = Weierstrass Function f_7,f_8 = Griewank's Function f_9,f_{10} = Sphere Function $[\sigma_1,\sigma_2,\sigma_3,\cdots,\sigma_{10}]=[1,1,1,\cdots,1]$ $[\lambda_1,\lambda_2,\lambda_3,\cdots,\lambda_{10}]=\left[\dfrac{5}{32},\dfrac{5}{32},1,1,\dfrac{5}{0.5},\dfrac{5}{0.5},\dfrac{5}{100},\dfrac{5}{100},\dfrac{5}{100},\dfrac{5}{100}\right]$	10	[-5,5]	0

续表

复合函数	维度	可行域	$F_{\min}$
F_{18}(CF5): f_1, f_2 = Rastrigin's Function f_3, f_4 = Weierstrass Function f_5, f_6 = Griewank's Function f_7, f_8 = Ackley's Function f_9, f_{10} = Sphere Function $[\sigma_1, \sigma_2, \sigma_3, \cdots, \sigma_{10}] = [1,1,1,\cdots,1]$ $[\lambda_1, \lambda_2, \lambda_3, \cdots, \lambda_{10}] = \left[\dfrac{1}{5}, \dfrac{1}{5}, \dfrac{5}{0.5}, \dfrac{5}{0.5}, \dfrac{5}{100}, \dfrac{5}{100}, \dfrac{5}{32}, \dfrac{5}{32}, \dfrac{5}{100}, \dfrac{5}{100}\right]$	10	[-5,5]	0
F_{19}(CF6): f_1, f_2 = Rastrigin's Function f_3, f_4 = Weierstrass Function f_5, f_6 = Griewank's Function f_7, f_8 = Ackley's Function f_9, f_{10} = Sphere Function $[\sigma_1, \sigma_2, \sigma_3, \cdots, \sigma_{10}] = [0.1, 0.2, 0.3, 0.4, 0.5, 0.6, 0.7, 0.8, 0.9, 1]$ $[\lambda_1, \lambda_2, \lambda_3, \cdots, \lambda_{10}] = \left[\dfrac{1}{50}, \dfrac{2}{50}, 3, 4, \dfrac{2.5}{100}, \dfrac{3}{100}, \dfrac{3.5}{32}, \dfrac{4}{32}, \dfrac{4.5}{100}, \dfrac{5}{100}\right]$	10	[-5,5]	0

注：Weierstrass Function 为

$$f(x) = \sum_{i=1}^{D}\left\{\sum_{k=0}^{20}[0.5^k \cos(2\pi \cdot 3^k(x_i+0.5))]\right\} - D\sum_{k=0}^{20}[0.5^k \cos(3^k \pi)]$$

表 4-7 复合基准测试函数计算流程

初始参数	常数参数	计算流程
$f_i, \sigma_i, \lambda_i, \text{bias}_i, o_i, M_i (i=1,2,\cdots,10)$	$C = 2\,000, z = \max X = 5, f_{\text{bias}} = 0$ bias $= [0, 100, 200, 300, 400, 500,$ $600, 700, 800, 900]$	$w_i = \mathrm{e}^{-\dfrac{\sum_{k=1}^{D}(x_k - o_{ik} + o_{ik\text{old}})^2}{2D\sigma_i^2}}$ $\text{fit}_i = f_i\big([(x - o_i + o_{i\text{old}})/\lambda_i] \cdot M_i\big)$ $f_{\max_i} = f_i(Z/\lambda_i \cdot M_i)$ $f_i = C \cdot \text{fit}_i / f_{\max_i}$ $W = \sum_{i=1}^{n} w_i$ $w_{\max} = \max(w_i)$ $\text{CF}(x) = f_{\text{bias}} + \sum_{i=1}^{n}\{w_i \cdot [f_i + \text{bias}_i]\}$

测试试验中，复合基准测试函数的维度均为 10，并选取三种（PSO、CLPSO 和 DE）在处理复合基准测试函数表现较优的智能优化算法与 DAPS 进行对比分析。为保证计算结果对比的客观性，各种算法均以 50 000 次最大目标函数调用作为终止条件，并独立运行 20 次。DAPS 种群总规模设置为 $5\times20=100$，算法迭代次数为 500 次。PSO 种群规模设置为 20，算法迭代次数为 2 500 次。CLPSO 种群规模设置为 10，学习比例 $P_c = 0.05$，

(a) F_{14} (b) F_{15} (c) F_{16}

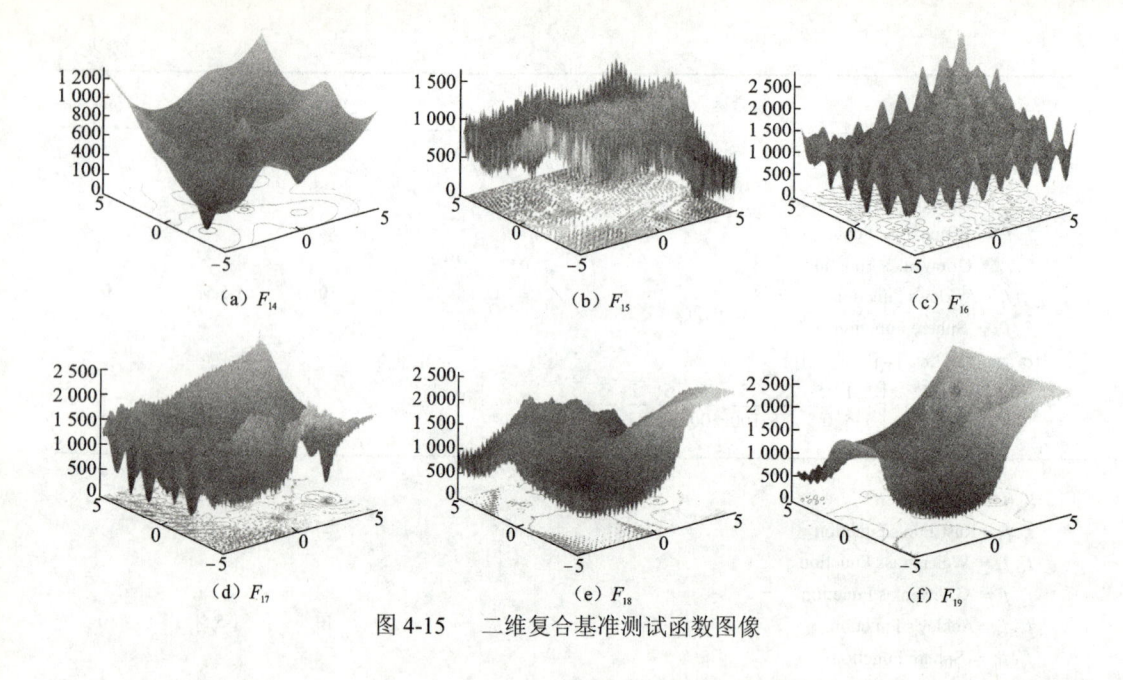

(d) F_{17} (e) F_{18} (f) F_{19}

图 4-15　二维复合基准测试函数图像

算法迭代次数为 5 000 次。DE 种群规模设置为 50，算法迭代次数为 1 000。其中，PSO、CLPSO 和 DE 计算结果来源于文献[132]。

2. 试验结果与分析

复合基准函数测试对比试验结果见表 4-8，从试验结果可以看出 DAPS 能够在大部分复合测试函数（F_{14}、F_{16}、F_{17} 和 F_{18}）上表现出更好的求解精度，CLPSO 在复合测试函数 F_{15} 上表现出更好的求解精度，DE 则在复合测试函数 F_{19} 上表现出更好的求解精度。

表 4-8　复合基准测试函数（$D=10$）测试结果对比

函数	PSO 平均提取方差	PSO 标准差	CLPSO 平均提取方差	CLPSO 标准差	DE 平均提取方差	DE 标准差	DAPS 平均提取方差	DAPS 标准差
F_{14}	1.00×10^2	8.17×10^1	5.73×10^{-8}	1.04×10^{-7}	6.75×10^{-2}	1.11×10^{-1}	**1.97×10^{-8}**	**7.19×10^{-9}**
F_{15}	1.56×10^2	1.32×10^2	**1.92×10^1**	**1.47×10^1**	2.88×10^1	8.63×10^0	8.10×10^1	7.15×10^1
F_{16}	1.72×10^2	3.29×10^1	1.33×10^2	2.00×10^2	1.44×10^2	1.94×10^1	**1.21×10^2**	**8.64×10^1**
F_{17}	3.14×10^2	2.01×10^1	3.22×10^2	2.75×10^1	3.25×10^2	1.48×10^1	**2.57×10^2**	**3.38×10^1**
F_{18}	8.35×10^1	1.01×10^1	5.37×10^0	2.61×10^0	1.08×10^0	2.60×10^0	**4.22×10^{-7}**	**1.75×10^{-7}**
F_{19}	8.61×10^2	1.26×10^2	5.01×10^2	7.78×10^{-1}	**4.91×10^2**	**3.95×1^0**	5.56×10^2	4.39×10^1

此外，从试验结果还可以发现，PSO、CLPSO、DE 和 DAPS 均在复合测试函数 F_{14} 上表现出它们的最高求解精度，其主要原因在于复合测试函数 F_{14} 是由 10 单峰 Sphere 构成，包含一个全局最优点和 9 个局部最优点。相比于其他复合测试函数，F_{14} 全局最优区域相对容易发现，并且一旦发现该区域，全局最优点也很容易逼近。

但是对于复合测试函数 F_{15} 和 F_{16}，它们是基于更加复杂的多峰 Griewank 和 Rastrigin 函数构造的，因此具有更多的局部最优点，使优化算法很难找到全局最优区域。即使找到全局最优区域，算法也难以逼近真正的最优点。从试验结果可以看出，试验中所使用的 4 种算法均为逼近复合测试函数 F_{15} 和 F_{16} 的全局最优。

复合测试函数 F_{17}、F_{18} 和 F_{19} 都是基于不同类型的基础函数构造的，每一种函数都有不同的局部函数特性。复合测试函数 F_{17} 是基于 Ackley 函数填充全局搜索区域，并将全局最优点隐藏在一个适应度很差的区域中。从试验结果可以看出，试验中使用的 4 种算法均无法逼近全局最优，DAPS 能够给出更为接近全局最优点的局部最优结果。复合测试函数 F_{18} 和 F_{19} 则都是基于 Rastrigin 函数填充整个搜索区域，而 Rastrigin 函数有非常多的局部最优点，使复合测试函数 F_{18} 和 F_{19} 的全局最优解非常难以逼近。从试验结果可以看出，F_{19} 比 F_{18} 更为复杂。对于复合函数 F_{18}，PSO、CLPSO 和 DE 仅能找到局部最优点，而 DAPS 能够找到全局最优解的区域，并得到一个非常接近全局最优的解；而对于复合函数 F_{18}，4 种算法均无法逼近全局最优，且所有算法都表现出最差的求解精度。

4.4 本章小结

船舶总布置优化问题涉及规模庞大的设计变量及形式特殊的优化设计目标，属于一类复杂的优化问题。智能优化算法作为求解复杂优化问题的有效工具，也是目前船舶布置优化设计发展重点关注的一种求解思路。为了求解船舶拓扑布置优化问题和船舶几何布置优化问题，本章将膜计算框架引入智能优化算法中，提出了一种新颖的智能优化算法——基于 P 系统的扩散算法（DAPS）。受植物细胞中叶绿体和线粒体之间的 CO_2 和 O_2 循环启发，提出了一种混合膜结构，并将其用于 DAPS 中作为优化求解的运算框架。此外，为了能够充分发挥所提出计算框架的效果，还从粒子扩散现象中抽象出 4 种随机搜索规则，并依次建立数学模型用于 DAPS 中。

为了验证测试所提出算法的计算性能及对船舶布置优化问题的适应性，本章开展了十分详细的基准函数性能测试试验。首先，对 DAPS 进行了常规的单峰基准函数测试试验和多峰基准函数测试试验，并将计算结果与 PSO、GA、GWO 和 ALO 4 种具有代表性的智能优化算法进行对比。对比测试试验的结果表明，DAPS 在绝大部分单峰和多峰基准测试函数上表现出明显优于对比算法的计算性能。考虑船舶布置优化问题具有优化变量规模大的特点，对 DAPS 展开不同规模的优化问题测试。测试结果表明：DAPS 在大规模优化问题上的计算性能优于其他对比算法；并且随着优化问题规模的增加，DAPS

计算精度的衰减小于其他对比算法。最后，考虑船舶布置优化问题中目标函数的复杂性，选取 6 种特别复杂的复合函数进行测试试验。试验结果显示，DAPS 在大部分复合测试函数上表现出优于其他对比算法的计算精度和计算效率。

  综上所述，本章提出的 DAPS 是一种具有优秀计算性能的新兴智能优化算法，不仅适用于常规的数学优化问题求解，还在大规模复杂优化问题上展现出良好的求解性能。因此，可以将 DAPS 用于船舶拓扑布置优化问题和船舶几何布置优化问题的求解，为最终实现船舶总布置优化问题智能协同求解提供保障。

第 5 章

船舶总布置优化问题的智能协同求解

　　船舶拓扑布置和船舶几何布置彼此之间相辅相成,是船舶总布置的共同组成部分。对船舶拓扑布置优化问题和船舶几何布置优化问题进行独立求解仍无法得到同时优化船舶布置对象拓扑关系和几何特征的船舶总布置方案。因此,本章将对船舶拓扑布置和船舶几何布置之间的相互转换规则展开分析讨论,建立船舶拓扑-几何布置映射关系,并以映射关系为基础,在求解过程中共享船舶拓扑布置和船舶几何布置优化问题求解信息,以实现船舶拓扑-几何布置优化问题的协同求解。

5.1 基于 DAPS 的约束优化问题求解

船舶拓扑布置优化问题和船舶几何布置优化问题的数学模型具有设计变量规模庞大、目标函数不可导和约束条件十分复杂三大特点。第 4 章提出的 DAPS 在处理设计变量规模庞大、目标函数不可导两点上具备智能优化算法的先天优势,然而 DAPS 并不具备处理复杂约束的能力。因此需要在 DAPS 的基础上引入高效的约束处理技术以适应船舶拓扑布置优化问题和船舶几何布置优化问题的求解。

考虑 DAPS 智能优化求解的本质是随机性,即便求解同一问题,每次求解的搜索路径也可能不同。基于 DAPS 所使用的约束处理技术会根据约束优化问题本身性质的不同而在不同搜索阶段表现出不同的效果。因此,为船舶布置优化问题指定最佳的约束处理方法是非常困难的,不仅需要足够的先验知识,还需要进行大量的测试试验。为了克服上述困难,本节基于 DAPS 算法提出一种多方法集成的约束处理技术,在 DAPS 中集成自适应罚函数法、可行解优先法、随机排序法和 ε-解约束法 4 种约束处理方法。在处理不同约束优化问题时,使不同约束处理方法与 DAPS 形成合理的匹配,从而能够在不同搜索阶段充分发挥各种约束处理方法的计算能力。

5.1.1 智能优化算法中的约束处理

1. 约束优化问题的特点

在船舶拓扑和几何布置优化问题中,设计约束的存在极大地减少了解空间中的可行区域范围,并使最优解的搜索过程复杂化。一般地,船舶拓扑或几何布置优化问题具有以下标准形式,如式(5-1)所示。

$$\begin{cases} \min: f(X), & X=(x_1,x_2,\cdots,x_n) \text{且} X \in S \\ \text{s.t.}: g_i(X) \leqslant 0, & i=1,\cdots,p \\ h_j(X)=0, & j=(p+1),\cdots,m \end{cases} \quad (5\text{-}1)$$

式中:目标函数 f 不一定连续,但必须有界;S 为优化问题的搜索空间;p 为不等式约束的数目;$m-p$ 为等式约束的数目。不等式约束中,对最优解满足 $g_i(X)=0$ 的称为主动约束(active constraints)。所有等式约束都为主动约束。

在求解约束优化问题的过程中,将满足所有约束条件的解称为可行解,而无法满足所有约束条件的解则称为不可行解。在求解问题中,等式约束可以统一变换成不等式约束,并且可以与其他不等式约束进行组合,如式(5-2)所示。

$$G_i(X)=\begin{cases} \max\{g_i(X),0\}, & i=1,\cdots,p \\ \max\{|h_i(X)|-\delta,0\}, & i=(p+1),\cdots,m \end{cases} \quad (5\text{-}2)$$

式中:δ 为等式约束的容差参数。因此,约束优化问题的目标是使适应度函数 $f(X)$ 最小化,并且所获得的最优解应满足所有不等式约束 $G_i(X)$。对于一个不可行解,其约束

违反度 $v(X)$ 可表示为所有约束函数的加权平均值，如式（5-3）所示。

$$v(X) = \frac{\sum_{i=1}^{m} \omega_i G_i(X)}{\sum_{i=1}^{m} \omega_i} \quad (5\text{-}3)$$

式中：$\omega_i = 1/G_{i_{\max}}$，为第 i 个约束的权重系数，$G_{i_{\max}}$ 为目前已搜索到约束 $G_i(X)$ 的最大值。由于约束权重系数 ω_i 与目前已知的最大约束值 $G_i(X)$ 相关，在优化算法搜索求解过程中，权重系数会不断变化以平衡各个约束条件对约束总体违反值的贡献程度。其中，$v(X)=0$ 表示解 X 满足所有约束条件，为可行解。

由于不同约束处理技术在处理不同约束优化问题时所表现的效果不尽相同，根据无免费午餐理论（no free lunch theorem，NFL），一种特定的约束处理方法是不可能在所有约束优化问题的求解中均表现出优于其他所有约束处理方法的性能。一种约束处理方法的有效性往往取决于可行搜索空间与整体搜索空间的比例、联合使用的智能优化算法的搜索特点、问题的多模态性等多种因素。因此，为了平衡不同约束处理方法的特性，在 DAPS 中同时使用可行解优先法、自适应罚函数法、ε-解约束法和随机排序法 4 种约束处理方法，以增强约束处理能力。

2. 可行解优先法

可行解优先法（superiority of feasible solutions，SFS）是通过对解集中的解进行两两比较来确定各个解的优劣等级，其中优劣等级高的解被认为是优于优劣等级低的。对解集中任意两个解 X_i 和 X_j 的优劣等级判断比较如式（5-4）所示。

$$X_i \prec X_j \Leftrightarrow \begin{cases} f(X_i) < f(X_j), & v(X_i) = v(X_j) \\ v(X_i) < v(X_j), & \text{其他} \end{cases} \quad (5\text{-}4)$$

式中：$\prec$ 表示解集 X_j 优于解集 X_i；$f(\cdot)$ 为目标函数值；$v(\cdot)$ 为约束违反度，按式（5-3）计算。

由式（5-4）可知：当 X_i 和 X_j 均为不可行解时，它们的优劣等级由约束违反度决定，约束违反度低的解优于约束违反度高的解；而当解 X_i 和 X_j 约束违反度相等（或同为可行解）时，解的优劣等级由目标函数值决定，目标函数值小的解优于目标函数值大的解。

因此，在可行解优先法中，解集中解的优劣等级比较需要同时考虑目标函数值和约束违反度，并且认为可行解总是优于不可行解。其中，基于约束违反度的不可行解比较旨在将解集中的不可行解推向可行区域，而两个可行解的目标函数值比较则用于提高解集内解的整体水平。在约束优化问题搜索过程的第一阶段，可行解优先法通过筛选保留解集中约束违反度较小的解来推动解集靠近可行区域；在搜索过程的第二阶段，可行解优先法通过选择保留搜索过程中出现的所有可行解来提高解集中可行解比例，并保留约束违反度较小的解来维持解集规模；在搜索过程的第三阶段，可行解优先法仅基于目标函数值选择保留解以确保解集质量的提升。

3. 自适应罚函数法

静态罚函数法作为最早提出的约束处理方法之一，因其十分简单而得到了广泛的应用。该方法通过为不可行解的目标函数值增加一个惩罚值来体现其违反约束而受到的惩罚。一般地，增加惩罚值后的适应度函数如式（5-5）所示。

$$F(X) = f(X) + \sum_{j=1}^{m} r_j c_j(X) \tag{5-5}$$

式中：$F(X)$ 为计及惩罚值的适应度；$f(X)$ 为对应约束优化问题的目标函数值；r_j 为第 j 项约束的惩罚系数；$c_j(X)$ 为第 j 项约束的违反度；m 为优化问题中的约束条件数量。静态罚函数法的主要缺陷在于惩罚系数的确定十分困难。通常，确定合理的惩罚系数需要对所求解的约束优化问题有足够的先验知识，或者需要进行大量的重复试验。

为克服该缺陷，Tessema 和 Yen 在 2006 年提出了一种自适应罚函数（self-adaptive penalty，SP）法，该方法不需要定义相关的惩罚系数[133]。在自适应罚函数法中，考虑惩罚值后的适应度函数如式（5-6）所示。

$$F(X) = d(X) + p(X) \tag{5-6}$$

式中：$d(X)$ 为根据原约束优化问题的目标函数值和约束违反度计算得到的距离值，如式（5-7）所示；$p(X)$ 为惩罚值，如式（5-9）所示。

$$d(X) = \begin{cases} v(X), & r_f = 0 \\ \sqrt{f''(X)^2 + v(X)^2}, & r_f \neq 0 \end{cases} \tag{5-7}$$

式中：r_f 为解集中可行解的比例；$f''(X)$ 为经过归一化处理的目标函数值，如式（5-8）所示；$v(X)$ 为约束违反度，如式（5-3）所示。

$$f''(X) = \frac{f(X) - f_{\min}}{f_{\max} - f_{\min}} \tag{5-8}$$

式中：$f_{\min}$ 为当前解集中目标函数的最小值；$f_{\max}$ 为当前解集中目标函数的最大值。

从距离值 $d(X)$ 的计算过程可以看出，$d(X)$ 中包含了对不可行解的惩罚，对于具有相同目标函数值的一个可行解和一个不可行解，可行解的距离值是小于不可行解的。

从距离值 $d(X)$ 的计算方法可以看出，$d(X)$ 中考虑了对不可行解的惩罚。当解集中不存在可行解（$r_f = 0$）时，解 X 对应的距离值 $d(X)$ 将直接等于约束违反度 $v(X)$。此时，具有较小约束违反度的解对应的适应度函数值较小，并优于具有较大约束违反度的解。而当解集中存在一个或多个可行解时，解 X 的距离值 $d(X)$ 是表示 f''-v 坐标空间中距离最优解（坐标原点）的欧几里得距离，如图 5-1 所示。对于可行解 X，其位于纵坐标轴 f'' 上，其距离值 $d(X)$ 等于其归一化的目标函数值，显然，目标函数值越小对应的距离值 $d(X)$ 越小。对于不可行解 X，其距离值 $d(X)$ 表示其与最优解的距离，距离越远表示解的质量越差。

由式（5-6）可知，自适应罚函数法中还存在另外一种由两部分组成的惩罚项 $p(X)$ 用来进一步降低不可行解的适应度，如式（5-9）所示。

$$p(X) = (1 - r_f)M(X) + r_f N(X) \tag{5-9}$$

式中：r_f 为解集中可行解的比例；$M(X)$ 为根据解集中可行解比例调整的惩罚项，如式（5-10）所示；$N(X)$ 为区别了可行解和不可行解的惩罚项，如式（5-11）所示。

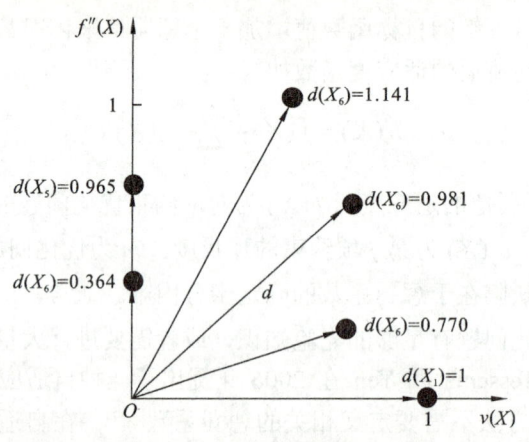

图 5-1 距离值 $d(X)$ 在 f''-v 坐标空间中的几何意义

$$M(X)=\begin{cases}0, & r_f=0\\ v(X), & r_f\neq 0\end{cases} \quad (5\text{-}10)$$

$$N(X)=\begin{cases}0, & X\text{为可行解}\\ f''(X), & X\text{为不可行解}\end{cases} \quad (5\text{-}11)$$

由惩罚项 $p(X)$ 的计算方式可知，当解集中可行解数量很少（不为 0）时，第一项惩罚值 $M(X)$ 将起到主要作用，约束违反度越高的可行解对应的惩罚值将越大。当解集中可行解比例较高时，第二项惩罚值 $N(X)$ 将比第一项惩罚值 $M(X)$ 起到更大作用，此时，不可行解的目标函数值越大，其对应的惩罚值将越大。

4. ε-解约束法

ε-解约束（ε-constraint，EC）法是通过使用参数 ε 控制约束的松弛程度。当约束优化问题中存在主动约束时，约束优化问题的求解将变得异常烦琐。此时通过对 ε 参数进行合理控制，能够高效地获得等式约束优化问题的高质量可行解。与可行解优先法相似，ε-解约束法中对解 X 优劣等级的判断是同时基于目标函数值和约束违反度的，如式（5-12）所示。

$$X_i \prec X_j \Leftrightarrow \begin{cases} f(X_i)<f(X_j),\ v(X_i),v(X_j)\leqslant\varepsilon(k)\\ f(X_i)<f(X_j),\ v(X_i)=v(X_j)\\ v(X_i)<v(X_j), & \text{其他}\end{cases} \quad (5\text{-}12)$$

式中：$f(\cdot)$ 为目标函数值；$v(\cdot)$ 为约束违反度，按式（5-3）计算；$\varepsilon(k)$ 为第 k 次迭代时约束的松弛程度，如式（5-13）和式（5-14）所示。

$$\varepsilon(k)=\begin{cases}\varepsilon(0)\left(1-\dfrac{k}{T_c}\right)^c, & 0<k<T_c\\ 0, & k\geqslant T_c\end{cases} \quad (5\text{-}13)$$

$$\varepsilon(0)=v(X_\theta) \quad (5\text{-}14)$$

式中：T_c 为由用户定义的 ε-控制迭代次数，根据试验经验其建议取值范围为最大迭代次数的 10%~80%；c 为指数系数，其建议取值为 $c\in[2,10]$；$\varepsilon(0)$ 为初始松弛因子；X_θ 为

解集中第 θ 优的解，一般建议取 θ 为解集规模 N 的 5%，即 $\theta = 0.05N$。

5. 随机排序法

随机排序法（stochastic ranking，SR）是 Runarsson 和 Xin 于 2005 年提出的，该方法通过随机的方式确定解集中解的排序准则，从而使随机搜索在目标函数和约束条件之间达到平衡[134]。搜索过程中，随机排序法中的排序准则主要包括基于目标函数值的排序和基于约束违反度的排序两种。排序准则的选择通过随机的方式，且与算法迭代次数和一个预定义的概率因子 p_f 相关。随机排序法的主要计算流程如下。

  If($r_f = 1$ 或 rand $< p_f$)
    基于目标函数值 $f(X)$ 排序
  Else
    基于约束违反度 $v(X)$ 排序
  End

为进一步提高随机排序法的效果，将原方法中预定义的概率因子 p_f 改进为一种与算法迭代次数相关线性递减的函数，如式（5-15）所示。

$$p_f = p_{f_s} - \frac{k}{T} c_0 \tag{5-15}$$

式中：p_{f_s} 为初始概率；T 为算法允许的最大迭代次数；k 为当前迭代次数；c_0 为递减系数。根据测试试验，建议 p_{f_s} 取 0.475，c_0 取 0.45。通过使用线性递减的概率因子，随机排序法在搜索的第一阶段和第二阶段使用基于约束违反度排序准则的概率不断上升，这样能够使算法高效地搜到可行区域。当解集中仅包含可行解时，随机排序法将使用基于目标函数值排序准则，最大化对目标函数的搜索效率。

5.1.2 集成多种约束处理方法的 DAPS

DAPS 是基于膜计算理论构建的一种混合智能优化算法。原始 DAPS 中包含一种受叶绿体和线粒体膜结构启发的混合膜结构。得益于 P 系统提供的并行分布计算框架，DAPS 将 4 种基于粒子扩散现象构建的高效搜索机制应用于不同膜区域内，并在传输规则的作用下最终形成一个有机并行的整体。第 4 章对 DAPS 进行了大量的对比测试试验，试验结果表明，DAPS 在多种不同类型优化问题的求解上均表现出了十分优良的性能。

为了使 DAPS 能够处理复杂的约束优化问题，本节提出一种基于 DAPS 的多方法集成解约束技术。通过对原始 DAPS 中 P 系统膜结构和计算规则的调整，使可行解优先（SF）、自适应罚函数（SP）、ε-解约束（EC）和随机排序（SR）4 种约束处理方法能够与原算法中的进化规则协同使用，产生高效的解约束能力。为了避免约束处理方法与进化规则产生的不利干扰，集成多种约束处理方法的 DAPS 使用了一种具有动态膜结构的 P 系统 Π_c，可表示为

$$\Pi_c = (V, \mu, \omega_1, \omega_2, \cdots, \omega_6, (R_1, \rho_1), (R_2, \rho_2), \cdots, (R_6, \rho_6)) \tag{5-16}$$

式中：V 为用于表示计算对象的字符集，可定义计算对象的表达方式和编码方式；μ 为

P 系统 Π_c 的膜结构；ω_i 为膜 σ_i 内的计算对象集；(R_i, ρ_i) 为膜 σ_i 内的计算规则集和对应的规则偏序集。

1. 字母表及编码方式

与原始 DAPS 类似，在集成多种约束处理方法的 DAPS 中，存在表示优化问题解向量的主要计算对象和用于控制计算进程的次要计算对象。其中，主要计算对象由实数表示并采用实数编码方式，与原算法一致。

由于集成多种约束处理方法的 DAPS 中 P 系统具有动态膜结构，其计算进程更为复杂，需要在算法中引入更多的字符对象用于控制计算进程。字符集 V 如式（5-17）所示。

$$V = \mathbf{R} \cup I \tag{5-17}$$

式中：$\mathbf{R}$ 为实数集，用于表达主要计算对象；I 为次要对象字符集，如式（5-18）所示。

$$I = \{e, d, s, h, c\} \tag{5-18}$$

式中：e 和 c 均为执行进化规则所需的催化剂，且 c 还具有终止计算的作用；d 为执行细胞膜溶解规则所需的材料；s 为执行细胞膜分裂规则所需的材料；h 为执行约束处理筛选规则所需的催化剂。

2. 动态膜结构

集成多种约束处理方法的 DAPS 中使用了一种具有动态膜结构的 P 系统来协同进化规则和约束处理方法的使用。当算法处于进化阶段时，执行进化规则，此时 P 系统的膜结构为单层膜结构，如式（5-19）和图 5-2 所示。

$$\mu = [_1[_2]_2[_4]_4[_3]_3[_5]_5]_1 \tag{5-19}$$

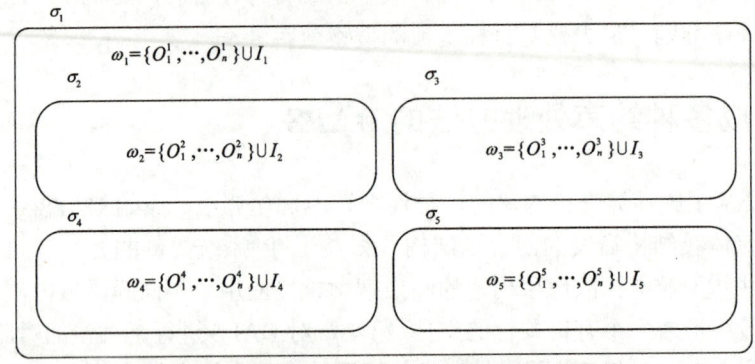

图 5-2 进化阶段和约束处理阶段 P 系统膜结构

进化阶段结束后，为了增强信息交流和传递，算法进入转运阶段。此时，P 系统内膜结构发生改变，膜 σ_2、膜 σ_3、膜 σ_4 和膜 σ_5 发生溶解合并生成新的膜 σ_6，如式（5-20）和图 5-3 所示。

$$\mu = [_1[_6]_6]_1 \tag{5-20}$$

转运阶段结束后，算法将进入约束处理阶段，膜 σ_6 将分裂为膜 σ_2、膜 σ_3、膜 σ_4 和膜 σ_5，使 P 系统膜结构恢复成初始状态，如式（5-19）和图 5-2 所示。

$$\sigma_1$$
$$\omega_1 = \{O_1^{1*}, \cdots, O_n^{1*}\} \cup I_1^*$$
$$\sigma_6$$
$$\omega_6 = \{O_1^{2*}, \cdots, O_n^{2*}\} \cup \{O_1^{3*}, \cdots, O_n^{3*}\} \cup \{O_1^{4*}, \cdots, O_n^{4*}\} \cup \{O_1^{5*}, \cdots, O_n^{5*}\} \cup \{I_2^*, \cdots, I_5^*\}$$

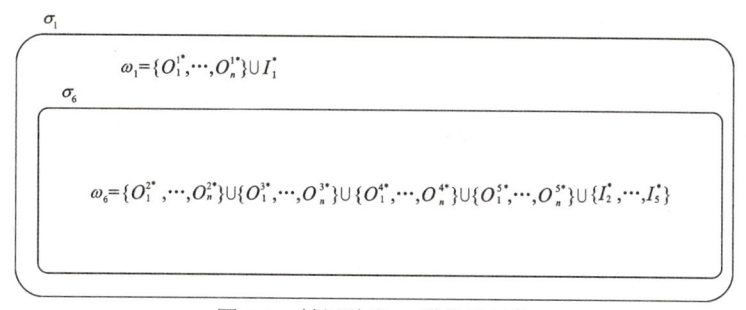

图 5-3 转运阶段 P 系统膜结构

3. 计算对象及其初始化

集成多种约束处理方法的 DAPS 中，ω_i 用于表示不同膜内的计算对象集，如式（4-13）所示。计算对象的初始化与原始 DAPS 相同。各个膜内的初始主要计算对象都是通过随机的方式生成；各个膜内的初始次要计算对象是相同的，如式（4-15）所示。

4. 计算规则

集成多种约束处理方法的 DAPS 中的计算规则包含进化规则、膜变化规则和筛选规则三类。其中，进化规则分为主要计算对象进化规则和次要计算对象进化规则，分别用于生成新的主要计算对象和控制次要对象间的转化循环。

主要计算对象进化规则与原始 DAPS 中的基本一致，唯一的差别是生成的次要计算对象由 t_1 变成 d。由于集成多种约束处理方法后，算法中 P 系统的膜结构和计算流程都发生了变化，为了保证计算有序地并行执行，需要对次要计算对象的进化规则进行调整，如式（5-21）所示。与原算法类似，次要计算对象进化规则的执行偏序等级最低。

$$\begin{cases} ec \longrightarrow d \\ d \longrightarrow s \\ s \longrightarrow hhhh \\ hhh \longrightarrow e \end{cases} \quad (5\text{-}21)$$

式中：e, d, s, h, c 为次要计算对象。

膜变化规则包括溶解规则和分裂规则，主要用于控制 P 系统的膜结构变化和促进 P 系统内的信息交流和传递，如式（5-22）所示。

$$\begin{cases} [_2\underbrace{d,\cdots,d}_{n}]_2 [_3\underbrace{d,\cdots,d}_{n}]_3 [_4\underbrace{d,\cdots,d}_{n}]_4 [_5\underbrace{d,\cdots,d}_{n}]_5 \longrightarrow [_6 s]_6 \\ [_6 \bm{O}, \underbrace{c,\cdots,c,s}_{4nN}]_6 \longrightarrow [_2 \bm{O}, \underbrace{c,\cdots,c}_{nN}, \underbrace{h,\cdots,h}_{3n}]_2 [_3 \cdots]_3 [_4 \cdots]_4 [_5 \cdots]_5 \bm{O} \end{cases} \quad (5\text{-}22)$$

式中：d, s, h, c 为次要计算对象；$\bm{O}$ 为包含膜 σ_2、膜 σ_3、膜 σ_4 和膜 σ_5 中所有主要计算对象的主要计算对象集，$\bm{O} = \{O_1^2, \cdots, O_n^2\} \cup \{O_1^3, \cdots, O_n^3\} \cup \{O_1^4, \cdots, O_n^4\} \cup \{O_1^5, \cdots, O_n^5\}$。

执行溶解规则需要分别消耗膜 σ_2、膜 σ_3、膜 σ_4 和膜 σ_5 中的 n 个次要计算对象 d 来溶解对应膜结构，并生成新的膜 σ_6 及一个次要对象 s；膜 σ_2、膜 σ_3、膜 σ_4 和膜 σ_5 中的其他计算对象将保持不变进入膜 σ_6 中。执行分裂规则需要消耗一个次要计算对象 s 生成

15n 个次要计算对象 h，并将膜 σ_6 分解成并列排布的膜 σ_2、膜 σ_3、膜 σ_4 和膜 σ_5；膜 σ_6 中的次要计算对象 c 将均匀地进入分裂形成的膜 σ_2、膜 σ_3、膜 σ_4 和膜 σ_5 中，即每个膜中进入 n 个次要计算对象 c 和 $3n$ 个次要计算对象 h；膜 σ_6 主要计算对象将复制生成 5 份，分别进入皮肤膜 σ_1 和分裂形成的膜 σ_2、膜 σ_3、膜 σ_4 和膜 σ_5 中。

集成多种约束处理方法的 DAPS 中的筛选规则是用于剔除膜内质量较差的主要计算对象，维持膜内主要计算对象数量不变。在无约束优化问题中，计算对象的质量与其对应的目标函数值直接相关，目标函数值越小说明主要计算对象的质量越高。而在约束优化问题中，主要计算对象的质量同时与目标函数值和约束违反度相关，在不同的约束处理方法中对其判断标准是不同的。根据膜中使用的约束处理方法不同，其筛选规则也有所差异，如式（5-23）所示。

$$\begin{cases} O_j^{1*} \xrightarrow{h, S_{EC}} [\ ]_1 \\ O_j^{2*} \xrightarrow{h, S_{SP}} [\ ]_2 \\ O_j^{3*} \xrightarrow{h, S_{SR}} [\ ]_3 \\ O_j^{4*} \xrightarrow{h^* S_{SF}} [\ ]_4 \\ O_j^{5*} \xrightarrow{h, S_{SF}} [\ ]_5 \end{cases} \qquad (5\text{-}23)$$

式中：O_j^{i*} ($i=1,\cdots,5$) 为本次循环中，由膜 σ_i 内主要计算对进化规则生成的主要计算对象；h 为次要计算对象，在膜 σ_2、膜 σ_3、膜 σ_4 和膜 σ_5 作为催化剂；S_{EC}、S_{SP}、S_{SR} 和 S_{SF} 为筛选规则的执行条件，分别对应基于 ε-解约束（EC）法、自适应罚函数（SP）法、随机排序（SR）法和可行解优先（SF）法筛选规则的执行条件，如式（5-24）所示。当执行条件满足且存在催化剂 h 时，执行筛选规则，删除膜中一个主要计算对象。

$$\begin{cases} S_{EC}: \text{sort}\left[O^i\right]_{EC} > n \\ S_{SP}: \text{sort}\left[O^i\right]_{SP} > n \\ S_{SR}: \text{sort}\left[O^i\right]_{SR} > n \\ S_{SF}: \text{sort}\left[O^i\right]_{SF} > n \end{cases} \qquad (5\text{-}24)$$

式中：sort$[\ ]_{EC}$、sort$[\ ]_{SP}$、sort$[\ ]_{SR}$ 和 sort$[\ ]_{SF}$ 分别为主要计算对象按照对应约束处理方法从优到劣的排序序号。为了保证膜内主要计算对象规模不变，应筛选剔除膜中序号大于规定规模 n 的对象。

综上可得，P 系统中次要计算对象进化规则执行偏序等级为 2，而其他所有规则的执行偏序等级为 1。

5. 计算终止条件及计算流程

为了控制计算进程，保证进化规则和转运规则有序地交替执行，P 系统 Π_c 中引入由字母 $\{e,d,s,h,c\}$ 表示的次要计算对象。当 P 系统中的所有计算规则均不能被成功执行时，计算终止。集成多种约束处理方法的 DAPS 计算流程如图 5-4 所示。

初始化

σ_1
$$\{O_1^1, O_2^1, \cdots, O_j^1, \cdots, O_n^1\} \cup \{\underbrace{e, \cdots, e}_{n}, \underbrace{c, \cdots, c}_{n \cdot N}\}$$

σ_2
$$\{O_1^2, O_2^2, \cdots, O_n^2\} \cup \{\underbrace{e, \cdots, e}_{n}, \underbrace{c, \cdots, c}_{n \cdot N}\}$$

σ_3
$$\{O_1^3, O_2^3, \cdots, O_n^3\} \cup \{\underbrace{e, \cdots, e}_{n}, \underbrace{c, \cdots, c}_{n \cdot N}\}$$

σ_4
$$\{O_1^4, O_2^4, \cdots, O_n^4\} \cup \{\underbrace{e, \cdots, e}_{n}, \underbrace{c, \cdots, c}_{n \cdot N}\}$$

σ_5
$$\{O_1^5, O_2^5, \cdots, O_n^5\} \cup \{\underbrace{e, \cdots, e}_{n}, \underbrace{c, \cdots, c}_{n \cdot N}\}$$

进化阶段

σ_1
$$\{O_1^1, \cdots, O_n^1\} \to \{O_1^{1*}, \cdots, O_n^{1*}\} \quad \{\underbrace{e, \cdots, e}_{n}, \underbrace{c, \cdots, c}_{n \cdot N}\} \to \{\underbrace{d, \cdots, d}_{n}, \underbrace{c, \cdots, c}_{n \cdot (N-1)}\}$$

σ_2
$$\{O_1^2, \cdots, O_n^2\} \to \{O_1^{2*}, \cdots, O_n^{2*}\}$$
$$\{\underbrace{e, \cdots, e}_{n}, \underbrace{c, \cdots, c}_{n \cdot N}\} \to \{\underbrace{d, \cdots, d}_{n}, \underbrace{c, \cdots, c}_{n \cdot (N-1)}\}$$

σ_3
$$\{O_1^3, \cdots, O_n^3\} \to \{O_1^{3*}, \cdots, O_n^{3*}\}$$
$$\{\underbrace{e, \cdots, e}_{n}, \underbrace{c, \cdots, c}_{n \cdot N}\} \to \{\underbrace{d, \cdots, d}_{n}, \underbrace{c, \cdots, c}_{n \cdot (N-1)}\}$$

σ_4
$$\{O_1^4, \cdots, O_n^4\} \to \{O_1^{4*}, \cdots, O_n^{4*}\}$$
$$\{\underbrace{e, \cdots, e}_{n}, \underbrace{c, \cdots, c}_{n \cdot N}\} \to \{\underbrace{d, \cdots, d}_{n}, \underbrace{c, \cdots, c}_{n \cdot (N-1)}\}$$

σ_5
$$\{O_1^5, \cdots, O_n^5\} \to \{O_1^{5*}, \cdots, O_n^{5*}\}$$
$$\{\underbrace{e, \cdots, e}_{n}, \underbrace{c, \cdots, c}_{n \cdot N}\} \to \{\underbrace{d, \cdots, d}_{n}, \underbrace{c, \cdots, c}_{n \cdot (N-1)}\}$$

膜溶解阶段

σ_1
$$\{O_1^{1*}, \cdots, O_n^{1*}\} \quad \{\underbrace{d, \cdots, d}_{n}, \underbrace{c, \cdots, c}_{n \cdot (N-1)}\} \to \{\underbrace{s, \cdots, s}_{n}, \underbrace{c, \cdots, c}_{n \cdot (N-1)}\}$$

σ_6
$$\{O_1^{2*}, \cdots, O_n^{2*}\} \cup \{O_1^{2*}, \cdots, O_n^{2*}\} \cup \{O_1^{3*}, \cdots, O_n^{3*}\} \cup \{O_1^{4*}, \cdots, O_n^{4*}\}$$
$$\{s, \underbrace{c, \cdots, c}_{4n \cdot (N-1)}\}$$

膜分裂阶段

σ_1
$$\{O_1^{1*}, \cdots, O_n^{1*}\} \to \{O_1^{1*}, \cdots, O_n^{1*}, O_1^{2*}, \cdots, O_n^{2*}, O_1^{3*}, \cdots, O_n^{3*}, O_1^{4*}, \cdots, O_n^{4*}, O_1^{5*}, \cdots, O_n^{5*}\}$$
$$\{\underbrace{s, \cdots, s}_{n}, \underbrace{c, \cdots, c}_{n \cdot (N-1)}\} \to \{\underbrace{h, \cdots, h}_{4n}, \underbrace{c, \cdots, c}_{n \cdot (N-1)}\}$$

σ_2
$$\{O_1^{2*}, \cdots, O_1^{3*}, \cdots, O_1^{4*}, \cdots, O_1^{5*} \cdots\}$$
$$\{\underbrace{h, \cdots, h}_{3n}, \underbrace{c, \cdots, c}_{n \cdot (N-1)}\}$$

σ_3
$$\{O_1^{2*}, \cdots, O_1^{3*}, \cdots, O_1^{4*}, \cdots, O_1^{5*} \cdots\}$$
$$\{\underbrace{h, \cdots, h}_{3n}, \underbrace{c, \cdots, c}_{n \cdot (N-1)}\}$$

σ_4
$$\{O_1^{2*}, \cdots, O_1^{3*}, \cdots, O_1^{4*}, \cdots, O_1^{5*} \cdots\}$$
$$\{\underbrace{h, \cdots, h}_{3n}, \underbrace{c, \cdots, c}_{n \cdot (N-1)}\}$$

σ_5
$$\{O_1^{2*}, \cdots, O_1^{3*}, \cdots, O_1^{4*}, \cdots, O_1^{5*} \cdots\}$$
$$\{\underbrace{h, \cdots, h}_{3n}, \underbrace{c, \cdots, c}_{n \cdot (N-1)}\}$$

约束处理阶段

σ_1
$$\{O_1^{1*}, \cdots, O_n^{1*}, O_1^{2*}, \cdots, O_n^{2*}, O_1^{3*}, \cdots, O_n^{3*}, O_1^{4*}, \cdots, O_n^{4*}, O_1^{5*}, \cdots, O_n^{5*}\} \xrightarrow{EC} \{O_1^1, \cdots, O_n^1\}$$
$$\{\underbrace{h, \cdots, h}_{4n}, \underbrace{c, \cdots, c}_{n \cdot (N-1)}\} \to \{\underbrace{e, \cdots, e}_{n}, \underbrace{c, \cdots, c}_{n \cdot (N-1)}\}$$

σ_2
$$\{O_1^{2*}, O_1^{3*}, \cdots, O_1^{4*}, \cdots, O_1^{5*} \cdots\} \xrightarrow{SP} \{O_1^2, \cdots, O_n^2\}$$
$$\{\underbrace{h, \cdots, h}_{3n}, \underbrace{c, \cdots, c}_{n \cdot (N-1)}\} \to \{\underbrace{e, \cdots, e}_{n}, \underbrace{c, \cdots, c}_{n \cdot (N-1)}\}$$

σ_3
$$\{O_1^{2*}, O_1^{3*}, \cdots, O_1^{4*}, \cdots, O_1^{5*} \cdots\} \xrightarrow{SP} \{O_1^3, \cdots, O_n^3\}$$
$$\{\underbrace{h, \cdots, h}_{3n}, \underbrace{c, \cdots, c}_{n \cdot (N-1)}\} \to \{\underbrace{e, \cdots, e}_{n}, \underbrace{c, \cdots, c}_{n \cdot (N-1)}\}$$

σ_4
$$\{O_1^{2*}, O_1^{3*}, \cdots, O_1^{4*}, \cdots, O_1^{5*} \cdots\} \xrightarrow{SP} \{O_1^2, \cdots, O_n^2\}$$
$$\{\underbrace{h, \cdots, h}_{3n}, \underbrace{c, \cdots, c}_{n \cdot (N-1)}\} \to \{\underbrace{e, \cdots, e}_{n}, \underbrace{c, \cdots, c}_{n \cdot (N-1)}\}$$

σ_5
$$\{O_1^{2*}, O_1^{3*}, \cdots, O_1^{4*}, \cdots, O_1^{5*} \cdots\} \xrightarrow{SP} \{O_1^2, \cdots, O_n^2\}$$
$$\{\underbrace{h, \cdots, h}_{3n}, \underbrace{c, \cdots, c}_{n \cdot (N-1)}\} \to \{\underbrace{e, \cdots, e}_{n}, \underbrace{c, \cdots, c}_{n \cdot (N-1)}\}$$

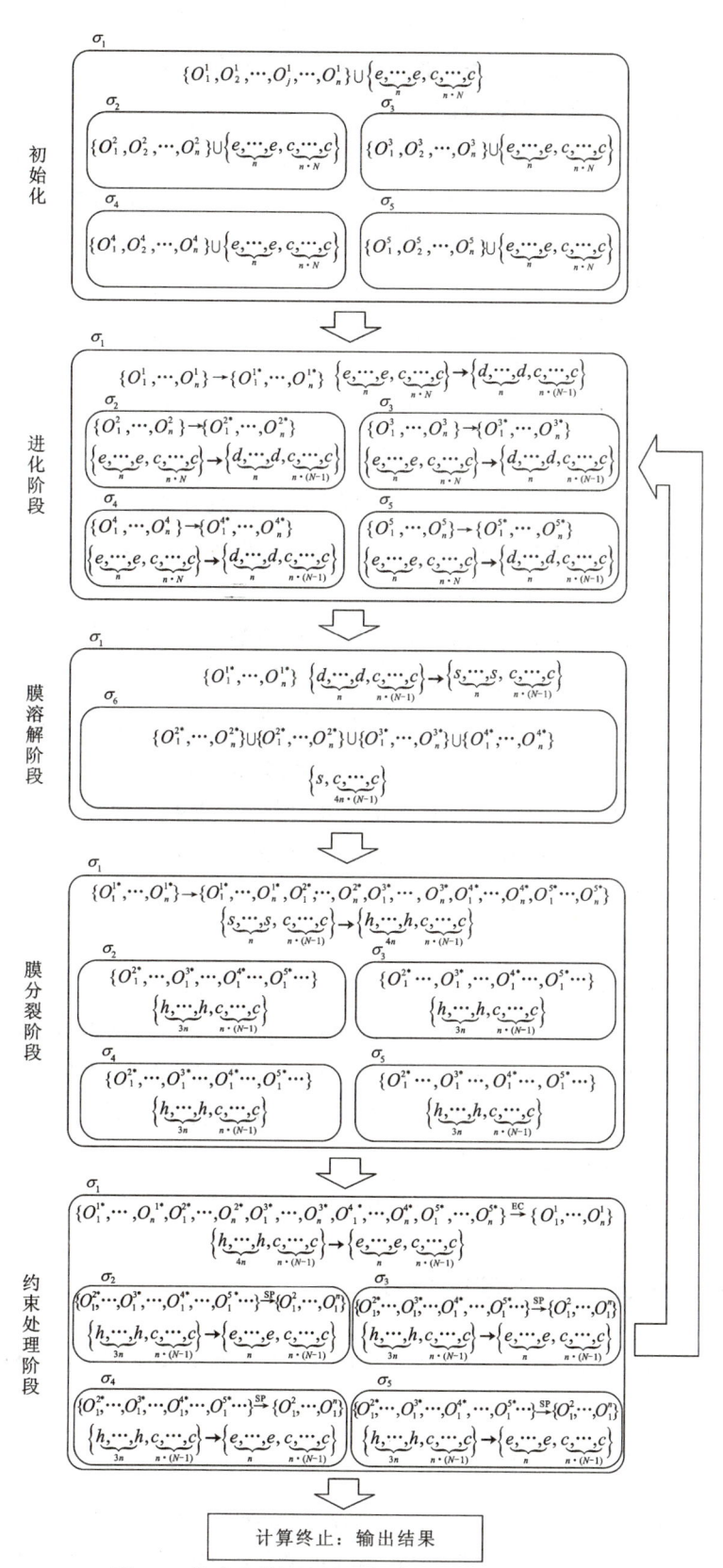

计算终止：输出结果

图 5-4 集成多种约束处理方法的 DAPS 计算流程图

Step1：初始化。P 系统 Π_c 的各个膜中均包含 n 个随机生成的主要计算对象、n 个次要计算对象 e 和 nN 个次要计算对象 c。

Step2：极大并行的计算规则执行。

（1）进化阶段。膜中同时存在次要计算对象 e 和 c 时，主要计算对象进化规则和次要计算对象进化规则 $ec \longrightarrow dh$ 以极大并行的方式总共执行 n 次。其中，主要计算对象进化规则具有更高的偏序等级，因此主要计算对象进化规则并行执行次数应最大化。计算规则并行执行完毕后，膜中次要对象 e 被全部消耗，次要计算对象 c 消耗 n 个，生成了 n 个次要计算对象 d 和新的主要计算对象集。

（2）膜溶解阶段。膜中存在次要计算对象 d 时，执行溶解规则或次要对象进化规则。膜 σ_1 中不存在溶解规则，次要计算对象进化规则 $d \longrightarrow s$ 并执行 n 次。膜 σ_2、膜 σ_3、膜 σ_4 和膜 σ_5 中执行溶解规则，生成新的膜 σ_6。计算规则并行执行完毕后，膜 σ_1 中消耗全部次要对象 d 生成 n 个次要计算对象 s，膜 σ_2、膜 σ_3、膜 σ_4 和膜 σ_5 溶解，并消耗膜内全部的次要对象 d 生成一个次要计算对象 s。

（3）膜分裂阶段。膜中存在次要计算对象 s 时，执行分裂规则或次要计算对象进化规则 $s \longrightarrow hhhh$。膜 σ_1 中不存在分裂规则，次要计算对象进化规则 $s \longrightarrow hhh$ 并行执行 n 次。膜 σ_6 中执行分裂规则，消耗膜中的一个次要计算对象 s 生成 $15n$ 个次要计算对象 h 和复制生成 5 份相同的主要计算对象集 O，并将膜 σ_6 分裂成膜 σ_2、膜 σ_3、膜 σ_4 和膜 σ_5。计算规则并行执行完毕后，膜 σ_1 中消耗全部次要对象 s 生成 $4n$ 个次要计算对象 s，膜 σ_6 分裂形成膜 σ_2、膜 σ_3、膜 σ_4 和膜 σ_5，并且分裂过程中生成的 5 份计算对象集分别进入现有的 5 个膜中，膜 σ_6 分裂过程中保留的次要计算对象将均匀地进入膜 σ_2、膜 σ_3、膜 σ_4 和膜 σ_5 中。

（4）约束处理阶段。膜中存在次要计算对象 h 时，筛选规则和次要计算对象进化规则 $hhh \longrightarrow e$ 按照偏序等级以极大并行的方式执行；筛选规则偏序等级较高，次要计算对象 h 首先作为催化剂（膜 σ_1 中，h 为原材料），并行执行筛选规则，之后，并行执行次要计算对象进化规则；计算规则并行执行完毕后，膜中消耗 $3n$ 个（膜 σ_1 中消耗 $4n$ 个）h 生成 n 个 e，且各膜内均保留 n 个主要计算对象。

Step3：计算终止。P 系统 Π_c 中所有规则均不能被成功执行时，计算终止。

5.1.3 算法测试试验及性能分析

为了验证所提约束处理技术的有效性，对集成多种约束处理方法的 DAPS 进行互相测试试验。

1. 测试函数及算法参数设置

在约束优化算法测试中，CEC2006 中的测试函数是使用最多和最为广泛的基准函数，但根据已有研究工作可知，目前以 DE 和 EP 作为基础搜索算法的约束优化算法通常能够解决 CEC2006 测试函数中的绝大部分。为了能够在算法测试试验中更好地区分不同算法的求解性能，本小节选取了文献[135]中提出的 13 种复杂约束优化问题作为基准测试函数，见表 5-1。

表 5-1 约束优化基准测试函数

函数	表达式	取值范围	可行解比例/%
H01	$f(x) = \sum_{i=1}^{D} x_i^2$ $g_1(x) = \frac{1}{D}\sum_{i=1}^{D}(-x_i \cos\sqrt{\|x_i\|}) \leqslant 0$ $h_1(x) = \sum_{i=1}^{D/2}(-x_{2i-1}\cos\sqrt{\|x_{2i-1}\|}) = 0$ $h_2(x) = \sum_{i=1}^{D/2}(-x_{2i}\cos\sqrt{\|x_{2i}\|}) = 0$	$[-50, 50]^D$	0.000 000
H02	$f(x) = \max x$ $g_1(x) = 10 - \frac{1}{D}\sum_{i=1}^{D}[x_i^2 - 10\cos(2\pi x_i) + 10] \leqslant 0$ $g_2(x) = \frac{1}{D}\sum_{i=1}^{D}[x_i^2 - 10\cos(2\pi x_i) + 10] - 15 \leqslant 0$ $h_1(x) = \frac{1}{D}\sum_{i=1}^{D}[y_i^2 - 10\cos(2\pi y_i) + 10] - 20 = 0$ $y = x - 0.5$	$[-5.12, 5.12]^D$	0.000 000
H03	$f(x) = \sum_{i=1}^{D} x_i^2$ $g_1(x) = \sum_{i=1}^{D/2}(x_{2i}\sin\sqrt{\|x_{2i}\|}) \leqslant 0$ $h_1(x) = \sum_{i=1}^{D/2}(-x_{2i-1}\sin\sqrt{\|x_{2i-1}\|}) = 0$	$[-100, 100]^D$	0.000 000
H04	$f(x) = \sum_{i=1}^{D} x_i^2$ $h_1(x) = \sum_{i=1}^{D/2}(-x_{2i-1}\sin\sqrt{\|x_{2i-1}\|}) = 0$ $h_2(x) = \sum_{i=1}^{D/2}(-x_{2i}\sin\sqrt{\|x_{2i}\|}) = 0$	$[-100, 100]^D$	0.000 000
H05	$f(x) = \frac{1}{D}\sum_{i=1}^{D}(-x_i\sin\sqrt{\|x_i\|})$ $g_1(x) = 10 + \frac{1}{D}\sum_{i=1}^{D}(-y_i\sin\sqrt{\|y_i\|}) \leqslant 0$ $g_2(x) = 10 + \frac{1}{D}\sum_{i=1}^{D/2}(-z_i\sin\sqrt{\|z_i\|}) = 0$ $y = x - 100$ $z = x + 50$	$[-100, 100]^D$	0.008 900
H06	$f(x) = \frac{1}{D}\sum_{i=1}^{D}(-x_i\sin\sqrt{\|x_i\|})$ $g_1(x) = -100 + \frac{1}{D}\sum_{i=1}^{D-1} y_i \leqslant 0$ $y_i = (x_i^2 - x_{i+1})^2 + (x_i - 1)^2$	$[-100, 100]^D$	0.000 000

续表

函数	表达式	取值范围	可行解比例/%
H07	$f(x) = \frac{1}{D}\sum_{i=1}^{D}(-x_i \sin\sqrt{|x_i|})$ $g_1(x) = -100 + \frac{1}{D}\sum_{i=1}^{D-1} y_i \leq 0$ $g_2(x) = -19 + \prod_{i=1}^{D}\frac{x_i^2}{4000} - \prod_{i=1}^{D}\cos\frac{x_i}{\sqrt{i}} \leq 0$ $h(x) = \sum_{i=1}^{D-1}(x_i^2 - x_{i+1})^2 = 0$ $y_i = (x_i^2 - x_{i+1})^2 + (x_i - 1)^2$	$[-100,100]^D$	0.000 000
H08	$f(x) = \max(x)$ $h(x) = \frac{1}{D}\sum_{i=1}^{D}(-x_i \sin\sqrt{|x_i|}) = 0$	$[-100,100]^D$	0.000 000
H09	$f(x) = \frac{1}{D}\sum_{i=1}^{D}(-x_i \sin\sqrt{|x_i|})$ $g_1(x) = -50 + \frac{1}{100D}\sum_{i=1}^{D}x_i^2 \leq 0$ $g_2(x) = 50 \times \sum_{i=1}^{D}\sin\left(\frac{1}{50}\pi x_i\right) \leq 0$ $g_3(x) = 75 - 50\left[\sum_{i=1}^{D}\frac{x_i^2}{4000} - \prod_{i=1}^{D}\cos\left(\frac{x_i}{\sqrt{i}}\right) + 1\right] \leq 0$	$[-500,500]^D$	0.000 001
H10	$f(x) = \sum_{i=1}^{D-1}[100(x_i^2 - x_{i+1})^2 + (x_i - 1)]$ $g(x) = \sum_{i=1}^{D}(x_i \cos\sqrt{|x_i|}) \leq 0$	$[-10,10]^D$	0.500 300
H11	$f(x) = \sum_{i=1}^{D}[z_i^2 - 10\cos(2\pi z_i) + 10]$ $h_1(x) = \frac{1}{D}\sum_{i=1}^{D}[-x_i \sin(2\sqrt{|x_i|})] = 0$ $h_2(x) = \frac{1}{D}\sum_{i=1}^{D}[x_i \sin(2\sqrt{|x_i|})] = 0$	$[-5,5]^D$	0.000 000
H12	$f(x) = \max(|x|)$ $h_1(x) = \frac{1}{D}\sum_{i=1}^{D}(-x_i \sin\sqrt{|x_i|}) = 0$	$[-50,50]^D$	0.000 000
H13	$f(x) = \max(x)$ $g_1(x) = \frac{1}{D}\sum_{i=1}^{D}(-x_i \sin\sqrt{|x_i|}) \leq 0$ $g_2(x) = \frac{1}{D}\sum_{i=1}^{D}(-x_i \cos\sqrt{|x_i|}) \leq 0$	$[-100,100]^D$	0.259 90

为了研究所提出算法的有效性,将集成多种约束处理方法的 DAPS 与以 EP 为基础的 4 种约束优化算法(SF-EP、SP-EP、SR-EP 和 EC-EP)进行对比测试。对比测试试验中,所有基准测试函数的维数(变量个数)D 均为 10。为了保证 4 种对比算法发挥最佳求解性能,考虑参考文献[131]的研究成果,将算法中种群规模设置为 200,最大迭代次数为 1 200;在保证目标函数评估次数(评估次数为 240 000)一致的前提下,集成多种约束方法的 DAPS 种群规模设置为 100,最大迭代次数为 2 400。为了消除随机性对试验结果对比的影响,将试验中的 5 种算法分别求解各个测试函数 30 次,并选取 30 次计算结果的均值和方差作为对比指标。

2. 试验结果与分析

约束优化函数测试试验结果见表 5-2,从试验结果可以看出集成多种约束处理方法的 DAPS 在处理复杂约束优化问题上表现出了相对优秀的性能。对于测试试验中使用的 13 种相对复杂的基准测试函数,集成多种约束处理方法的 DAPS 能够为除 H02、H06、H10 外的 10 个基准测试函数提供更好的求解经度。其中,H02 和 H06 的最高求解精度是由 SP-EP 计算得到,H09 和 H10 的最高求解精度是由 EC-EP 计算得到。

基准测试函数 H01、H02、H03 和 H07 同时存在等式约束和不等式约束条件,其中 MCM-DAPS 对 H01、H03 和 H07 的求解精度远优于其他 4 种对比算法。基准测试函数 H02 的目标函数是一个单峰线性函数,其约束函数则是由非线性多峰等式约束函数和不等式约束函数共同组成的,测试试验中的 5 种算法对该函数的计算结果相差不大,最好的结果是由 SP-EP 给出,为-2.27,最差的结果是由 SF-EP 计算得到,为-0.201,MCM-DAPS 计算得到的结果与最佳结果非常接近,为-2.26。基准测试函数 H05、H06、H09、H10 和 H13 仅有不等式约束,其中 MCM-DAPS 仅在基准测试函数 H10 和 H13 上表现出明显优于其他约束优化算法的求解精度;对基准测试函数 H05,SF-EP 和 SP-EP 均表现出与 MCM-DAPS 相当的求解精度;对基准测试函数 H06,SP-EP 展现出了优于其他算法的求解精度,而 MCM-DAPS 的求解精度与 SR-EP 和 EC-EP 相当,仅优于 SF-EP;对基准测试函数 H09,EC-SP 的求解精度表现为最高,MCM-DAPS 的求解精度仅优于 SF-EP。MCM-DAPS 对仅包含等式约束条件的基准测试函数 H04、H08、H11 和 H12 均表现出非常高的求解精度;其中对 H04、H08 和 H12,MCM-DAPS 的求解精度明显优于其他 4 种算法;对 H11,SP-EP 和 SR-EP 的求解精度与 MCM-DAPS 相当,且通过方差可以看出 SP-EP 的求解稳定性优于 MCM-DAPS。

通过试验对比结果可以发现,对于约束优化问题而言,不同的约束处理方法对不同特性约束函数的适应性是不同的。本书基于膜结构将多种约束处理方法集成于 DAPS 中能够使不同约束处理方法在优化的不同阶段发挥作用,从而同时提高算法的适用范围及求解精度。此外,由试验对比结果还可以看出:MCM-DAPS 对同时存在等式和不等式约束及仅存在不等式约束的优化问题的求解性能明显优于仅使用单一约束处理方法的优化算法;而对于仅存在不等式约束的优化问题,MCM-DAPS 能够提升其中大部分测试函数的求解精度,但对 H06 和 H09 还存在求解性能下降的情况。

表 5-2 约束优化基准测试函数（$D=10$）试验结果

函数	SF-EP 平均提取方差	SF-EP 标准差	SP-EP 平均提取方差	SP-EP 标准差	SR-EP 平均提取方差	SR-EP 标准差	EC-EP 平均提取方差	EC-EP 标准差	MCM-DAPS 平均提取方差	MCM-DAPS 标准差
H01	1.94×10^3	1.13×10^3	8.70×10^{-1}	2.67×10^0	1.81×10^{-3}	2.80×10^{-3}	2.94×10^3	1.13×10^3	2.73×10^{-13}	1.35×10^{-12}
H02	-2.01×10^{-1}	7.18×10^{-1}	-2.27×10^0	6.50×10^{-3}	-2.21×10^0	3.63×10^{-2}	-2.01×10^{-1}	7.18×10^{-1}	-2.26×10^0	7.08×10^{-3}
H03	2.67×10^2	3.74×10^2	4.01×10^{-8}	3.22×10^{-8}	3.11×10^{-1}	2.75×10^{-1}	2.67×10^2	3.74×10^2	0.00×10^0	0.00×10^0
H04	2.77×10^3	3.11×10^2	2.86×10^1	3.86×10^1	9.77×10^{-3}	8.29×10^{-3}	2.77×10^3	3.11×10^2	0.00×10^0	0.00×10^0
H05	-1.87×10^1	4.82×10^{-1}	-1.87×10^1	7.71×10^{-1}	-1.84×10^1	8.52×10^{-1}	-1.84×10^1	5.22×10^{-1}	-1.87×10^1	4.77×10^{-1}
H06	-2.55×10^0	1.95×10^{-5}	-8.83×10^0	1.14×10^{-5}	-8.38×10^0	2.45×10^{-3}	-8.83×10^0	1.03×10^{-5}	-8.38×10^0	4.73×10^{-6}
H07	-1.94×10^0	1.97×10^0	-5.60×10^0	3.19×10^0	-7.60×10^0	1.80×10^{-2}	-4.74×10^0	3.38×10^0	-7.62×10^0	1.32×10^{-3}
H08	8.58×10^1	2.17×10^2	-3.55×10^2	1.26×10^1	-3.61×10^2	5.08×10^0	4.41×10^1	1.82×10^2	-3.62×10^2	3.28×10^0
H09	-6.44×10^1	2.35×10^0	-5.74×10^1	1.81×10^0	-6.45×10^1	2.28×10^0	-6.53×10^1	2.39×10^0	-5.87×10^1	3.01×10^0
H10	5.50×10^0	4.51×10^0	6.33×10^0	4.29×10^0	4.69×10^0	4.54×10^0	5.50×10^0	4.50×10^0	3.62×10^{-3}	5.57×10^{-3}
H11	5.82×10^2	4.43×10^0	5.81×10^2	3.00×10^{-4}	5.81×10^2	3.06×10^{-1}	5.82×10^2	4.43×10^0	5.81×10^2	2.01×10^{-1}
H12	7.40×10^{-1}	1.53×10^0	7.67×10^{-5}	5.53×10^{-5}	4.65×10^{-2}	4.96×10^{-2}	2.27×10^{-1}	1.32×10^0	0.00×10^0	0.00×10^0
H13	-4.36×10^1	1.19×10^0	-4.58×10^1	1.18×10^0	-4.44×10^1	1.35×10^0	-4.36×10^1	1.19×10^0	-4.49×10^1	2.56×10^0

5.2 船舶拓扑-几何布置映射关系

船舶拓扑布置和船舶几何布置作为同一船舶总布置在拓扑空间和几何空间的表征，它们之间必定存在某种对应关系。

5.2.1 船舶拓扑-几何布置映射关系的定义

船舶拓扑布置是通过网络的形式对船舶总布置进行描述，对船舶总布置的几何布置信息进行了大量简化，属于一种不确定的表达方式。而船舶几何布置作为船舶总布置的最终表现形式，通过具体的空间位置和几何尺寸完全确定了船舶布置对象。因此，船舶几何布置只是隐含了布置对象之间的拓扑关系，并未完全忽略。这也就意味着，一种特定的船舶拓扑布置可能对应着多种不同的船舶几何布置；而一种特定船舶几何布置仅对应一个特定的船舶拓扑布置。船舶拓扑布置和船舶几何布置之间的对应关系如图 5-5 所示，可定义如下。

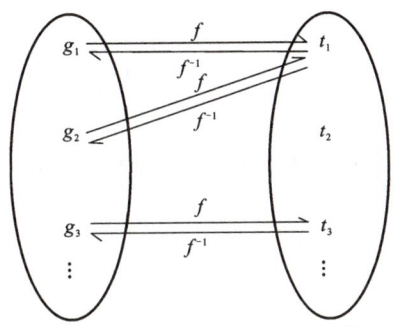

图 5-5 船舶拓扑布置和船舶几何布置的对应关系

定义 5.1：船舶几何布置集合 G 和船舶拓扑布置集合 T 之间存在对应关系 f，并且对于 G 中的每一个方案 g，集合 T 中总有唯一的一个方案 t 与它对应，这种对应称为从 G 到 T 的映射，记作 $f:G \to T$。其中，拓扑布置方案 t 称为几何布置方案 g 在映射 f 下的像，记作 $t = f(g)$。

5.2.2 船舶几何布置 g 在映射 f 下的像

船舶几何布置 g 在映射 f 下的像即为船舶拓扑布置。考虑船体拓扑布置中，各个社团内的网络相对独立，将船舶几何布置转化为船舶拓扑布置的核心是将各个甲板布置区域内几何布局转化为对应的社团结构。不同类型甲板区域中几何布置与拓扑布置之间的映射关系是不同的。

露天甲板区域对应的社团具备固定的星形网络结构，如图 5-6（a）所示，因此其拓扑布置对应的三个设计变量可按式（5-25）计算。

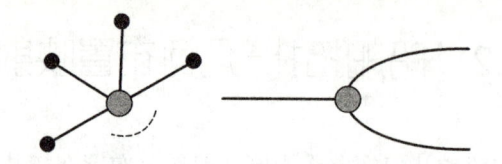

(a) 星形网络结构　　　(b) 单一网络节点社团

图 5-6　露天甲板区域和单一舱室区域对应的网络结构

$$\begin{cases} v_{T_i} = C_k \\ v_{T_{i+N}} = x_{E_i} = \text{rand} \\ v_{T_{i+2N}} = y_{E_i} = \text{rand} \end{cases} \quad (5\text{-}25)$$

式中：v_{T_i} 为几何布置中布置对象 E_i 所属的甲板区域 C_k；$v_{T_{i+N}}$ 和 $v_{T_{i+2N}}$ 为布置对象 E_i 对应的拓扑布置中节点的纵向和横向位置，由于拓扑布置中露天甲板区域对应社团的网络结构是固定的，与 $v_{T_{i+N}}$ 和 $v_{T_{i+2N}}$ 无关，$v_{T_{i+N}}$ 和 $v_{T_{i+2N}}$ 可使用[0,1]内的随机数进行赋值。

单一舱室区域对应的社团内仅包含一个节点，如图 5-6（b）所示，因此其拓扑布置对应的三个设计变量可按式（5-26）计算。

$$\begin{cases} v_{T_i} = C_k \\ v_{T_{i+N}} = x_{E_i} = 0 \\ v_{T_{i+2N}} = y_{E_i} = 0 \end{cases} \quad (5\text{-}26)$$

多舱室区域对应社团的网络结构与布局形式相关。船体拓扑布置中，设计变量描述的是一种标准几何布置，可由船舶几何布置映射得到，如图 5-7 所示。根据标准几何布置能够非常直观地得到对应的船舶拓扑布置网络。

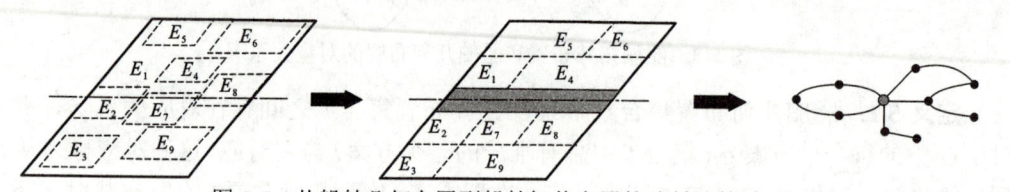

图 5-7　从船舶几何布置到船舶拓扑布置的映射计算过程

对于布置对象 E_i，船舶拓扑布置中对应的第一个设计变量 v_{T_i} 等于其所属的甲板区域 C_k。船舶拓扑布置中对应的第二个设计变量 $v_{T_{i+N}}$ 为对应节点的纵向位置，布置于同一区域的布置对象按照几何布置中布置对象的纵向位置大小关系依次顺序布置。转化过程中，将对布置对象的几何尺寸进行适当调整，以适应整体布局。

船舶拓扑布置中对应的第三个设计变量 $v_{T_{i+2N}}$ 为对应节点的横向位置，其可能的取值为 1、2、3 和 4，分别对应不同的布置区域，如图 5-8 所示。对于一个包含 N_k 个布置对象的甲板区域，对布置对象的横向位置坐标变量进行范围划分，可得到布置对象对应节点的第三个设计变量 $v_{T_{i+2N}}$ 取值，如式（5-27）所示。

(a) 单列纵向通道布局

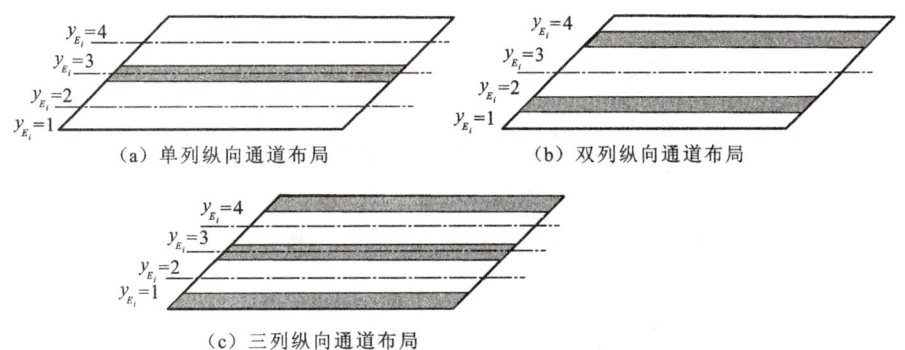

(b) 双列纵向通道布局

(c) 三列纵向通道布局

图 5-8 船舶拓扑布置中节点横向位置关系

$$\begin{cases} v_{T_{i+2N}} = 1, & y_i^E < 0.25B \\ v_{T_{i+2N}} = 2, & y_i^E < 0.5B \\ v_{T_{i+2N}} = 3, & y_i^E < 0.75B \\ v_{T_{i+2N}} = 4, & y_i^E \leqslant B \end{cases} \tag{5-27}$$

式中：B 为布置对象 E_i 所在的甲板布置区域宽度；y_i^E 为几何布置中布置对象 E_i 的横向位置坐标。因此，当布置对象 E_i 的横向位置坐标 y_{E_i} 为 0~25%甲板宽度时，其对应拓扑布置中节点横向位置 $v_{T_{i+2N}}=1$；布置对象 E_i 的横向位置坐标 y_{E_i} 为 25%~50%甲板宽度时，其对应拓扑布置中节点横向位置 $v_{T_{i+2N}}=2$；布置对象 E_i 的横向位置坐标 y_{E_i} 为 50%~75%甲板宽度时，其对应拓扑布置中节点横向位置 $v_{T_{i+2N}}=3$；布置对象 E_i 的横向位置坐标 y_{E_i} 为 75%~100%甲板宽度时，其对应拓扑布置中节点横向位置 $v_{T_{i+2N}}=4$。

5.2.3 船舶拓扑布置 t 关于映射 f 的原像

船舶拓扑布置 t 关于映射 f 的原像即为船舶几何布置。理论上讲，一个船舶拓扑布置 t 应对应多个船舶几何布置 g，但是考虑后续求解过程中使用的方便性，在求解船舶拓扑布置 t 原像过程中，引入每个对象节点的布置面积信息，并以随机的方式生成一对一的船舶几何布置。

考虑船舶拓扑布置中各社团相对独立，将船舶拓扑布置网络中的各个社团中进行独立转化。露天甲板区域节点对应社团的网络结构是确定的，对船舶几何布置没有实际指导意义，因此露天甲板区域的几何布置可以直接使用船舶几何布置优化的结果，如图 5-9（a）所示。单一舱室甲板区域中只包含一个节点，因此可直接将布置对象等同于甲板区域，如图 5-9（b）所示。

对于多舱室甲板区域节点对应的社团，不同网络结构对应的船舶几何布局形式不同。对于三种不同的纵向通道布局形式（图 5-8），甲板区域均被划分为 4 个布置区域，每个布置区域的宽度分别按式（5-28）、式（5-29）和式（5-30）计算。

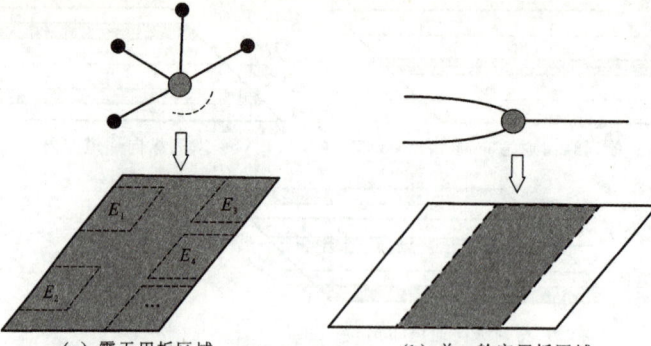

(a) 露天甲板区域　　　　　(b) 单一舱室甲板区域

图 5-9　社团网络与几何布置的转换

$$\begin{cases} b_1 = \dfrac{\sum\limits_{v_{T_{i}+2N} \leqslant 1} s_i}{2 \cdot \sum\limits_{v_{T_{i}+2N} \leqslant 2} s_i}(B-b) \\[6pt] b_2 = \dfrac{\sum\limits_{1<v_{T_{i}+2N} \leqslant 2} s_i}{2 \cdot \sum\limits_{v_{T_{i}+2N} \leqslant 2} s_i}(B-b) \\[6pt] b_3 = \dfrac{\sum\limits_{2<v_{T_{i}+2N} \leqslant 3} s_i}{2 \cdot \sum\limits_{2<v_{T_{i}+2N} \leqslant 4} s_i}(B-b) \\[6pt] b_4 = \dfrac{\sum\limits_{3<v_{T_{i}+2N} \leqslant 4} s_i}{2 \cdot \sum\limits_{2<v_{T_{i}+2N} \leqslant 4} s_i}(B-b) \end{cases} \quad (5\text{-}28)$$

$$\begin{cases} b_1 = b_4 = \dfrac{(B-2b)-(b_2+b_3)}{2} \\[6pt] b_2 = b_3 = \dfrac{\sum\limits_{2<v_{T_{i}+2N} \leqslant 3} s_i}{2 \cdot \sum s_i}(B-2b) \end{cases} \quad (5\text{-}29)$$

$$\begin{cases} b_1 = \dfrac{\sum\limits_{v_{T_{i}+2N} \leqslant 1} s_i}{2 \cdot \sum\limits_{v_{T_{i}+2N} \leqslant 2} s_i}(B-3b) \\[6pt] b_2 = \dfrac{\sum\limits_{1<v_{T_{i}+2N} \leqslant 2} s_i}{2 \cdot \sum\limits_{v_{T_{i}+2N} \leqslant 2} s_i}(B-3b) \\[6pt] b_3 = \dfrac{\sum\limits_{2<v_{T_{i}+2N} \leqslant 3} s_i}{2 \cdot \sum\limits_{2<v_{T_{i}+2N} \leqslant 4} s_i}(B-3b) \\[6pt] b_4 = \dfrac{\sum\limits_{3<v_{T_{i}+2N} \leqslant 4} s_i}{2 \cdot \sum\limits_{2<v_{T_{i}+2N} \leqslant 4} s_i}(B-3b) \end{cases} \quad (5\text{-}30)$$

式中：b_1、b_2、b_3 和 b_4 分别为 4 个布置区域的宽度；s_i 为布置对象 E_i 的布置面积；B 和 b 分别为甲板布置区域的宽度和主要纵向通道的宽度；$v_{T_{i+2N}}$ 为船舶拓扑布置中布置对象 E_i 对应网络节点的横向位置。从上述计算过程可以看出，主要纵向通道划分的布置区域宽度是根据该布置区域内布置对象面积占比来确定的。

在计算船体拓扑布置原像过程中，如果船舶布置对象的几何尺寸允许，那么对象节点对应船舶布置对象的宽度等于其所在布置区域的宽度，长度 l_i^E 则根据布置对象的面积占比计算得到，如式（5-31）所示。若上述计算方法得出的结果超出了船舶布置对象几何尺寸可用范围，则应取可用范围的边界值。

$$l_i^E = \frac{s_i L}{\sum_{y_k^E = y_i^E} s_k} \qquad (5-31)$$

式中：y_k^E 为布置对象的横向坐标位置；L 为对于甲板区域的长度。之后，再根据布置与同一区域内的布置对象节点纵向位置的大小关系，依次进行布置，如图 5-10 所示。需要特别说明的是，由船舶拓扑布置得到的船舶几何布置同样应该满足船舶几何布置优化模型中包含的约束条件。

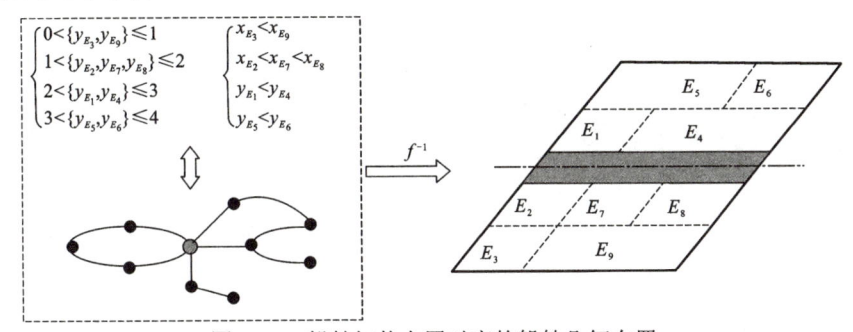

图 5-10 船舶拓扑布置对应的船舶几何布置

5.3 基于智能优化算法的协同求解流程

5.3.1 计算流程

船舶拓扑布置和船舶几何布置是船舶总布置的两种不同描述方式。本节基于 DAPS 对所构建船舶拓扑布置和船舶几何布置优化问题数学模型进行智能优化，并利用船舶拓扑-几何布置映射关系在优化过程中完成船舶拓扑布置和几何布置的相互转化，共享优化求解信息，最终实现了船舶总布置优化问题的智能协同求解。

船舶总布置智能协同求解流程如图 5-11 所示，具体的求解步骤如下。

Step 1：计算对象初始化。

（1）在不同膜内随机生成船舶拓扑布置的计算对象 V_T，形成计算对象集 T_1, T_2, T_3, T_4, T_5。

（2）根据计算对象集 T_1, T_2, T_3, T_4, T_5 中各个计算对象 V_T 中包含的社团结构信息，随机对应生成船舶几何布置的计算对象 V_G，形成计算对象集 G_1, G_2, G_3, G_4, G_5。

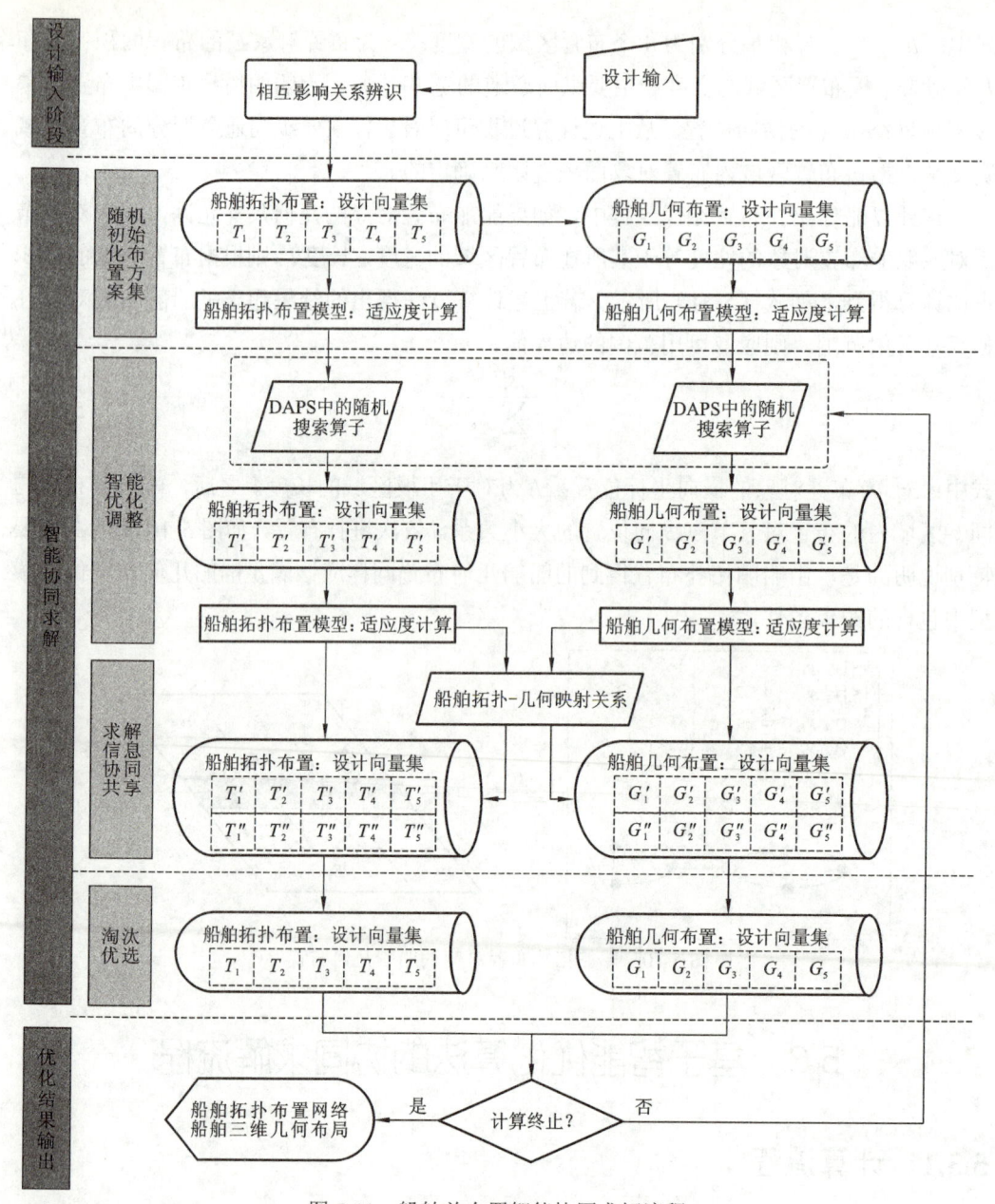

图 5-11 船舶总布置智能协同求解流程

Step 2：计算随机生成的初始计算对象 V_T 和 V_G 的适应度。

Step 3：基于 DAPS 中的随机搜索算子对船舶拓扑和几何布置中各个计算对象集中的计算对象 V_T 和 V_G 进行随机调整，生成新的计算对象 V_T' 和 V_G'，并形成新的计算对象集 $T_1', T_2', T_3', T_4', T_5'$ 和 $G_1', G_2', G_3', G_4', G_5'$。

Step 4：计算新的计算对象集 $T_1', T_2', T_3', T_4', T_5'$ 和 $G_1', G_2', G_3', G_4', G_5'$ 中的计算对象 V_T' 和 V_G' 的适应度。

Step 5：船舶拓扑和几何布置信息共享。

（1）从计算对象集 $T_1', T_2', T_3', T_4', T_5'$ 选出最优计算对象 V_{Tbest}'，并根据船舶拓扑与几何

布置之间的映射关系，以随机的方式得到 $5\times|G_1'|$ 个新的船舶几何布置计算对象 V_G''，并形成计算对象集 $G_1'',G_2'',G_3'',G_4'',G_5''$。

（2）根据船舶拓扑和几何布置之间的映射关系，得到计算对象集 G_1',G_2',G_3',G_4',G_5' 中的每一个几何布置计算对象 V_G' 对应的船舶拓扑布置计算对象 V_T''，并形成计算对象集 $T_1'',T_2'',T_3'',T_4'',T_5''$。

Step 6：计算根据船舶拓扑和几何布置之间的映射关系得到的计算对象集 $T_1'',T_2'',T_3'',T_4'',T_5''$ 和 $G_1'',G_2'',G_3'',G_4'',G_5''$ 中计算对象 V_T'' 和 V_G'' 的适应度。

Step 7：筛选淘汰。

（1）根据计算对象所属的膜结构，将计算对象 V_T'' 转运至船舶拓扑布置中的对应膜结构内，形成新的计算对象集 $T_i' \cup T_i''$；将计算对象 V_G'' 转运至船舶几何布置中的对应膜结构内，形成新的计算对象集 $G_i' \cup G_i''$。

（2）根据计算对象的适应度，淘汰较差计算对象，保持船舶拓扑和几何布置的各个膜内计算对象规模与初始规模不变。

Step 8：判断求解迭代终止条件是否满足，若满足则将结果输出到下一阶段；否则，返回 Step3。

5.3.2 求解流程的基本特点

1. 智能性

船舶总布置优化问题求解过程的智能性主要体现在船舶布局方案的创建过程。DAPS 作为一种智能优化算法，通过模仿植物细胞中碳氧循环过程及自然界中的粒子扩散现象，来完成优化问题的求解。在基于 DAPS 创建船舶拓扑布置网络和船舶几何布置模型的过程中，不需要船舶设计人员提供任何的创建规则。DAPS 会根据初始随机创建的船舶拓扑布置网络和船舶几何布置模型逐步自行调整，其调整逻辑与传统船舶设计方法是完全不一样的。

通过模仿植物细胞中碳氧循环过程及自然界中的粒子扩散现象，船舶拓扑布置网络和船舶几何布置模型会以随机的方式逐步向设计目标引导的方向调整变化，并最终得到满足所有涉及约束的最优布局方案。

得益于智能优化算法的广泛适用性及船舶布置优化模型的通用性，基于 DAPS 的船舶总布置智能优化可适用于各种特点的船型及不同规模的总布置优化问题。此外，由于不受传统布置设计方法和思想的限制，这种基于智能优化算法的优化设计思路具备突破人类创新能力的潜力，能够生成与船舶设计人员差异较大的布局方案。

2. 协同求解

船舶总布置优化问题的协同求解主要体现在求解过程中，即船舶拓扑布置和船舶几何布置的相互影响和作用。本书创建的船舶拓扑布置优化问题和船舶几何布置优化问题都仅反映了船舶总布置设计的部分要求，因此船舶拓扑布置优化问题和船舶几何布置优化问题的独立求解都无法得到有效的船舶总布置。

船舶拓扑布置主要是关注船舶布置对象之间的相互影响，其核心是将存在有利影响的布置对象进行聚类，对存在不利影响的布置对象进行分离。船舶拓扑网络的模块度是衡量船舶拓扑布置优劣的一个重要指标。由第 2 章推导的模块度计算方法及其基本性质可以看出，当网络社团划分数量较少时其对应的模块度通常更具有优势。图 2-20 所示的 Atlantis 号科考船拓扑布置网络最大模块度计算结果表明，Atlantis 号科考船大模块度仅对应 5 个网络社团。然而，Atlantis 号科考船存在 31 个甲板布置区域，这意味着单独对船舶拓扑布置优化问题进行求解会得到数量远少于船舶实际甲板区域数量的社团。当社团数量较少时，区域节点与对象节点的匹配度及网络的流通便捷性都会处于较优的水平。为了避免这种情况的发生，船舶拓扑布置优化模型中引入了部分几何信息用于限制每个网络社团的容纳能力，但由于约束模型过于简化，因此其作用是有限的。

与船舶拓扑布置的情况相反，船舶几何布置中存在非常严格和复杂的非线性约束来保证船舶布置对象不发生干涉，因此单独求解船舶几何布置优化问题时，算法总是倾向得出在较大布置空间布置相对稀疏布置对象的结果。其内在原因是，当布置稀疏时，布置对象能够更轻松地满足约束条件，从而具备更大的可行域来寻找目标函数值更优的布局方案。这种优化设计结果与船舶总布置设计的期望显然是不一致的。

综上所述，单独求解船舶拓扑布置优化问题和船舶几何布置优化问题都无法得出满足要求的结果。故而，本章建立了船舶拓扑-几何布置映射关系，以实现船舶拓扑布置和几何布置优化求解信息的共享。船舶拓扑布置期望布置对象集中地进行布置，而船舶几何布置则期望尽可能地分散，因此当协同求解时彼此之间会相互制约，最终达到一种最佳平衡。

5.4 本章小结

本章在船舶拓扑布置优化问题和船舶几何布置优化问题标准数学模型的基础上，以 DAPS 为核心算法，建立了船舶拓扑布置和几何布置智能协同求解流程，实现了船舶总布置优化问题的智能协同求解。本章的主要工作包括以下几点。

（1）基于 DAPS 提出了一种多约束处理方法集成技术。第 4 章提出的 DAPS 具备了解决设计变量规模大，目标函数不连续、不可导的复杂优化问题的能力。为了进一步提高船舶拓扑布置和船舶几何布置优化问题中约束条件的处理能力，提高求解效率，本章以 DAPS 为基础提出了一种集成多种约束处理方法的智能优化求解技术。为了验证所提出约束处理技术的计算效率，选用 13 种复杂约束优化问题作为基准测试函数，将计算结果与 4 种基础约束处理技术进行了对比分析，试验结果表明集成多种约束处理方法的 DAPS 具有比 SF-EP、SP-EP、SR-EP 和 EC-EP 更优秀的计算性能。

（2）建立了船舶拓扑-几何布置映射关系。为了使船舶拓扑布置和船舶几何布置在智能优化求解过程中相互影响、相互促进，本章对船舶拓扑布置和船舶几何布置之间的对应规则进行分析研究，建立了船舶拓扑-几何布置映射关系，并详细推导了船舶几何布置

g 在映射 f 下像的计算，以及船舶拓扑布置 t 关于映射 f 原像的计算方法。

（3）建立了船舶拓扑布置优化问题和船舶几何布置优化问题的智能协同求解流程。在智能协同求解过程中：首先，基于所提出的智能优化算法生成新的船舶拓扑布置和船舶几何布置，并基于建立船舶拓扑-几何布置映射关系实现信息共享；然后，对智能优化算法生成的布置方案进行修改调整；最后，利用计算机的高速计算能力进行大规模的迭代运算，得到满足工程应用的最优船舶整体布局，为后续船舶总布置详细设计提供正确引导。

第 6 章

船舶总布置智能优化设计案例

为了验证本书提出的船舶总布置优化设计建模方法和智能协同求解技术的有效性，本章将以科考船和客船两种代表船型为例进行测试分析。

本章首先选择 Atlantis 号科考船为研究对象，根据该船的现有总布置方案反推出船舶总布置优化设计所需的初始输入，然后以此为基础进行优化设计，并将优化得到的总布置方案与 Atlantis 号科考船的现有总布置进行对比分析。之后，将船舶总布置优化设计方法用于 150 客长江豪华旅游船的工程设计实践中，由船舶设计人员根据设计任务书及设计经验初步确定总布置优化设计所需的初始信息，最后，应用本书提出的优化设计方法进行优化求解，得到 150 客长江豪华旅游船的整体布局方案。为了进一步说明优化设计结果的有效性，围绕优化设计结果开展后续的详细设计工作，并将最终生成的船舶总布置图与优化设计结果进行详细对比说明。

6.1　Atlantis 号科考船

海洋科学考察船（research vessel，RV）是为进行海上科学调查研究而设计的一类船舶，通常搭载大量科学研究设施以发挥多种不同作用。科考船作为一类相对复杂的布置地位型船舶，其总布置的优劣对船舶的航行和使用效能存在很大影响。

6.1.1　Atlantis 号科考船简介

Atlantis 号科考船是世界上最复杂的科考船之一，主要用于海洋生物学、地质学和海洋自然环境的研究，于 1997 年 4 月建成交付使用，如图 6-1 所示。本节选择 Atlantis 号海洋科考船作为对象，验证本书提出的船舶布置优化设计方法的有效性及合理性。

图 6-1　Atlantis 号科考船

Atlantis 号科考船的主尺度及主要设备配置见表 6-1。该船可容纳 36 名船员、技术人员和潜水员，以及一个包含 24 人的科研团队，进行连续作业最长时间可达 60 天。Atlantis 号科考船的总布置如图 1-3 所示，从图中可以看出其配备了 6 个学科的实验室及配套的存储空间，此外还设计有专门用于放置小型潜艇或深潜器的机库和机械车间。为保证各种科学研究的顺利进行，Atlantis 号科考船配备 3 台绞车、3 台起重吊机及 2 台起重泵；为了保证船舶的使用灵活性，Atlantis 号科考船预留了 6 处不小于 6 m² 的露天甲板空间以用于临时性的设备搭载及存放。

表 6-1 Atlantis 号科考船主尺度及主要设备配置

主要参数	单位	数据	主要参数	设备明细
建造年份	年	1997	定员	船员 22 人
船长	m	83.65		潜水员 12 人
吃水	m	5.80		技术人员 2 人
船宽	m	16.00		科研人员 24 人
方形系数		0.459 4	动力形式	柴电混合
总重	t	3 200	发电机组	715 kW 发电机×3
自持力	天	60	绞车	船底电动绞车×1
排水量	t	3 566		甲板液压绞车×2
续航里程	km	17 280	起重设备	起重机×2
设计航速	km/h	11.00		甲板便携吊×1
燃油储备	m^3	101.32		液压起重泵×2

6.1.2 优化设计输入

1. 布置空间输入信息

布置空间输入信息是用于定义船舶拓扑布置优化过程中的区域节点及船舶几何布置优化过程的船舶布置空间。Atlantis 号科考船的布置空间输入信息由船舶尺度信息、船舶甲板信息、横舱壁信息和船舶通道布局信息共同构成，见表 6-2 和表 6-3。

表 6-2 Atlantis 号科考船甲板信息

甲板名称	起始位置/m	终止位置/m	甲板宽度/m	通道布局形式
3rd 甲板	22.6	53.1	15.0	单列或双列布局
2nd 甲板	1.2	80.0	16.0	单列或双列布局
主甲板	0.0	80.0	16.0	三列布局
01 甲板	17.0	83.7	16.0	三列布局
02 甲板	17.0	64.1	16.0	三列布局
03 甲板	17.0	64.1	13.0	三列布局
04 甲板	22.6	53.1	10.0	三列布局
05 甲板	22.6	53.1	10.0	无通道

表 6-3　Atlantis 号科考船水密横舱壁位置信息

横舱壁序号	纵向位置/m	横舱壁序号	纵向位置/m
封板尾	0.0	04#	38.5
01#	10.4	05#	53.1
02#	17	06#	64.1
03#	22.6	艏尖舱壁	72.7

在船舶几何布置优化设计中，Atlantis 号科考船各层甲板的有效布置区域如图 6-2 所示。根据主船体水密横舱壁位置，对各层甲板进行布置区域划分，如图 6-3（a）所示。由于 05 甲板是顶棚甲板，其布置相对简单并对其他甲板布置影响较小，因此在船舶总布置优化过程中可忽略。因此，根据甲板布置区域划分，可得到用于船舶拓扑布置优化设计的区域节点网络结构，如图 6-3（b）所示。图中 6 种灰度分别表示露天甲板区域、单一舱室甲板区域、多舱室甲板区域、类别待定的甲板区域、驾驶甲板区域、布置优化设计中可忽略的船舶艏尖舱区域。

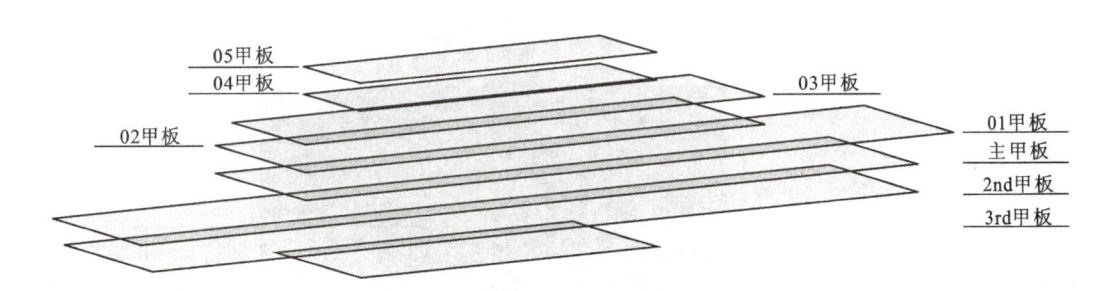

图 6-2　船舶甲板布置平面

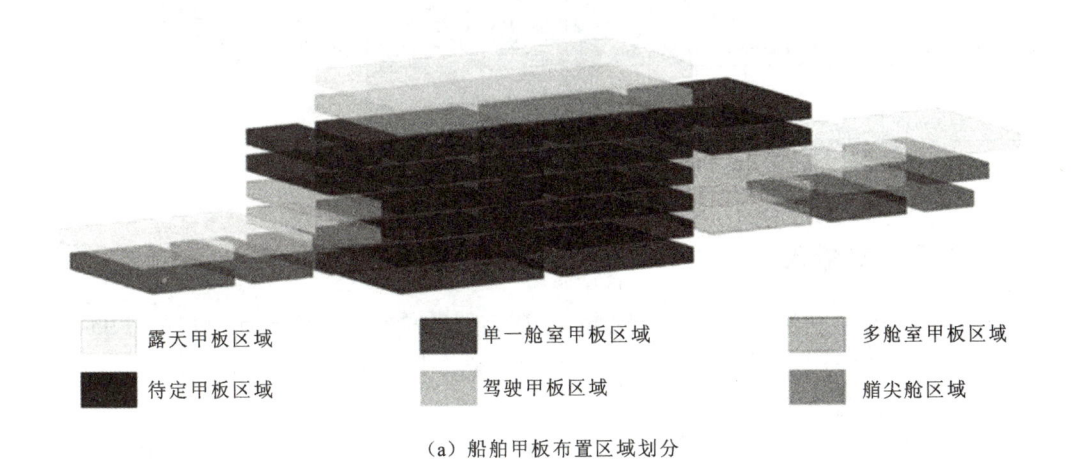

（a）船舶甲板布置区域划分

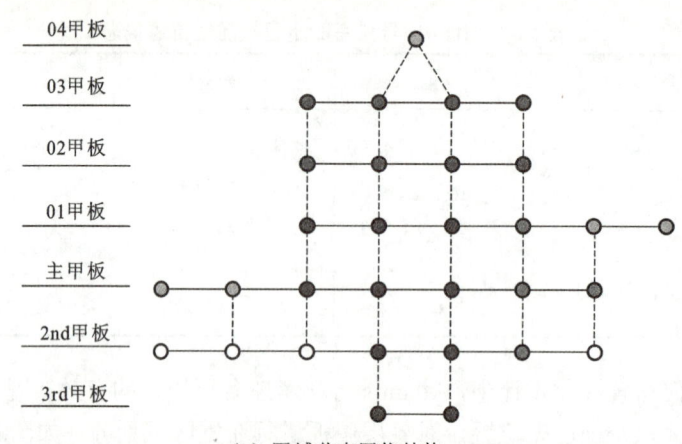

04甲板
03甲板
02甲板
01甲板
主甲板
2nd甲板
3rd甲板

(b) 区域节点网络结构

图 6-3 船舶拓扑布置网络中的区域节点

此外，为了评估船舶拓扑布置网络中对象节点与区域节点的匹配性，还需要设计人员根据设计经验确定各个区域节点对应甲板布置区域的布置偏好值。参考 Atlantis 号科考船的现有布置方案，以船舶适居性为原则，对各个区域节点对应甲板区域的布置偏好及布置面积进行设定，如图 6-4 所示。

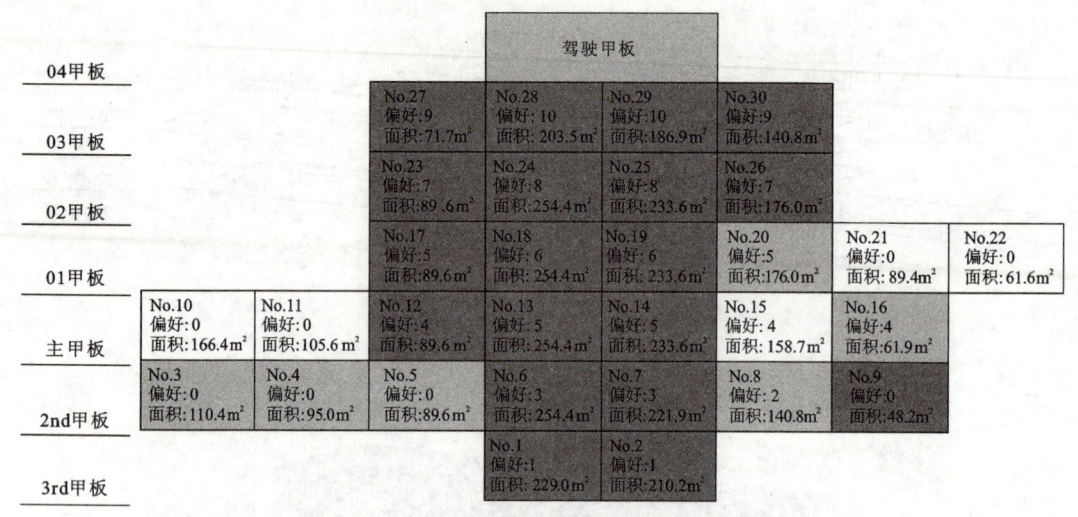

驾驶甲板

04甲板						
03甲板	No.27 偏好:9 面积:71.7m²	No.28 偏好:10 面积:203.5m²	No.29 偏好:10 面积:186.9m²	No.30 偏好:9 面积:140.8m²		
02甲板	No.23 偏好:7 面积:89.6m²	No.24 偏好:8 面积:254.4m²	No.25 偏好:8 面积:233.6m²	No.26 偏好:7 面积:176.0m²		
01甲板	No.17 偏好:5 面积:89.6m²	No.18 偏好:6 面积:254.4m²	No.19 偏好:6 面积:233.6m²	No.20 偏好:5 面积:176.0m²	No.21 偏好:0 面积:89.4m²	No.22 偏好:0 面积:61.6m²
主甲板	No.10 偏好:0 面积:166.4m²	No.11 偏好:0 面积:105.6m²	No.12 偏好:4 面积:89.6m²	No.13 偏好:5 面积:254.4m²	No.14 偏好:5 面积:233.6m²	No.15 偏好:4 面积:158.7m²	No.16 偏好:4 面积:61.9m²
2nd甲板	No.3 偏好:0 面积:110.4m²	No.4 偏好:0 面积:95.0m²	No.5 偏好:0 面积:89.6m²	No.6 偏好:3 面积:254.4m²	No.7 偏好:3 面积:221.9m²	No.8 偏好:2 面积:140.8m²	No.9 偏好:0 面积:48.2m²
3rd甲板			No.1 偏好:1 面积:229.0m²	No.2 偏好:1 面积:210.2m²			

图 6-4 船舶甲板布置区域布置偏好和布置面积

2. 布置对象输入信息

参考 Atlantis 号科考船的现有布置方案，确定船舶总布置优化设计中共考虑 95 个主要布置对象，包括机器处所、甲板机械、后勤储藏、生活处所、医疗处所、起居舱室、工作舱室 7 种类别。

在船舶拓扑布置优化中，需要提前输入对象节点的布置等级、属性、使用功能及参考布置面积信息。算例中对象节点的布置等级设置情况见表 6-4；对象节点的属性及使用功能信息参考表 2-3 和表 2-4；对象节点对应的布置面积信息见表 6-5。

· 154 ·

表 6-4 Atlantis 号科考船布置对象的布置等级

布置对象	布置等级	布置对象	布置等级	布置对象	布置等级
发电机舱	0	设备储藏间	0	技工间	4
烟囱	0	干式储藏间	0	潜水装备间	2
推进机舱	0	洗衣房	2	潜水工作间	2
绞车车间	0	健身房	2	潜水器机库	2
舷侧推机舱	0	休息室	4	潜水器维修间	2
应急发电机舱	0	会议室	4	潜水器电工间	2
起重机吊	0	厨房	6	氧气罐存放处	0
液压起重泵	0	餐厅	6	潜水罐存放处	0
甲板便携吊	0	病房	8	科研储藏间	0
潜水器收放架	0	医务室	8	科研冷藏室	0
锚机	0	船长室	10	科研冷冻室	0
救生艇存放区	0	船员二人间	8	科研办公室	6
工作艇存放区	0	临时休息室	6	主实验室	4
甲板液压绞车	0	技工休息室	8	电子实验室	4
控制间	0	潜水员卧室	8	生物实验室	4
临时存放区	0	科研人员卧室	8	流体实验室	4
食品保鲜室	0	首席卧室	10	化学柜	4
食品速冻室	0	驾驶区域	0	科研工作间	4
船舶储物间	0	船员工作间	4		

在船舶几何布置优化中，所需设计输入包括舱室、设备类布置对象的几何尺寸和空间位置的可用范围，以及预定义的逻辑类布置对象的布置位置和尺寸。船舶舱室、设备类布置对象的几何尺寸可用范围见表 6-5；空间位置可用范围可根据船舶甲板布置区域尺寸确定。

表 6-5 中长宽比为定值或者适应甲板区域的舱室为尺寸固定的舱室。机器处所类布置对象中：烟囱布置于露天甲板区域或者多舱室甲板区域均可，应急发电机舱仅允许布置于多舱室甲板区域，其他布置对象则均布置于单一舱室甲板区域且位置固定，如图 6-5 所示；甲板机械类布置对象均应布置于露天甲板区域，其中潜水器收放架和锚机布置位置固定，如图 6-5 所示；其余 5 种布置对象中，除潜水装备间布置于指定单一舱室甲板区域外，其他均应布置于多舱室甲板区域。

· 155 ·

表 6-5 Atlantis 号科考船布置对象尺寸信息

类别	名称	数量	面积均值/m²	可调整范围/%	长宽比 Min	长宽比 Max	备注说明
机器处所	发电机舱	2	240.0	±25	适应甲板区域		布置于 No.1 和 No.6 或 No.2 和 No.7 区域
	烟囱	5	12.0	±0	3:4		从发电机舱上方穿至顶棚甲板
	推进机舱	1	110.0	±15	适应甲板区域		布置于 No.3 区域
	绞车车间	1	95.0	±15	适应甲板区域		布置于 No.4 区域
	舷侧推进舱	1	50.0	±15	适应甲板区域		布置于 No.9 区域
	应急发电机舱	1	28.0	±0	1:3	3:1	
甲板机械	起重机吊	2	8.0	±0	1:2		分别布置于船舷两侧
	液压起重泵	2	24.0	±0	3:8		对称布置于甲板左右两侧
	甲板便携吊	1	7.5	±0	6:5		布置于 No.21 区域
	潜水器收放架	1	56.0	±0	7:8		对称布置于 No.10 区域
	锚机	1	44.0	±0	11:4		对称布置于 No.22 区域
	救生艇存放区	1	18.0	±0	2:1		布置于起重机吊下方
	工作艇存放区	2	24.0	±0	2:3		布置于船舷
	甲板液压绞车	2	16.0	±0	1:1		邻近布置
	AFT 控制间	1	15.0	±20	1:3	3:1	邻近布置
后勤储藏	临时存放区	4	18.0	±0	2:1		
	食品保鲜室	1	25.0	±20	1:4	4:1	
	食品速冻室	1	30.0	±20	1:4	4:1	
	船舶储物间	1	15.0	±20	1:4	4:1	
	设备储藏间	1	35.0	±20	1:4	4:1	
	干式储藏间	1	25.0	±20	1:4	4:1	

续表

类别	名称	数量	面积 均值/m²	面积 可调整范围/%	长宽比 Min	长宽比 Max	备注说明
生活处所	洗衣房	1	25.0	±20	1:3	3:1	
生活处所	健身房	1	25.0	±20	1:3	3:1	
生活处所	休息室	1	30.0	±20	1:3	3:1	
生活处所	会议室	1	40.0	±20	1:3	3:1	
生活处所	厨房	1	30.0	±20	1:3	3:1	
生活处所	餐厅	1	50.0	±20	1:3	3:1	
医疗处所	病房	1	50.0	±20	1:3	3:1	
医疗处所	医务室	1	25.0	±20	1:3	3:1	
起居舱室	船长室	1	25.0	±20	1:2	2:1	
起居舱室	船员二人间	11	20.0	±20	1:2	2:1	
起居舱室	临时休息室	1	50.0	±20	1:2	2:1	
起居舱室	技工休息室	2	15.0	±20	1:2	2:1	2人间
起居舱室	潜水员卧室	6	20.0	±20	1:2	2:1	2人间
起居舱室	科研人员卧室	11	20.0	±20	1:2	2:1	2人间
起居舱室	首席卧室	1	30.0	±20	1:2	2:1	
工作舱室	驾驶区域	1	50.0	±20	适应甲板区域	适应甲板区域	布置于驾驶甲板，且位于烟囱前方
工作舱室	船员工作间	1	18.0	±20	1:3	3:1	
工作舱室	技工间	1	18.0	±20	1:3	3:1	
工作舱室	潜水装备间	1	89.6	±0	适应甲板区域	适应甲板区域	布置于 No.5 区域

· 157 ·

续表

类别	名称	数量	面积		长宽比		备注说明
			均值/m²	可调整范围/%	Min	Max	
工作舱室	潜水工作间	1	30.0	±20	1:3	3:1	布置于主甲板且贯穿两层甲板
	潜水器机库	2	50.0	±10	1:3	3:1	
	潜水器维修间	1	20.0	±10	1:3	3:1	
	潜水器电工间	1	20.0	±10	1:3	3:1	
	氧气罐存放处	1	10.0	±20	1:4	4:1	
	潜水罐存放处	1	20.0	±20	1:4	4:1	
	科研储藏间	1	50.0	±20	1:4	4:1	
	科研冷藏室	1	10.0	±10	1:3	3:1	
	科研冷冻室	1	10.0	±10	1:3	3:1	
	科研办公室	1	20.0	±20	1:3	3:1	
	主实验室	1	130.0	±30	1:3	3:1	
	电子实验室	1	70.0	±20	1:3	3:1	
	生物实验室	1	50.0	±20	1:3	3:1	
	流体实验室	1	70.0	±20	1:3	3:1	
	化学柜	1	30.0	±20	1:3	3:1	
	科研工作间	1	12.0	±10	1:3	3:1	

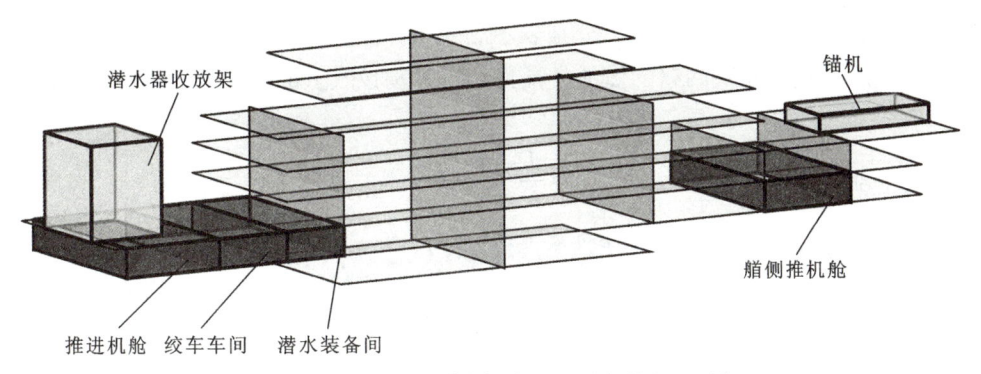

图 6-5 Atlantis 号科考船中位置固定的布置对象

Atlantis 号科考船布置优化中定义的逻辑类布置对象包括保证潜水器机库和吊车正常使用的运行空间（图 6-6），以及用于修正船舶甲板布置区域形状的占位空间（图 6-7）。潜水器机库的运行空间宽度与潜水器机库宽度相等，取 5 m；起重机吊布置空间宽度与起重机吊相等，布置空间高度等于起重机吊高度的 30%，长度取 10 m。受船舶型线的限制，Atlantis 号科考船艏部甲板宽度逐渐变窄，因此需要在 No.2、No.7、No.8、No.15 和 No.16 甲板区域添加相应的占位空间。No.21 和 No.22 为露天甲板区域，且布置于这两个区域的布置对象数量较少且相对固定，因此可不考虑这两个甲板区域的形状修正。

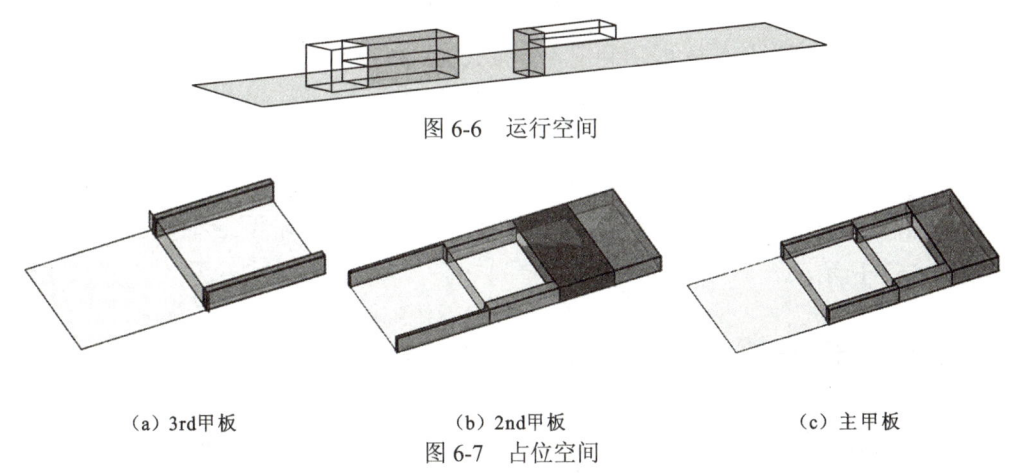

图 6-6 运行空间

（a）3rd 甲板　　（b）2nd 甲板　　（c）主甲板

图 6-7 占位空间

6.1.3 优化目标及约束

本节以 Atlantis 号科考船作为船舶布置优化测试对象。优化过程中，选取的目标函数如式（6-1）所示。

$$\begin{cases} F_{\mathrm{T}} = \omega_1(1-F_{\mathrm{T1}}) + \omega_2(1-F_{\mathrm{T2}}) + \omega_3(1-F_{\mathrm{T3}}) \\ F_{\mathrm{G}} = \sqrt[3]{\dfrac{\sum_{i=1}^{2} F_{\mathrm{G}_i}}{n} \cdot \min F_{\mathrm{G}_i} \cdot \max F_{\mathrm{G}_i}} \end{cases} \quad (6\text{-}1)$$

式中：F_{T} 和 F_{G} 为船舶拓扑布置优化和船舶几何布置优化中的目标函数，ω_1、ω_2 和 ω_3 均取 1/3。

在函数 F_T 中，F_{T1}、F_{T2} 和 F_{T3} 分别表示船舶拓扑布置优化中船舶的适居性、模块划分合理性及船舶拓扑布置网络的流通便捷性，可分别按式（6-2）、式（6-3）和式（6-4）进行计算。

$$F_{T1} = \frac{1}{N}\sum_{i=1}^{N}\frac{P_i \cdot \omega_{pi}}{\varphi} \tag{6-2}$$

式中：N 为对象节点的总数量；P_i 为对象节点 i 对应的区域节点的布置偏好，如图 6-4 所示；ω_{pi} 为对象节点 i 的布置等级，见表 6-4；φ 为用于标准化 F_{T1} 设置的系数，取为 100。

$$F_{T2} = \frac{Q_{\max} - Q_w}{Q_{\max}} \tag{6-3}$$

式中：$Q_{\max}$ 为船舶布置对象相互影响关系网络最佳社团划分对应的模块度；Q_w 为实际的模块度，可按式（2-38）进行计算。

$$F_{T3} = 1 - U_L(f_{\text{path}}) \tag{6-4}$$

式中：f_{path} 为流通总距离，按式（2-46）进行计算；U_L 为线性隶属度函数，如式（3-46）所示。

在函数 F_G 中，包含船舶几何布置的两个评价指标：甲板面积利用率 F_{G_1} 和舱壁利用率 F_{G_2}，如式（6-5）和式（6-6）所示。

$$F_{G_1} = 1 - U_N(f_{\text{area}}) \tag{6-5}$$

式中：f_{area} 为船舶甲板的实际面积利用率，按式（3-39）计算；U_N 为正态分布隶属度函数，如式（3-47）所示。

$$F_{G_2} = 1 - U_N(f_{\text{bulkhead}}) \tag{6-6}$$

式中：f_{bulkhead} 为船舶舱壁的实际面积利用率，按式（3-41）计算。

Atlantis 号科考船布置优化过程中，考虑的设计约束主要如式（2-55）、式（3-55）和式（3-56）所示。

6.1.4 优化设计结果

Atlantis 号科考船总布置优化设计过程中，拓扑和几何设计目标的收敛曲线如图 6-8 所示，优化设计得到的总布置方案如图 6-9 所示。

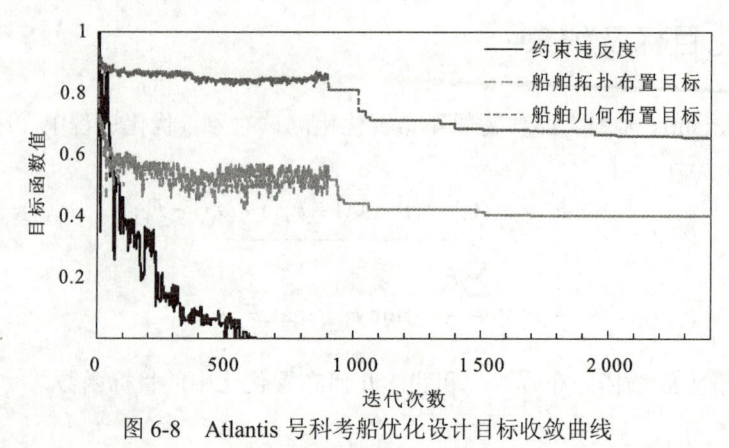

图 6-8 Atlantis 号科考船优化设计目标收敛曲线

(a) 船舶拓扑布置网络

(b) 船舶几何布置三维模型

图 6-9　Atlantis 号科考船总布置优化设计结果

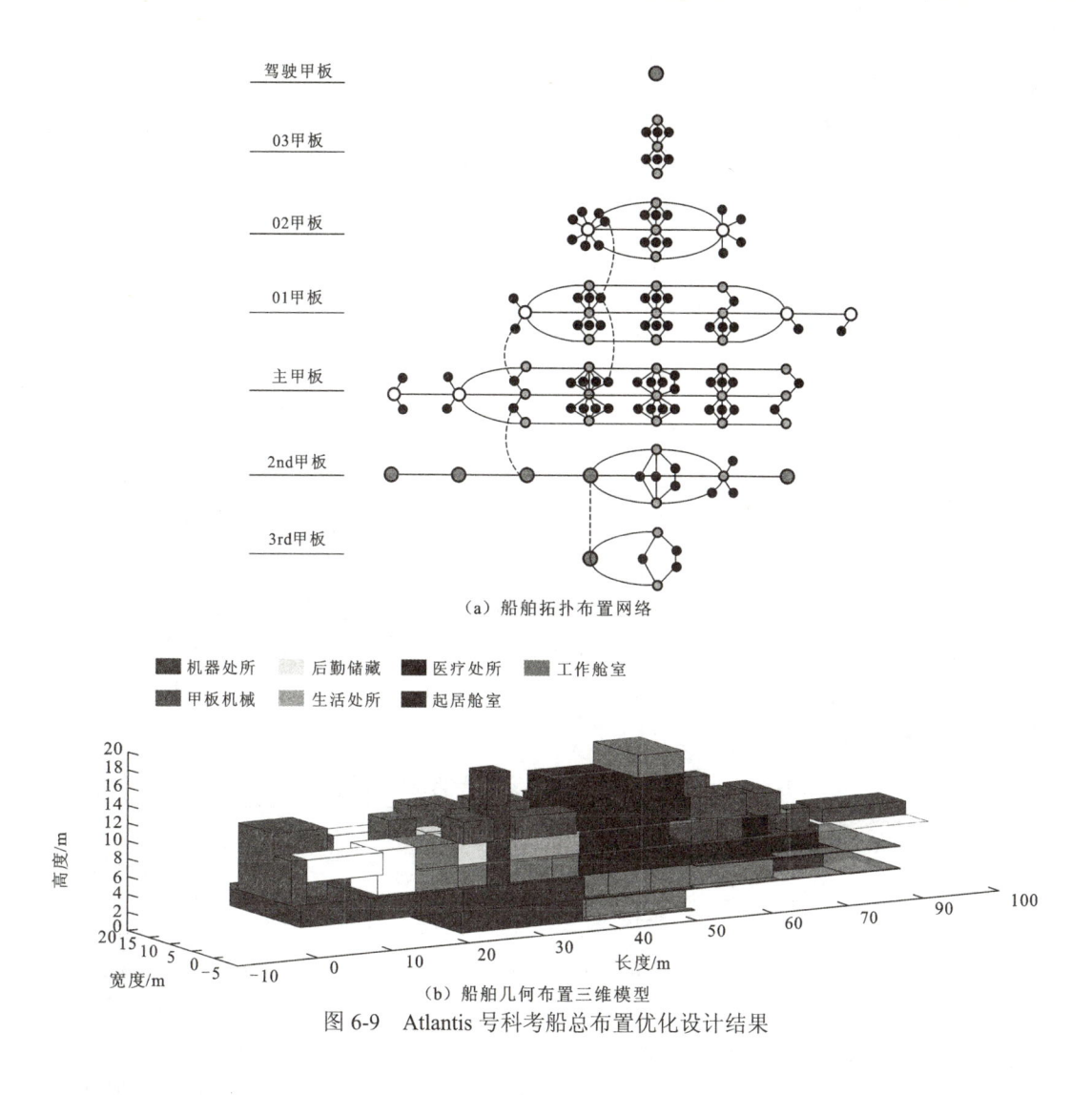

6.1.5　分析讨论

1. 收敛过程分析

Atlantis 号科考船总布置优化计算在搭载 Intel® Core™ i7-6700K CPU @4.00 GHz 处理器并配备 Windows 10 专业版操作系统的个人计算机上运行，计算总时长为 6765.8 s。与传统的手工设计相比，本书提出的船舶布置优化设计方法能有效提高船舶布置设计效率。

从图 6-8 中可以看出：在优化设计的开始阶段，约束违反度函数不为零，表明此阶段算法生成的船舶布置方案无法完全满足约束条件；受到约束违反度的影响，此时拓扑和几何设计目标函数呈现波动下降趋势；当算法生成满足所有设计约束条件的船舶布置方案之后，船舶拓扑布置目标函数值和船舶几何布置目标函数值将不再波动，并呈现出不断下降的趋势。此外，从收敛过程还可以看出，船舶几何布置优化问题的求解略微滞后于船舶拓扑布置优化问题的求解，其原因在于船舶几何布置优化问题的求解对船舶拓扑布置优化求解信息的依赖性更强。

从 Atlantis 号科考船的求解过程中可以看出，船舶几何布置优化目标函数在求解初期的波动较小，其原因在于 Atlantis 号科考船存在 30 个甲板布置区域，而船舶布置对象最终仅使用了 25 个布置区域，这也就说明船舶几何布置有问题的可行解空间较大，该问题中的约束函数能够较好地满足。随着协同求解的进行，船舶几何布置优化问题中有效的船舶甲板布置面积虽然会不断缩小，但得益于船舶拓扑-几何映射关系的作用，船舶布置对象的布置面积会按比例等效缩放，因此对船舶几何布置优化问题中最优解的约束违反度仍然维持在相对较小的水平波动。

2. 优化结果与 Atlantis 号科考船布置对比

由于在 Atlantis 号科考船的布置优化设计中并未考虑船舶垂向通道，在最终得到的船舶拓扑布置网络中不包含表示垂向通道的虚线边。图 6-9（a）中存在的 4 条虚线边是用于连接不同网络片表示相同的布置对象（发电机舱、潜水器机库和烟囱）。为了更好地说明优化设计结果的有效性，分别从布置方案的适居性、社团划分合理性、人员流通便捷性、甲板面积利用率及舱壁利用率 5 个方面量化对比实船布置与优化结果的差异，并将优化设计得到的各层甲板布置与 Atlantis 号科考船总布置进行对比分析，如表 6-6 所示。

表 6-6　优化布置与 Atlantis 号科考船评估结果对比

项目	适居性	社团划分合理性	人员流通便捷性	甲板面积利用率/%	舱壁利用率/%	船舶拓扑布置整体评价	船舶几何布置整体评价
实船布置	0.207	0.126	0.376	84.5	32.6	0.764	0.480
优化布置	0.221	0.287	0.519	90.1	39.4	0.658	0.401

表 6-6 列出的评估结果，分别根据式（2-32）、式（2-39）、式（2-47）、式（3-39）和式（3-41）计算得到。从表中可以看出：优化布置方案在适居性、社团划分合理性、人员流通便捷性、甲板面积利用率及舱壁利用率 5 个方面的评估值均大于实船布置方案；最终计算得到优化布置方案的船舶拓扑布置整体评价值和船舶几何布置整体评价值均小于实船布置方案。其原因在于，在分项计算过程中，适居性、社团划分合理性、人员流通便捷性、甲板面积利用率及舱壁利用率对应的评估值越大表明该项性能越好，而最终的整体评价值经过标准化处理，如式（2-55）和式（3-45）所示，值越小对应的布置方案越优。

3rd 甲板为 Atlantis 号科考船的最下层甲板，仅包含 2 个有效的甲板布置区域。图 6-10 将 3rd 甲板优化布置与实船布置进行了对比。从图中可以看出：No.1 甲板区域为单一舱室甲板区域，优化结果与实船布置保持一致，均用于布置发电机舱；No.2 甲板区域为多舱室甲板区域，优化结果中该区域采用双列主要纵向通道布局形式，用于布置主实验室、科研冷藏室和科研冷冻室，而实船布置中该区域采用单列主要纵向通道布局形式，用于布置各储藏室。

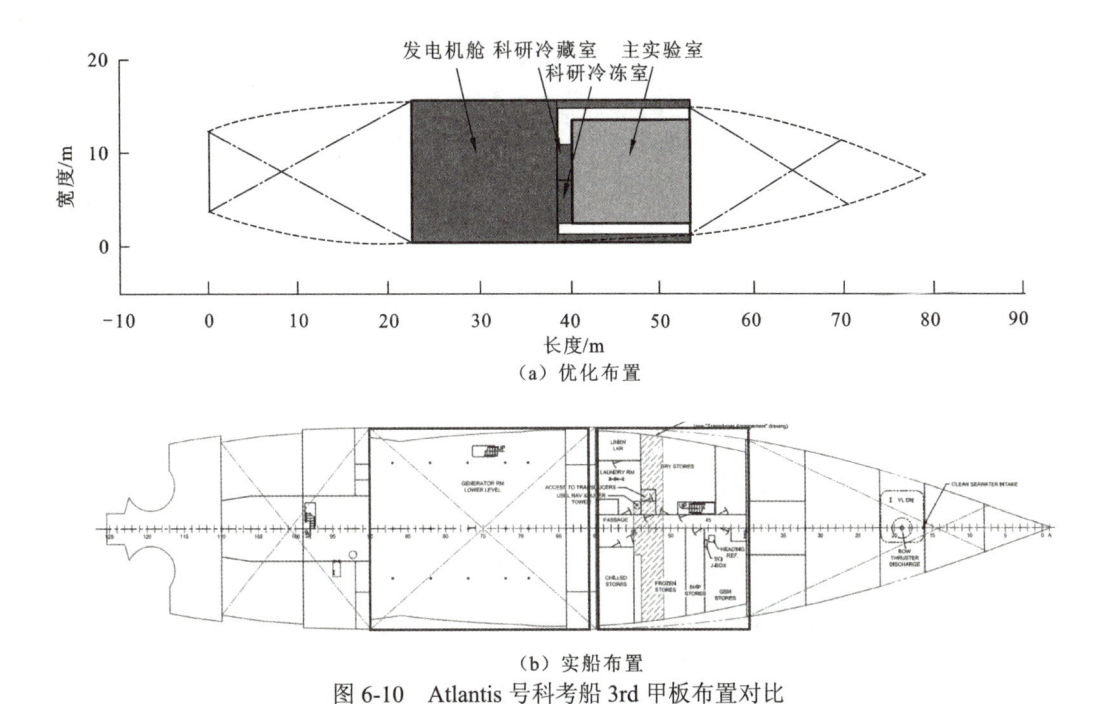

(a) 优化布置

(b) 实船布置

图 6-10　Atlantis 号科考船 3rd 甲板布置对比

2nd 甲板上包含 7 个甲板布置区域，图 6-11 将 2nd 甲板优化布置与实船布置进行了对比。No.3、No.4、No.5、No.6 和 No.9 甲板区域均为单一舱室甲板区域，优化布置与实船布置保持一致，均分别用于布置推进机舱、绞车车间、潜水装备间、发电机舱和舷侧推机舱。优化布置和实船布置中，No.8 甲板区域均为多舱室甲板区域；优化布置中该区域采用双列主要纵向通道布局形式，用于布置科研工作间、科研储藏间、电子实验室和流体实验室；实船布置中，该区域为单列主要纵向通道布局形式，用于布置船员、潜

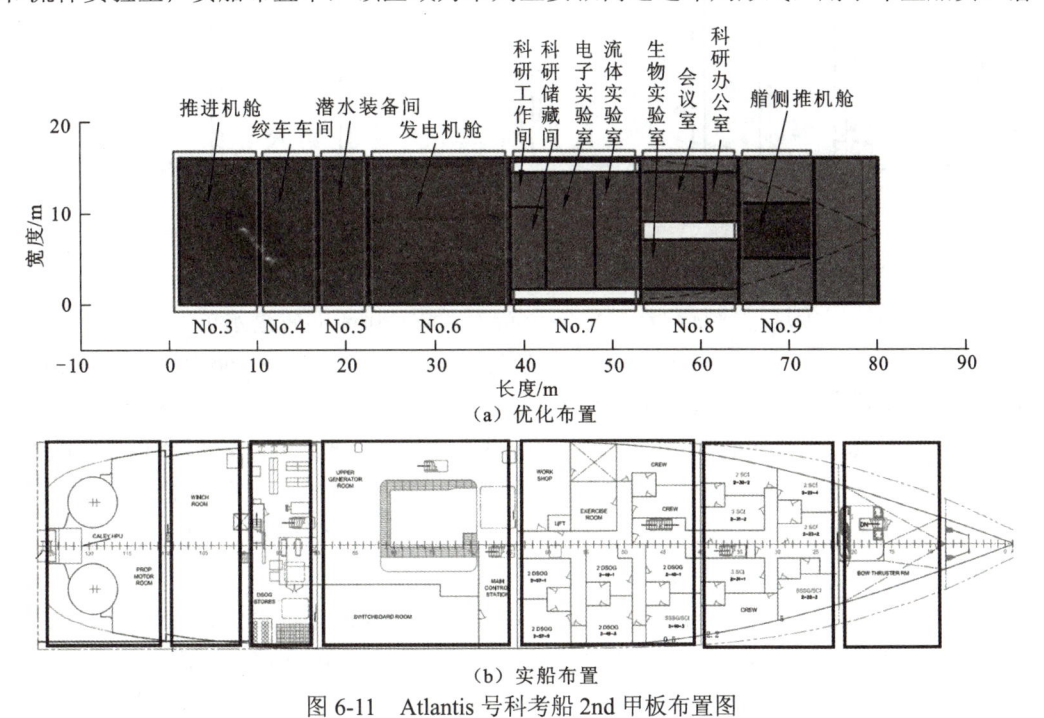

(a) 优化布置

(b) 实船布置

图 6-11　Atlantis 号科考船 2nd 甲板布置图

· 163 ·

水人员卧室及健身房和工作间。优化布置和实船布置中，No.9 甲板区域同样为多舱室甲板区域，且均采用单列主要纵向通道布局形式；优化布置中，该区域用于布置生物实验室、会议室和科研办公室；而实船布置中该区域用于布置科研人员和船员卧室。

主甲板上包含 7 个甲板布置区域，图 6-12 将主甲板优化布置与实船布置进行了对比。No.10 和 No.11 为露天甲板区域，优化布置中用于布置潜水器收放架、潜水器机库和 2 台起重机吊；起重机要求布置于两侧船舷，因此 No.10 甲板区域中起重机吊布置于左舷，No.11 甲板区域中其布置于右舷。而实船布置中，No.10 和 No.11 布置了潜水器收放架、潜水器机库和一台起重机吊。优化布置与实船布置中 No.12~No.16 均为多舱室甲板区域且采用三列主要纵向通道布局形式。优化布置中，No.12 和 No.13 甲板区域主要用于布置潜水工作舱室，No.14~No.16 则用于布置起居舱室。而在实船布置中，No.12~No.16 甲板区域均用于布置科研实验室。

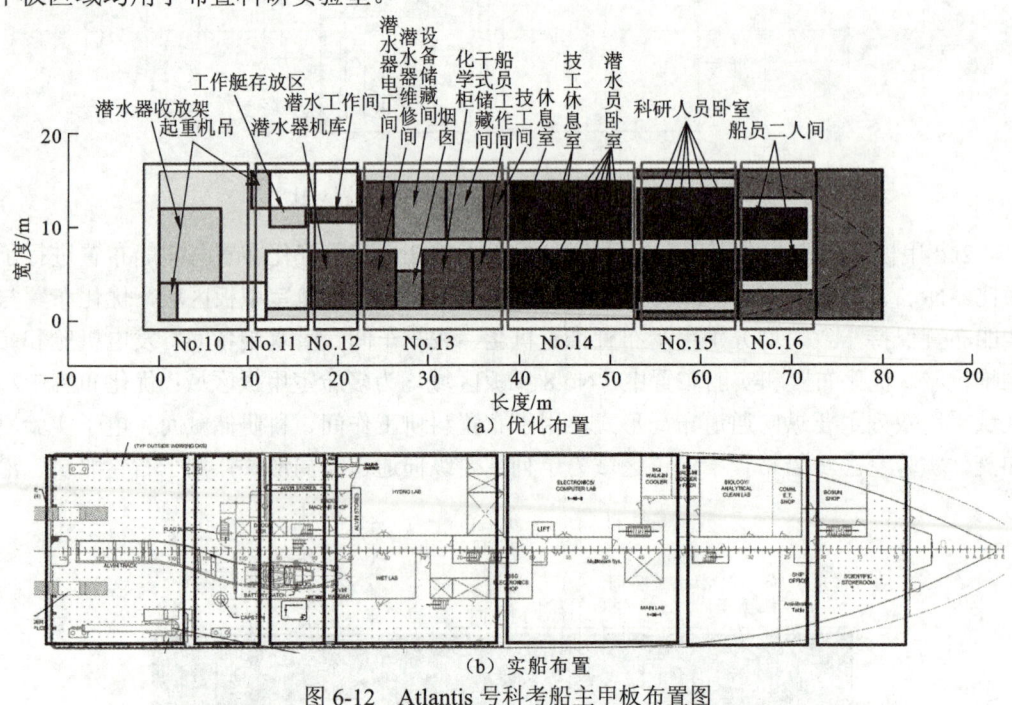

(a) 优化布置

(b) 实船布置

图 6-12 Atlantis 号科考船主甲板布置图

01 甲板上包含 6 个甲板布置区域，图 6-13 将 01 甲板优化布置与实船布置进行了对比。实船在该层甲板尾部比优化结果多一个布置区域，用于布置潜水员电工间。优化布置中，No.17、No.21 和 No.22 甲板区域为露天甲板区域，No.18 和 No.19 为多舱室甲板区域；实船布置中 No.17、No.18、No.21 和 No.22 为露天甲板区域，No.19 和 No.20 为多舱室甲板区域。优化布置中，No.18 甲板区域主要用于布置餐厅、厨房及食品储藏室，No.19 甲板区域用于布置科研人员卧室及首席卧室，No.20 甲板区域用于布置洗衣房、健身房、医务室和病房。在实船布置中，No.19 甲板区域用于布置餐厅、厨房和会议室等，No.20 甲板区域则用于布置船员卧室。

02 甲板上包含 3 个甲板布置区域，图 6-14 将 02 甲板优化布置与实船布置进行了对比。No.24 和 No.26 甲板区域均为露天甲板区域，此外，实船在该层甲板尾部比优化结果多一个露天甲板区域，但并未布置舱室和设备。优化布置中，No.25 甲板区域用于布

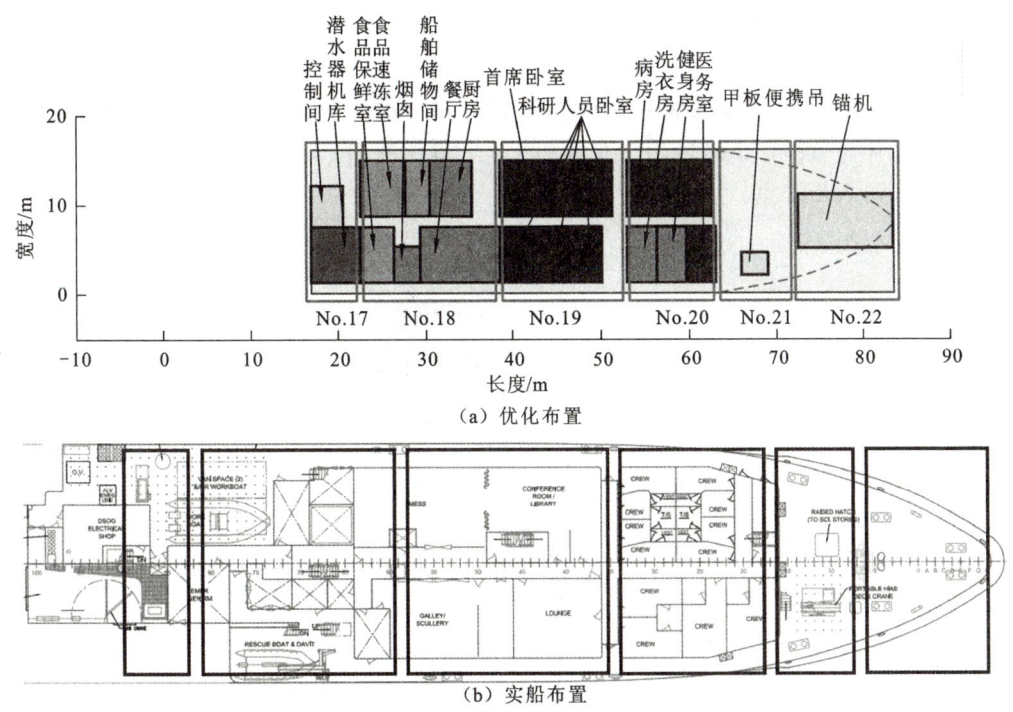

图 6-13　Atlantis 号科考船 01 甲板布置图

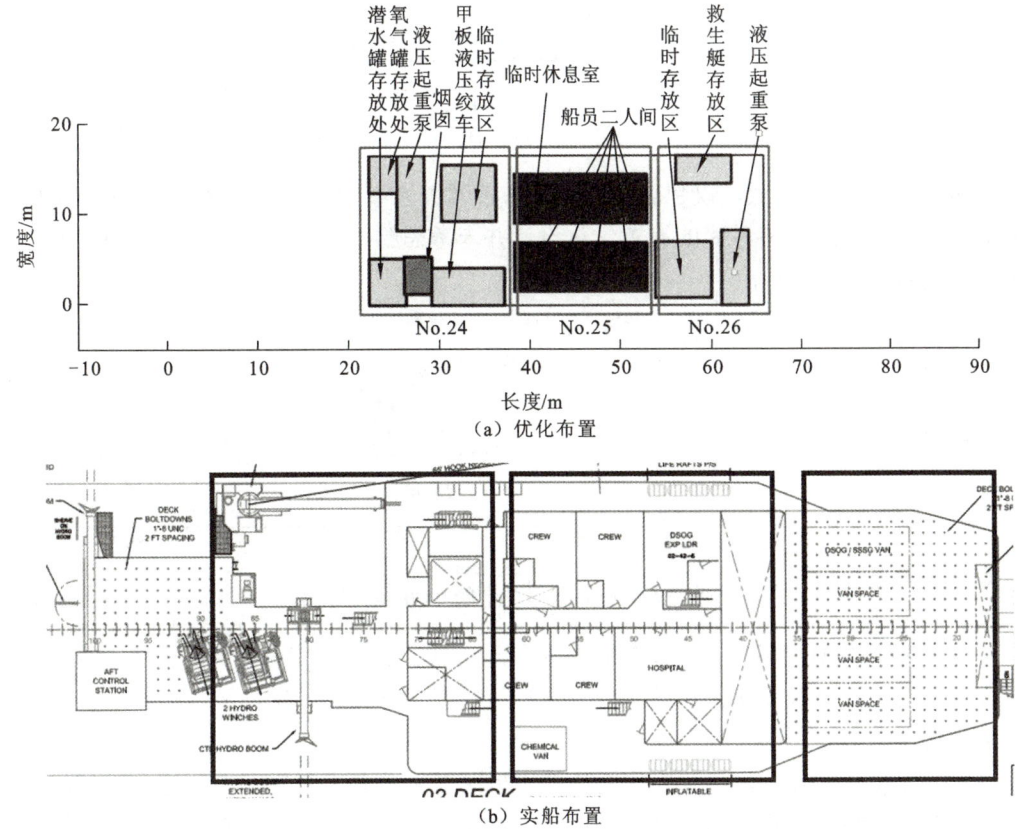

图 6-14　Atlantis 号科考船 02 甲板布置图

· 165 ·

置船员临时休息室和船员二人间；实船布置中，No.25 甲板区域用于布置船员卧室、医务室和病房。

03 甲板上包含 1 个多舱室甲板区域，图 6-15 将 03 甲板优化布置与实船布置进行了对比。在优化布置中，该区域用于布置船长室和 5 个船员二人间；而在实船布置中该区用于布置科研人员卧室。

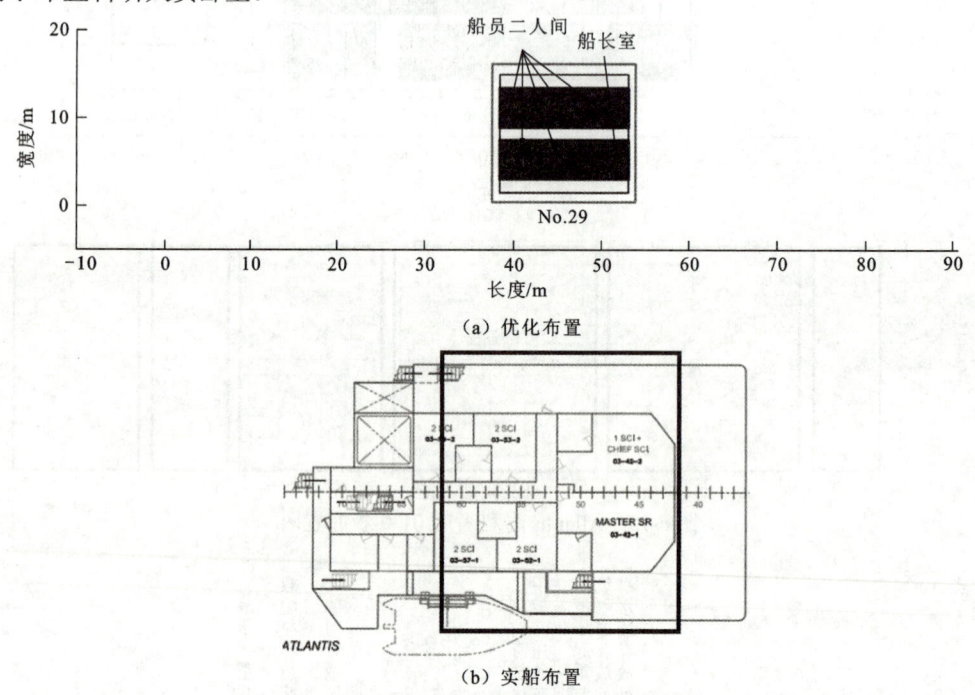

(a) 优化布置

(b) 实船布置

图 6-15　Atlantis 号科考船 03 甲板布置图

04 甲板为驾驶甲板，仅包含一个用于布置驾驶区域的甲板布置区域，如图 6-16 所示。由于 Atlantis 号科考船的布置优化设计并未考虑舱室内部的布置细节，因此未与实船布置进行对比。

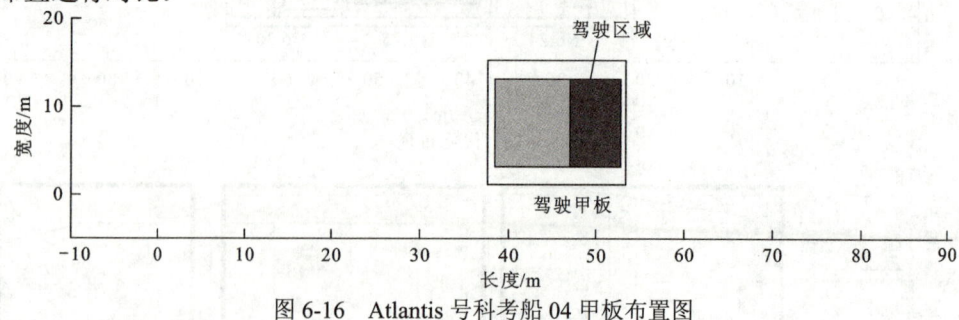

图 6-16　Atlantis 号科考船 04 甲板布置图

05 甲板为顶棚甲板，用于放置桅杆和雷达天线，在布置优化设计中并未考虑。

通过对比，可以发现优化结果受到设计目标的主导作用，得出了与实船布置不同的布置方案。

（1）在主船体部分，优化布置对应的甲板区域划分并未与实船布置完全对应，其原因在于船舶最终的布置还需根据船舶型线、结构等方面进行修改调整，优化结果仅为船舶初步设计阶段的一个布局方案，还有待后续详细设计进一步完善。

（2）实船布置中，科研实验室集中布置于主甲板上，而在优化结果中科研实验室集中布置于主甲板之下的两层甲板上。

（3）实船布置中，各种储藏间集中布置于最下层甲板，而在优化布置中，各储藏室根据储存材料的用途，分散布置于具有相似用途的舱室附近，例如：食品保鲜室、食品速冻室、厨房和餐厅均布置于 No.18 甲板区域；科研冷藏室、科研冷冻室与主实验室布置于 No.2 甲板区域。

（4）实船布置中，船员、潜水员和科研人员的卧室存在混合布置的情况，其中 No.25 甲板区域同时布置船员卧室与病房、医务室；而在优化布置中，各类工作人员卧室相对集中独立，且远离各类破坏居住环境的舱室。

综上所述，优化布置给出的 Atlantis 号科考船布局方案，更多地考虑了船舶的使用便捷性及船舶工作人员的适居性。在优化布置中，船员、潜水员及科研人员的卧室均布置于环境较好的甲板区域内，并相对独立，有效地减少了实船混合居住可能带来的不便。此外，在优化结果中船舶住舱与机器处所、医务室等影响居住环境的舱室有着明显的分隔，有利于营造良好的居住环境。从使用便捷性的角度来看，优化布置中具有相同用途的工作舱室相对集中布置。其中最明显的是储藏室的布置，在实船中储藏室集中布置于最底层甲板，而在优化布置中，储藏室根据用途分散布置于功能相近的舱室附近。

Atlantis 号科考船实船布置是综合考虑全船设计之后的结果，而优化布置仅为初步的布局方案，因此并不能直接得出优化布置是完全优于实船布置的结论。但从使用便捷性和适居性两个角度来看，优化布置与 Atlantis 号科考船实船布置相比是具有优势的。

3. 船舶布置对象布置面积分析总结

最后，对优化结果中各甲板区域中包含的布置对象进行总结，并统计各布置对象布置面积，如图 6-17 和表 6-7 所示。图 6-18 将布置对象的布置面积进行了对比，灰色条形

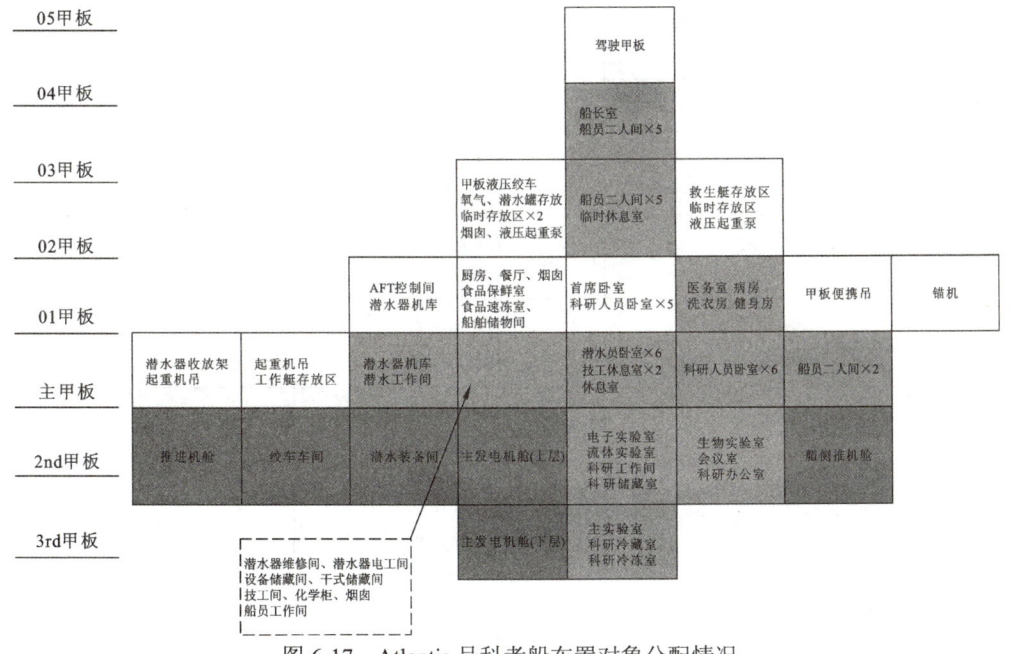

图 6-17　Atlantis 号科考船布置对象分配情况

图表示实船布置中船舶布置对象的布置面积，黑色条形图为优化布置中船舶布置对象的布置面积。优化布置中，大部分船舶布置对象的布置面积是优于现有设计方案的。其中：优化设计得到的后勤储藏类船舶布置对象的面积比原布置面积大 2.06%；生活处所类布置对象的面积比原布置面积小 0.31%；医疗舱室的布置面积比原布置面积大 8.93%；起居舱室的布置面积比原布置面积大 6.60%；船员潜水员工作舱室的布置面积比原布置面积大 3.41%；科研工作舱室的布置面积比原布置面积大 7.91%。优化结果中布置面积增大的主要原因在于，对优化设计中布置对象的几何形状进行了简化，且仅考虑了主要的舱室和设备，因此相比实船布置具有更大的布置面积。

表 6-7　Atlantis 号科考船甲板区域布置情况

甲板区域	区域类别	通道形式	布置对象	布置面积/m²	面积利用率/%
No.1	单一舱室		主发电机舱	229.0	100
No.2	多舱室	双通道	主实验室 科研冷藏室 科研冷冻室	208.1	99
No.3	单一舱室		推机机舱	110.4	100
No.4	单一舱室		绞车车间	95.0	100
No.5	单一舱室		潜水装备间	89.6	100
No.6	单一舱室		发电机舱	254.4	100
No.7	多舱室	双通道	电子实验室 流体实验室 科研工作间 科研储藏间	217.9	98
No.8	多舱室	单通道	生物实验室 会议室 科研办公室	140.8	100
No.9	单一舱室		艏侧推机舱	48.2	100
No.10	露天甲板		潜水器收放架 起重机吊	64.0	38
No.11	露天甲板		起重机吊 工作艇存放区	32	30
No.12	多舱室	三通道	潜水器机库 潜水工作间	79.0	88
No.13	多舱室	三通道	潜水器维修间 潜水器电工间 船员工作间 技工间 设备储藏间 干式储藏间 化学柜 烟囱	247.2	97

· 168 ·

续表

甲板区域	区域类别	通道形式	布置对象	布置面积/m²	面积利用率/%
No.14	多舱室	三通道	潜水员卧室×6 技工休息室×2 休息室	230.5	99
No.15	多舱室	三通道	科研人员卧室×6	158.7	100
No.16	多舱室	三通道	船员二人间×2	54.4	88
No.17	露天甲板		AFT控制间 潜水器机库	51.3	57
No.18	多舱室		厨房 餐厅 食品保鲜室 食品速冻室 船舶储物间 烟囱	228.0	90
No.19	多舱室	三通道	首席卧室 科研人员卧室×5	205.7	88
No.20	多舱室	三通道	医务室 病房 健身房 洗衣房	161.7	92
No.21	露天甲板		甲板便携吊	7.5	8
No.22	露天甲板		锚机	44.0	71
No.23			无		
No.24	露天甲板		甲板液压绞车 氧气罐存放处 潜水罐存放处 临时存放区×2 液压起重泵 烟囱	136.0	53
No.25	多舱室	三通道	船员二人间×5 临时休息室	233.6	100
No.26	露天甲板		救生艇存放区 临时存放区 液压起重泵	78.0	44
No.27			无		
No.28			无		
No.29	多舱室	三通道	船长室 船员二人间×5	189.8	100
No.30			无		
驾驶甲板			驾驶区域	60	41

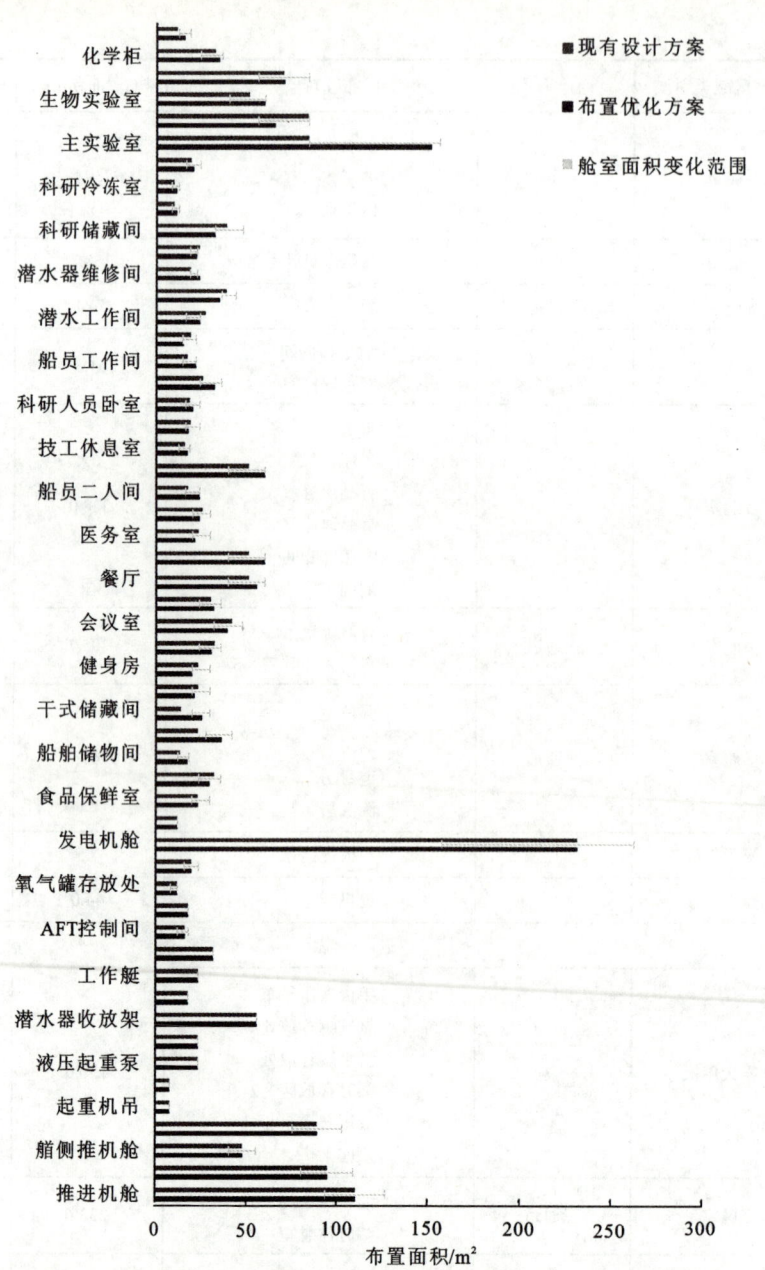

图 6-18　Atlantis 号科考船布置优化方案与现有设计方案布置面积对比

6.2　150 客长江豪华旅游船

6.2.1　150 客长江豪华旅游船简介

150 客长江豪华旅游船是工业和信息化部"绿色智能内河船舶创新专项"开发设计的 10 型标志性内河船舶之一，设计航区为 B、C 航区，J_2 级急流航段和三峡库区，并且满足过升船机要求。

150客长江豪华旅游船的主尺度和主要舱室配置见表6-8。该船预计容纳90名船员和150名乘客。该船配备中餐厨房、西餐厨房和员工厨房，并设酒吧、2个乘客餐厅和员工餐厅4处就餐场所。配置桑拿、足疗、按摩、瑜伽、健身、多媒体等休闲娱乐设施。船员住舱包含单人间、双人间和三人间3种。乘客住舱分为标准间、套房、总统套房3种等级。

表6-8 150客长江豪华旅游船主尺度及主要舱室配置

主要参数	数据	类别	舱室明细
船长/m	103.90	餐厨	厨房、餐厅、食品储藏室
船宽/m	16.28	盥洗	卫生间、洗衣房、公共厕所
吃水/m	2.60	医疗	医疗室、理疗室
方形系数	0.694	休闲娱乐	健身房、足疗室、按摩室、桑拿室
总重/t	7 389		多功能厅、商业区、大厅
自持力/h	80	船员住舱	船长室、单/双/三人间
排水量/t	2 927	乘客住舱	标准间、套房、总统套房
续航里程/km	2 000	驾驶	驾驶室、会议室
设计航速/(km/h)	25.00	机器处所	主机舱、辅助工作/设备舱

6.2.2 优化设计输入

船舶总布置优化所需的设计输入主要包括船舶布置空间信息和船舶布置对象信息两方面。此外，由于船舶拓扑布置和船舶几何布置侧重不同，因此船舶拓扑布置和船舶几何布置中所需的输入信息也有所差别。

1. 船舶布置空间信息

船舶布置空间信息是用于定义船舶拓扑布置优化过程中的区域节点及船舶几何布置优化过程的船舶布置空间。150客长江豪华旅游船的布置空间信息由船舶尺度信息、船舶甲板信息、横舱壁信息和船舶通道布局信息共同构成。

受长江通航条件的限制，150客长江豪华旅游船双层底以上设置7层甲板，依次编号为00甲板、01甲板、02甲板、03甲板、04甲板、05甲板和06甲板。表6-9列出了各层甲板的位置尺寸及允许的通道布局形式（住舱区域仅允许单列布局形式）。依据主船体主要横舱壁的布局将船舶布置空间进行横向划分，主船体的主要横舱壁位置见表6-10。图6-19给出了150客长江豪华旅游客船船舶几何布置优化中所需的布置空间信息。结合主船体横舱壁信息及设计经验，可对船舶甲板进行区域划分，并提前确定部分甲板区域的类型，如图6-20（a）所示。图中6种灰度色块分别对应露天甲板区域、单一舱室甲板区域、多舱室甲板区域、类别待定甲板区域、优化设计中可忽略甲板区域及驾驶甲板区域。根据船舶甲板区域划分结果，可得到船舶拓扑布置网络中的区域节点，如图 6-20 (b) 所示。由于内河客船露天甲板布置设计相对固定，且对其他舱室影响较小，在船舶拓扑布置优化中忽略露天甲板区域。

表 6-9 150 客长江豪华旅游船甲板信息

甲板名称	起始位置/m	终止位置/m	甲板宽度/m	通道布局形式
00 甲板	−1.8	85.8	13.8	单列或双列布局
01 甲板	−1.8	94.2	16.0	三列布局
02 甲板	−1.8	99.0	16.0	单列或双列布局
03 甲板	−1.8	91.2	16.0	单列或双列布局
04 甲板	−1.8	91.2	16.0	单列或双列布局
05 甲板	4.8	88.2	16.0	单列或双列布局
06 甲板	4.8	85.8	16.0	—

表 6-10 150 客长江豪华旅游船主要水密横舱壁位置信息

横舱壁序号	纵向位置/m	横舱壁序号	纵向位置/m
封板尾	−1.8	06#	54.6
01#	4.8	07#	65.4
02#	10.2	08#	75.6
03#	26.4	09#	85.8
04#	36	艏尖舱壁	91.2
05#	46.2		

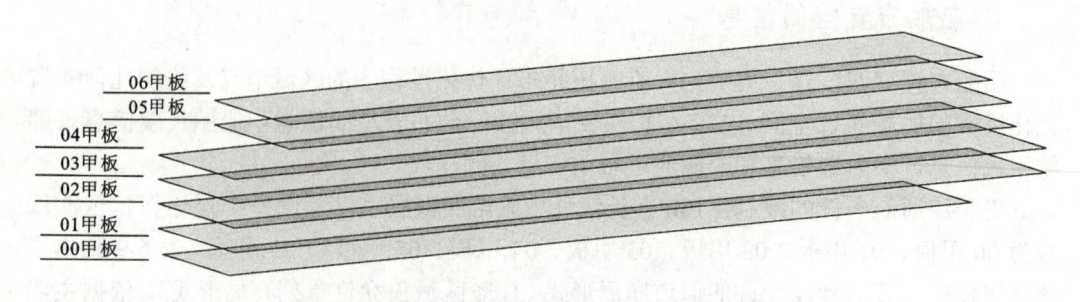

图 6-19 船舶几何布置优化所需的布置空间信息

150 客长江豪华旅游船为客船，因此布置偏好是基于各甲板区域的居住环境进行确定的。此外，船舶拓扑布置优化问题中，还需要提前定义各个区域节点的容纳能力。图 6-21 显示了船舶设计人员预定义的区域节点的布置偏好及布置面积。

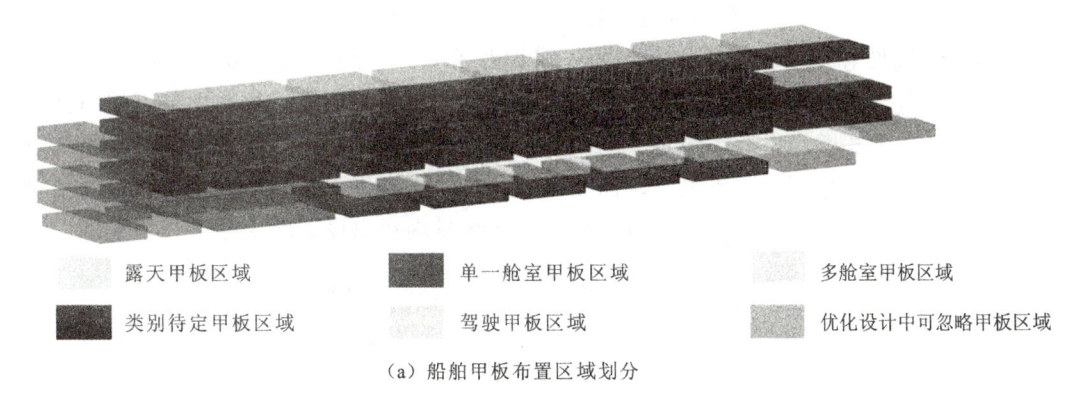

□ 露天甲板区域　　■ 单一舱室甲板区域　　■ 多舱室甲板区域
■ 类别待定甲板区域　■ 驾驶甲板区域　　　■ 优化设计中可忽略甲板区域

（a）船舶甲板布置区域划分

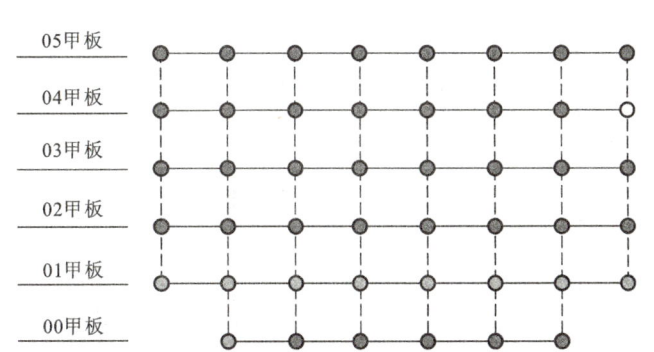

（b）船舶拓扑布置区域节点网络

图 6-20　拓扑布置优化问题中的区域节点

05甲板	No.39 偏好:6 面积:86.5m²	No.40 偏好:7 面积:259.2m²	No.41 偏好:7 面积:153.6m²	No.42 偏好:7 面积:163.2m²	No.43 偏好:8 面积:134.4m²	No.44 偏好:8 面积:172.8m²	No.45 偏好:8 面积:163.2m²	No.46 偏好:10 面积:163.2m²
04甲板	No.31 偏好:5 面积:86.5m²	No.32 偏好:6 面积:259.2m²	No.33 偏好:6 面积:153.6m²	No.34 偏好:6 面积:163.2m²	No.35 偏好:7 面积:134.4m²	No.36 偏好:7 面积:172.8m²	No.37 偏好:7 面积:163.2m²	No.38 偏好:3 面积:107.0m²
03甲板	No.23 偏好:5 面积:86.5m²	No.24 偏好:6 面积:259.2m²	No.25 偏好:6 面积:153.6m²	No.26 偏好:6 面积:163.2m²	No.27 偏好:7 面积:134.4m²	No.28 偏好:7 面积:172.8m²	No.29 偏好:7 面积:163.2m²	No.30 偏好:9 面积:211.2m²
02甲板	No.15 偏好:4 面积:86.5m²	No.16 偏好:5 面积:259.2m²	No.17 偏好:5 面积:153.6m²	No.18 偏好:5 面积:163.2m²	No.19 偏好:6 面积:134.4m²	No.20 偏好:6 面积:172.8m²	No.21 偏好:6 面积:163.2m²	No.22 偏好:7 面积:211.2m²
01甲板	No.7 偏好:0 面积:86.5m²	No.8 偏好:0 面积:259.2m²	No.9 偏好:0 面积:153.6m²	No.10 偏好:3 面积:163.2m²	No.11 偏好:2 面积:134.4m²	No.12 偏好:3 面积:172.8m²	No.13 偏好:3 面积:143.2m²	No.14 偏好:4 面积:80.7m²
00甲板		No.1 偏好:0 面积:220.0m²	No.2 偏好:0 面积:130.0m²	No.3 偏好:1 面积:140.0m²	No.4 偏好:2 面积:115.2m²	No.5 偏好:3 面积:135.0m²	No.6 偏好:3 面积:107.0m²	

图 6-21　船舶拓扑布置优化所需的区域节点属性信息

2. 船舶布置对象信息

在 150 客长江豪华旅游船总布置优化设计过程中，船舶布置对象共计 176 个，包括机器处所、后勤保障、休闲娱乐、船员住舱、乘客住舱及医疗处所 6 个种类。

在船舶拓扑布置优化中，所需对象节点信息由布置对象的布置等级、属性、使用功能及布置面积组成。对象节点的布置等级是用于计算对象节点与区域节点的匹配性，见表6-11。属性和使用功能信息则是用于辨识对象节点之间的相互影响，见表6-12和表6-13。布置面积则是用于计算船舶拓扑布置优化中的约束条件，各对象节点的布置面积可直接等效于船舶几何布置中定义的面积均值，见表6-14。需要说明的是，客船住舱区域通常会配套布草间、值班室等，而在本节建立优化模型中这些配套舱室被等效于普通住舱，因此优化中包含的船员住舱和乘客住舱数量均超出设计要求数量。

表6-11 150客长江豪华旅游船布置对象的布置等级

布置对象	布置等级	布置对象	布置等级	布置对象	布置等级
主机舱	0	男船员卫生间	0	大厅	6
辅助工作间	0	女船员卫生间	0	标准间	7
辅助设备间	0	船员洗衣间	0	套房	9
中餐厨房	0	乘客洗衣间	0	总统套房	10
西餐厨房	0	公共卫生间	0	船长室	8
员工厨房	0	足疗室	5	单人间	6
肉类仓库	0	按摩室	5	双人间	5
蔬菜仓库	0	桑拿室	5	三人间	3
库房	0	多功能厅	5	船员会议室	6
乘客餐厅	6	商业会议室	5	医务室	4
员工餐厅	2	商业区	5	理疗室	4
酒吧	8	健身房	6		
酒吧观景区	8	儿童活动区	6		

表6-12 150客长江豪华旅游船布置对象的属性信息

布置对象	噪声振动 源	噪声振动 汇	环境卫生 源	环境卫生 汇	消防安全 源	消防安全 汇
主机舱	1	0	1	0	1	0
辅助工作间	0.25	0	0.5	0	0.25	0
辅助设备间	0.5	0	0.25	0	0.5	0
中餐厨房	0.5	0	0	0.75	0.5	0
西餐厨房	0.5	0	0	0.75	0.5	0
员工厨房	0.5	0	0	0.75	0.5	0
肉类仓库	0	0	0	0.5	0	0
蔬菜仓库	0	0	0	0.5	0	0
库房	0	0	0	0	0	0.25
乘客餐厅	0	0.5	0	0.5	0	0.25

续表

布置对象	噪声振动 源	噪声振动 汇	环境卫生 源	环境卫生 汇	消防安全 源	消防安全 汇
员工餐厅	0	0.25	0	0.25	0	0
酒吧	0	1	0	1	0	0.5
酒吧观景区	0	1	0	1	0	0.25
男船员卫生间	0	0	1	0	0	0
女船员卫生间	0	0	1	0	0	0
船员洗衣间	0	0	1	0	0	0
乘客洗衣间	0	0	1	0	0	0
公共卫生间	0	0	1	0	0	0
足疗室	0	0.75	0	0	0	0
按摩室	0	0.75	0	0	0	0
桑拿室	0	0.75	0	0	0	0
多功能厅	0	0.5	0	0.5	0	0.75
商业会议室	0	0.5	0	0.5	0	0.55
商业区	0	0.25	0	0.25	0	0.25
健身房	0	0.5	0	0.25	0	0
儿童活动区	0	0.5	0	0.25	0	0
大厅	0.25	0	0.25	0	0	0
标准间	0	0.75	0	0.5	0	0.25
套房	0	1	0	0.75	0	0.25
总统套房	0	1	0	1	0	0.25
船长室	0	0.5	0	0.25	0	0.25
单人间	0	0.5	0	0.25	0	0.25
双人间	0	0.5	0	0	0	0.25
三人间	0	0.25	0	0.75	0	0.25
船员会议室	0	0.5	0	0.25	0	0.25
医务室	0	0.25	0	0.25	0	0
理疗室	0	0.25	0	0.25	0	0

表 6-13 150 客长江豪华旅游船布置对象的使用功能

布置对象	住宿	餐厨	盥洗	储藏	乘客	船员	布置对象	住宿	餐厨	盥洗	娱乐	乘客	船员
主机舱						√	按摩室					√	
辅助工作间						√	桑拿室					√	
辅助设备间						√	多功能厅					√	
中餐厨房		√				√	商业会议室					√	
西餐厨房		√				√	商业区					√	
员工厨房		√				√	健身房					√	
肉类仓库				√			儿童活动区					√	
蔬菜仓库				√			大厅					√	
库房				√		√	标准间	√				√	
乘客餐厅		√			√		套房	√				√	
员工餐厅		√				√	总统套房	√				√	
酒吧					√		船长室	√					√
酒吧观景区					√		单人间	√					√
男/女船员卫生间			√			√	双人间	√					√
船员洗衣间			√			√	三人间	√					√
乘客洗衣间			√		√		船员会议室						√
公共卫生间			√		√	√	医务室						√
足疗室					√		理疗室					√	

表6-14 150客长江豪华旅游船布置对象的几何尺寸信息

类别	名称	数量	面积 均值/m²	面积 可调整范围/%	长宽比 最小值	长宽比 最大值	备注说明
机器处所	主机舱	2	210.0	±25	适应甲板区域		布置于No.1和No.8区域
	辅助工作舱	1	80.0	±25	适应甲板区域		布置于No.7区域
	辅助设备舱	1	110.0	±25	适应甲板区域		布置于00甲板
后勤保障	中西餐厨房	2	70.0	±25	1:3	3:1	
	员工厨房	1	25.0	±20	1:3	3:1	
	肉类仓库	1	25.0	±20	1:3	3:1	
	蔬菜仓库	1	30.0	±20	1:3	3:1	
	库房	1	40.0	±20	1:3	3:1	
	员工餐厅	1	120.0	±20	1:3	3:1	
	乘客餐厅	2	240.0	±20	适应甲板区域		
	酒吧	1	250.0	±10	适应甲板区域		邻近酒吧观景区布置
	酒吧观景区	1	80.0	±20	适应甲板区域		邻近酒吧布置
	男船员卫生间	2	20.0	±20	1:3	3:1	邻近船员住舱布置
	女船员卫生间	2	20.0	±20	1:3	3:1	邻近船员住舱布置
	船员洗衣间	1	20.0	±20	1:3	3:1	邻近船员住舱布置
	乘客洗衣间	1	30.0	±20	1:3	3:1	
	公共卫生间	1	60.0	±20	1:3	3:1	邻近大厅布置

续表

类别	名称	数量	面积 均值/m²	面积 可调整范围/%	长宽比 最小值	长宽比 最大值	备注说明
休闲娱乐	足疗室	2	9.0	±25	适应甲板区域		布置于 No.1 和 No.8 区域
	按摩室	3	9.0	±25	适应甲板区域		布置于 No.7 区域
	桑拿室	1	25.0	±25	适应甲板区域		布置于 00 甲板
	多功能厅	1	250.0	±20	1:3	3:1	
	商业会议室	2	35.0	±20	1:3	3:1	邻近大厅布置
	商业区	4	35.0	±20	1:3	3:1	
	健身房	1	35.0	±25	1:3	3:1	
	儿童活动区	1	35.0	±20	1:3	3:1	
	大厅	4	150.0	±20	1:3	3:1	贯穿 03 甲板; 04 甲板和 05 甲板上固定尺寸
乘客住舱	标准间	72	30.0	±10	1:3	3:1	
	套房	14	38.0	±10	1:3	3:1	
	总统套房	4	70.0	±20	1:3	3:1	
船员住舱	船长室	1	15.0	±10	1:3	3:1	
	单人间	5	10.0	±10	1:3	3:1	
	双人间	2	20.0	±20	1:3	3:1	
	三人间	35	15.0	±20	1:3	3:1	
	船员会议室	1	20	±20	1:3	3:1	
医疗处所	医务理疗室	1	35.0	±20	1:3	3:1	靠近大厅布置

在船舶几何布置优化中，船舶舱室、设备类布置对象的几何尺寸可用范围见表6-14。空间位置可用范围根据船舶甲板区域的尺寸确定。需要特别说明的是，主机舱、机舱监控室、维修间等机器处所预先指定了所布置的甲板区域，因此在船舶布置优化中抽象为单一布置对象，布置于单一舱室甲板区域（No.1、No.7和No.8）。

150客长江豪华旅游船布置优化设计中，还额外引入了逻辑类布置对象，用于修正船首型线收缩对甲板布置平面形状的影响（No.5、No.6和No.14甲板区域），如图6-22所示。

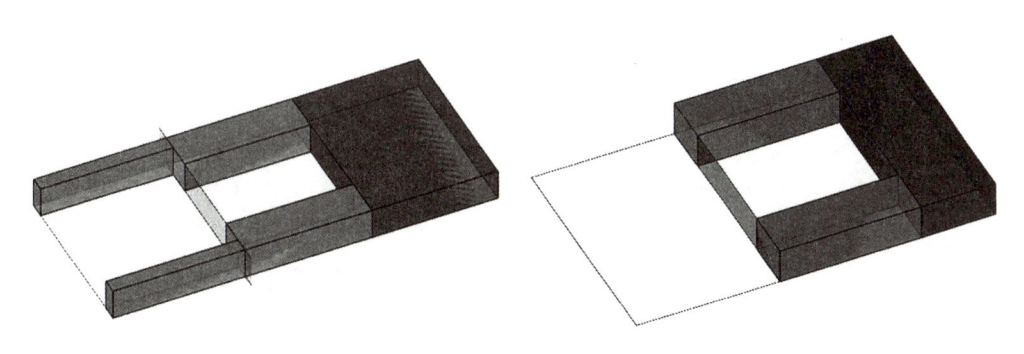

（a）No.5和No.6甲板区域　　　　　　　　（b）No.14甲板区域

图6-22　船舶首部甲板（00甲板和01甲板）的形状修正

需要特别说明的是，150客长江豪华旅游船在02甲板上布置一个贯穿03甲板的大厅，并在大厅中设置观光电梯直达顶层甲板。按照第3章给出的分解规则，可分解得到4个表示大厅的布置对象，如图6-23所示。

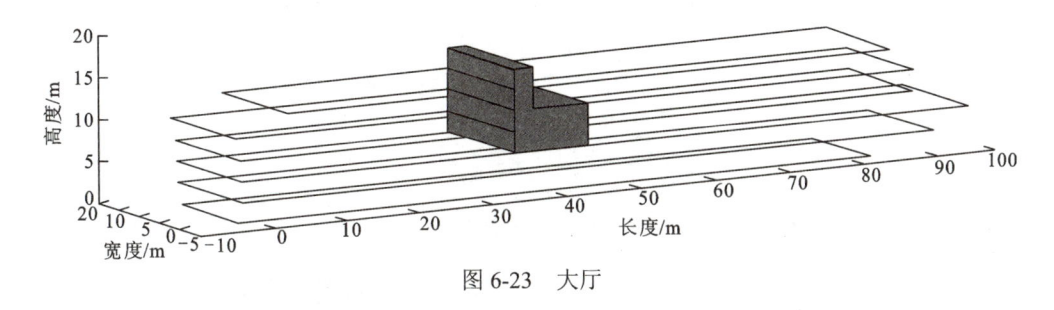

图6-23　大厅

6.2.3　优化设计结果

在150客长江豪华旅游船总布置优化设计过程中，优化目标及约束计算参考6.1.3小节，拓扑和几何设计目标的收敛曲线如图6-24所示，优化设计得到的总布置方案如图6-25所示。图6-26详细地展示了优化得到的各层甲板的布置情况。

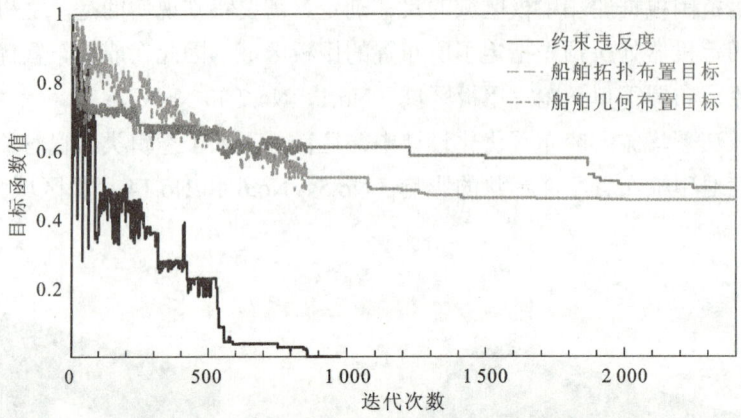

图 6-24 150 客长江豪华旅游船优化设计目标收敛曲线

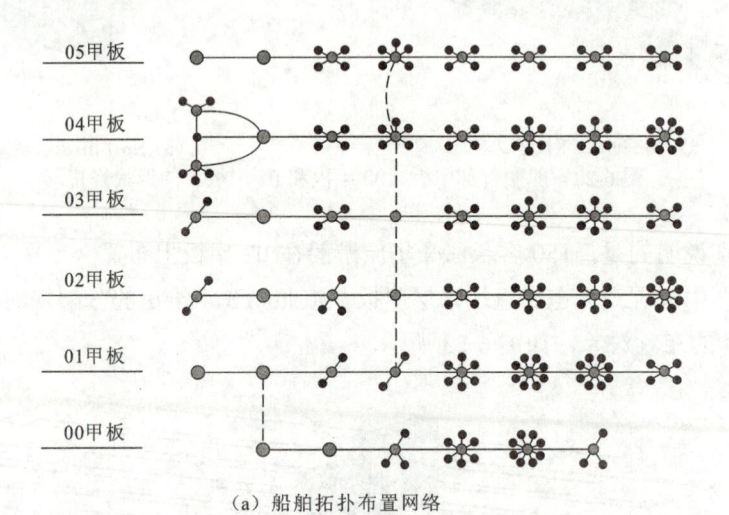

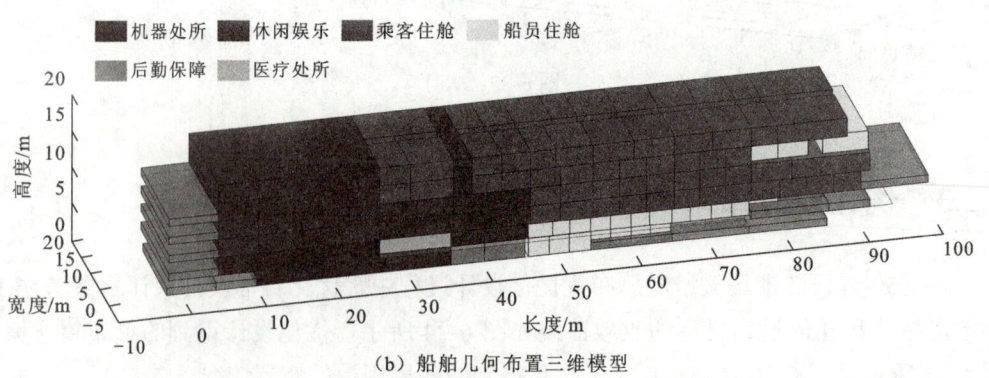

(a) 船舶拓扑布置网络

(b) 船舶几何布置三维模型

图 6-25 150 客长江豪华旅游船总布置优化设计结果

(a) 00甲板布置

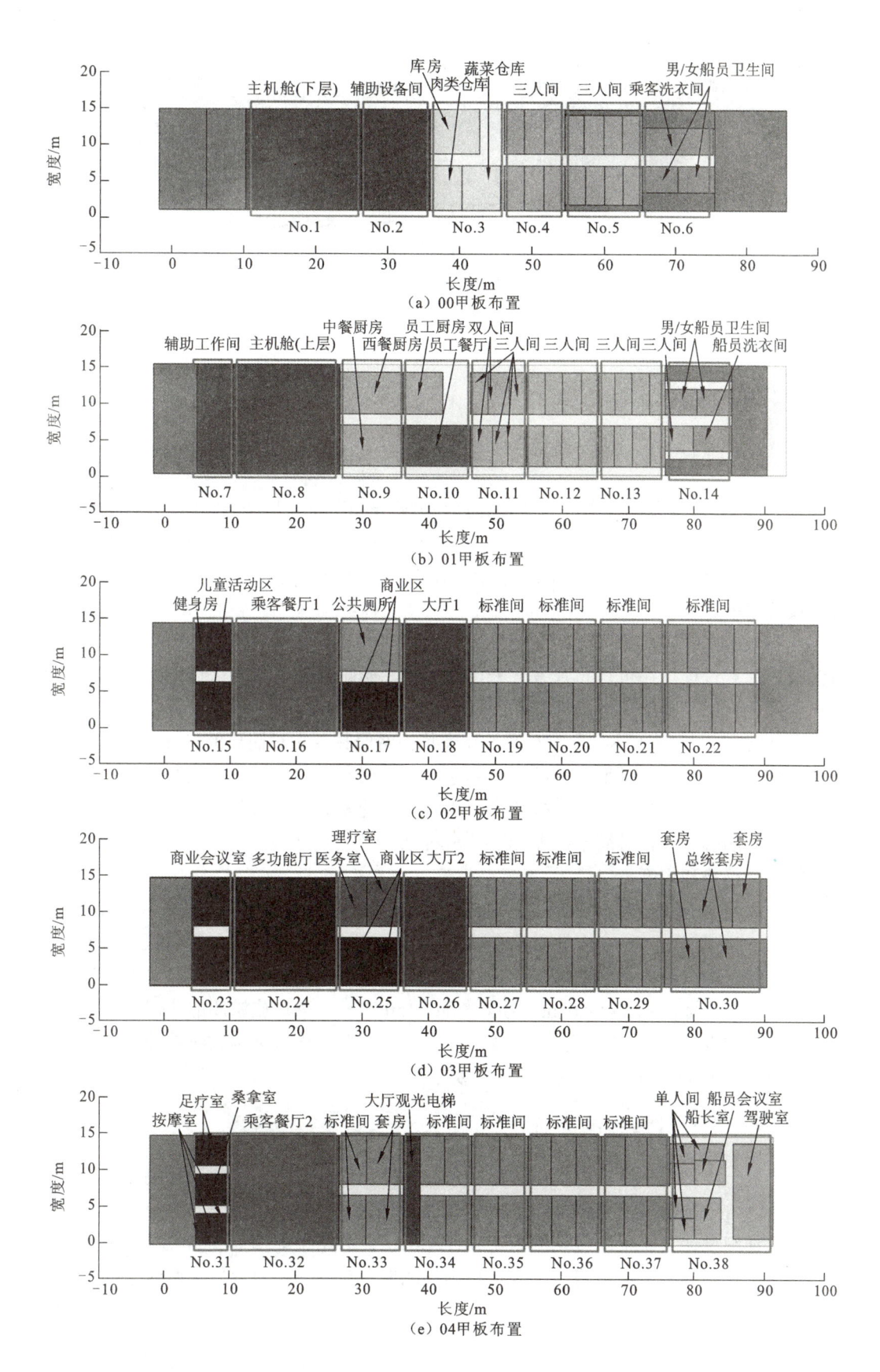

(b) 01甲板布置

(c) 02甲板布置

(d) 03甲板布置

(e) 04甲板布置

(f) 05甲板布置

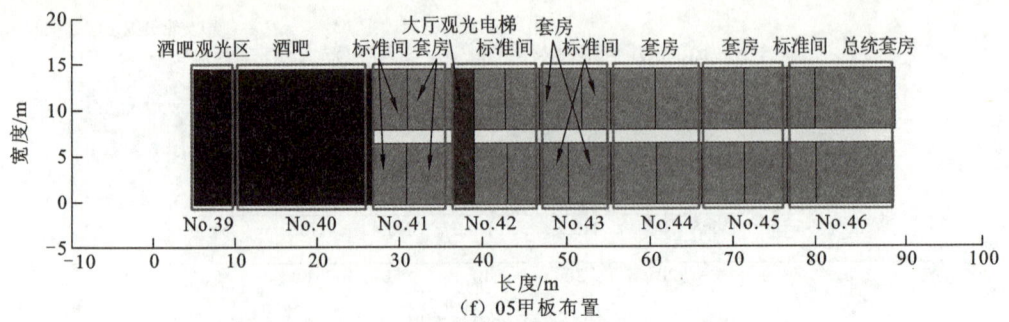

图 6-26 150 客长江豪华旅游船各层甲板布置情况

6.2.4 分析讨论

1. 收敛过程分析

150 客长江豪华旅游船总布置优化计算在搭载 Intel®Core™ i7-6700K CPU @4.00 GHz 处理器并配备 Windows 10 专业版操作系统的个人计算机上运行，计算总时长为 6 572.3 s。与传统的手工设计相比，本书提出的船舶布置优化设计方法能有效提高船舶布置设计效率。

从图 6-24 中收敛曲线可以看出，150 客长江豪华旅游船具有与 Atlantis 号科考船相似的收敛计算过程。在可行布置方案未出现之前，船舶拓扑布置优化目标函数和船舶几何布置优化目标函数呈现出波动下降的趋势。

与 Atlantis 号科考船相比，150 客长江豪华旅游船具备相对简单的拓扑网络结构，大部分区域节点都是采用星形网络结构，其原因是内河客船为了保证住舱的采光通风性，在沿船宽方向上最多允许布置两排舱室。相对确定的船舶拓扑布置网络，使船舶拓扑布置优化问题的解空间相对简单，从而在图 6-24 所示的收敛曲线中，拓扑目标函数具有较明显的下降趋势和幅度。

此外，与 Atlantis 号科考船不同，150 客长江豪华旅游船的甲板布置面积非常紧张，需要将图 6-21 所示的 46 个布置对象全部利用才能满足布置对象对布置面积的需求。在有限的布置空间内，各个布置对象选择合适的布置面积是保证所有布置对象不发生干涉的重要前提。因此，相比于 Atlantis 号科考船，150 客长江豪华旅游船的几何布置优化问题存在更多的设计矛盾，这也是图 6-24 所示的几何布置优化目标函数收敛曲线的波动和下降趋势明显大于 Atlantis 号科考船的主要原因。

2. 对船舶设计的影响分析

为了进一步讨论基于本书提出的船舶总布置优化设计方法对实船设计的作用，基于图 6-26 所示的优化结果，开展 150 客长江豪华旅游船后续的总布置详细设计。后续的船舶总布置详细设计方法采用传统的人工设计方法，设计结果如图 6-27 和图 6-28 所示。通过对比优化布局方案与最终详细设计给出的船舶总布置图，可以发现两者之间主要存在以下差异。

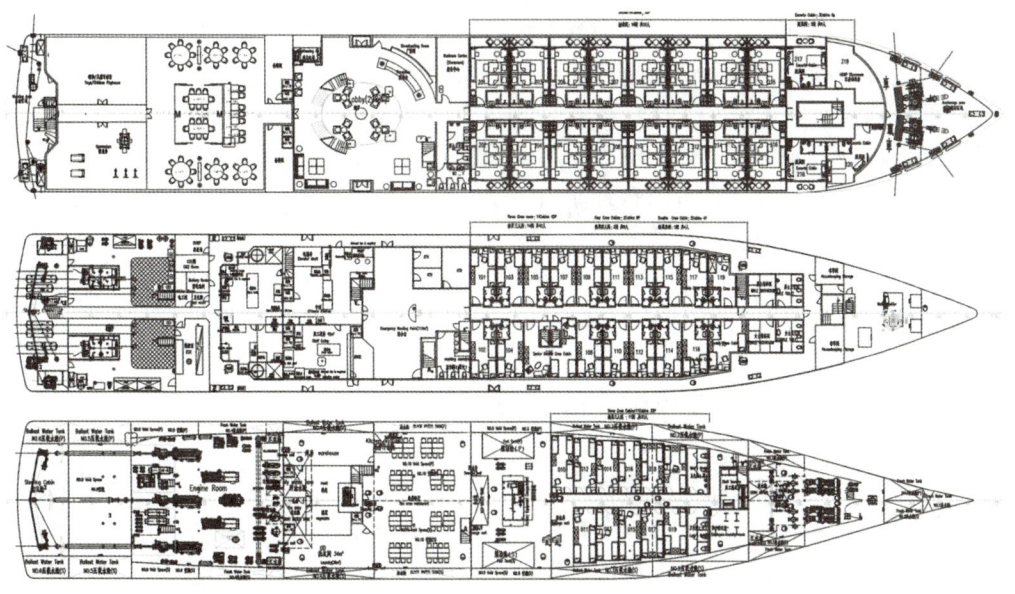

图 6-27　150 客长江豪华旅游船总布置图（00、01 和 02 甲板）

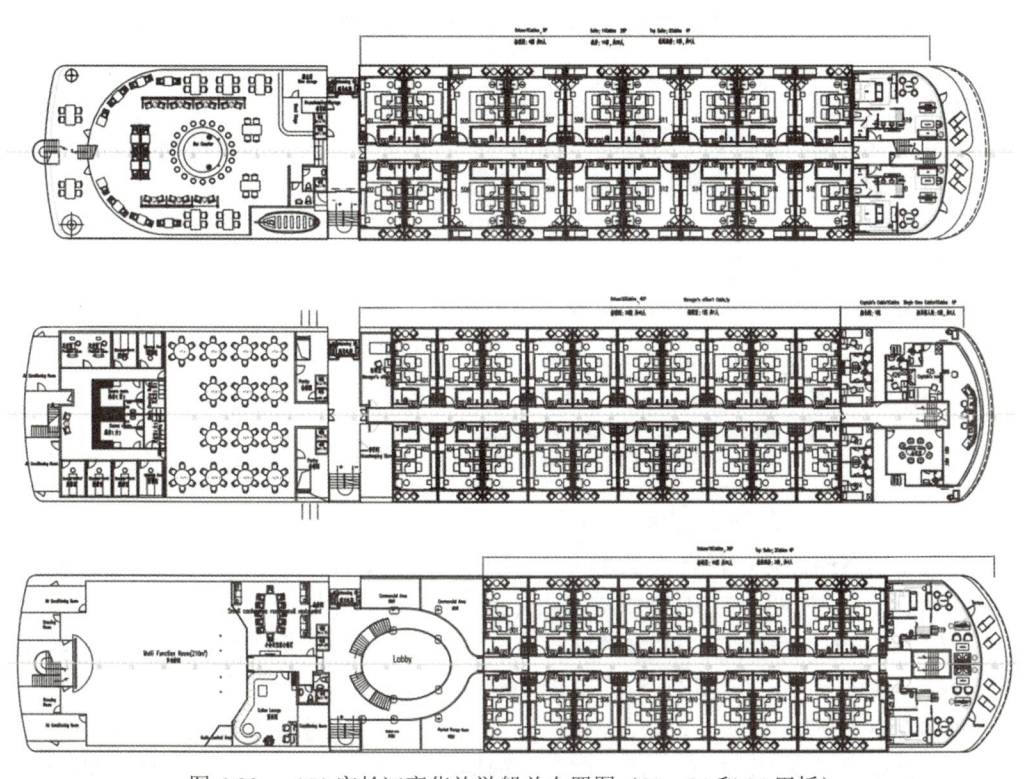

图 6-28　150 客长江豪华旅游船总布置图（03、04 和 05 甲板）

（1）总布置详细设计方案对布置细节进行了完善，增加许多初始优化设计中未考虑的舱室和设备。

（2）总布置详细设计方案的甲板区域划分与初始优化设计划分的甲板区域不同，特别是上层建筑部分进行了较大修改调整，其主要原因在于，客船设计中上层建筑主竖区的划分与主船体水密横舱壁的划分存在较大区别。

（3）总布置详细设计方案根据调整划分的布置区域，对部分布置对象的布置位置和几何尺寸进行了调整，例如：重新分配了住舱的几何尺寸，使同一级别的住舱保持了基本相同的几何尺寸；整合了大厅、商业区域及医疗室等布置对象，并进行了整体的造型设计；需要特别说明的是，优化结果中各住舱的布置面积是基于随机的思想得到的，因此出现了同一级别舱室具有不同布置面积的情况，但是所有布置对象的布置面积均保持在初始给定的设计范围之内。

（4）总布置详细设计方案调整了部分布置对象的空间位置，例如 03 甲板上总统套房的位置。该调整是根据初始优化中忽略的细节进行的，意图将总统套房布置于甲板最前部，以获取更为开阔的视野。

（5）总布置详细设计方案根据船舶重量分布要求，调整了 00 甲板上几何布置区域的空间位置。

总布置详细设计方案还需考虑管路布置约束、工艺约束等约束条件，因此最终总布置详细设计方案与初始优化布局方案存在差异，但是同样可以看出总布置详细设计方案继承了初始优化布局方案的许多设计思想。

（1）布局思路保持一致：船员和乘客住舱靠近船首布置，其中船员住舱布置于较下层的甲板，乘客住舱布置于较上层的甲板；休闲娱乐舱室、后勤保障舱室靠近船尾布置，其中用于乘客休闲娱乐的舱室布置于较上层的甲板；后勤保障舱室则布置于较下层的甲板。

（2）布置对象的社团划分方案基本保持一致：船员住舱与乘客住舱保证了基本的分离；住舱与休闲娱乐、后勤保障舱室保证了基本的分离。

（3）布置对象的布置面积分配方案基本相近：大部分主要舱室的面积并未出现大的调整，仅进行了小范围的微调。

综上所述，本书提出的船舶总布置优化设计方法能够在船舶初步设计阶段根据有限的设计信息生成相对优秀的船舶总体布局方案，用于指导后续的总布置详细设计。

6.3 本章小结

科考船和客船是两种具有代表性的布置地位型船舶，本章选择 Atlantis 号科考船和 150 客长江豪华旅游船为对象，对本书提出的船舶总布置优化设计方法进行了测试验证。

在以 Atlantis 号科考船为对象的测试验证中，优化设计得到的船舶总布置方案与实船布置存在较大差异。在优化布置方案中：船员、潜水员和科研人员具有相对独立的卧室区域，避免了不同类型工作人员混合住宿带来的不便；潜水类设备舱室和科研类布置舱室均布置得相对集中，有利于提高工作的便捷性；船员、潜水人员和科研人员的住舱均靠近其所在的工作区域布置。所以，从使用便捷性的角度来说，基于本书提出的优化设计方法得到的船舶布局是优于实船布置方案的。

此外，将本书提出的船舶总布置优化设计方法用于 150 客长江豪华旅游船的总布置设计过程中，进一步说明船舶总布置优化设计建模方法和智能协同求解技术的有效性。从应用结果来看，总布置详细设计方案与优化得到的船舶布局相似。基于优化设计结果开展船舶总布置详细设计能够得到满足实船设计要求的船舶总布置方案。

参 考 文 献

[1] EVANS J H. Basic design concepts[J]. Journal of the American Society for Naval Engineers, 1959, 71(4): 671-678.

[2] OERS B V, STAPERSMA D, HOPMAN H. Issues when selecting naval ship configurations from a Pareto-Optimal Set[C]//Aiaa/issmo Multidisciplinary Analysis and Optimization Conference, Victoria, British Columbia Canada, 2008.

[3] BERNSTEIN J I. Design methods in the aerospace industry: Looking for evidence of set-based practices[D]. Cambridge: Massachusetts Institute of Technology, 1998.

[4] VAN OERS B J. A packing approach for the early stage design of service vessels[D]. Delft: Delft University of Technology, 2011.

[5] GILLESPIE J W. A network science approach to understanding and generating ship arrangements in early-stage design[D]. Ann Arbor: University of Michigan, 2012.

[6] 李俊华, 赵成璧, 陈宾康, 等. 船舶布置方案设计的ICASD方法研究[J]. 船舶工程, 1999(5): 3, 9-12.

[7] CARLSON C, CEBULSKI D. Computer-aided ship arrangement design[J]. Naval Engineers Journal, 1974, 86(5): 33-40.

[8] NEHRLING B C. Fuzzy set theory and general arrangement design[C]//Computer Applications in the Automation of Shipyard Operation and Ship Design, Trieste, 1985.

[9] JO J H, GERO J S. Space layout planning using an evolutionary approach[J]. Artificial Intelligence in Engineering, 1998, 12(3): 149-162.

[10] CARLSON C, FIREMAN H. General arrangement design computer system and methodology[J]. Naval Engineers Journal, 1987, 99(3): 261-273.

[11] CORT A, HILLS W. Space layout design using computer assisted methods[J]. Naval Engineers Journal, 1987, 99(3): 249-260.

[12] LEE K Y, HAN S N, ROH M I. Optimal compartment layout design for a naval ship using an improved genetic algorithm[J]. Marine Technology, 2002, 39(3): 159-169.

[13] LEE K Y, HAN S N, ROH M I. An improved genetic algorithm for facility layout problems having inner structure walls and passages[J]. Computers and Operations Research, 2003, 30(1): 117-138.

[14] BOULOUGOURIS E K, PAPANIKOLAOU A D, ZARAPHONITIS G. Optimization of arrangements of Ro-Ro passenger ships with genetic algorithms[J]. Ship Technology Research, 2008, 51(3): 99-105.

[15] ÖLÇER A İ, TUZCU C, TURAN O. An integrated multi-objective optimisation and fuzzy multi-attributive group decision-making technique for subdivision arrangement of Ro-Ro vessels[J]. Applied Soft Computing, 2006, 6(3): 221-243.

[16] ÖLÇER A İ. A hybrid approach for multi-objective combinatorial optimisation problems in ship design and shipping[J]. Computers and Operations Research, 2008, 35(9): 2760-2775.

[17] PARSONS M G, CHUNG H, NICK E, et al. Intelligent ship arrangements: A new approach to general arrangement[J]. Naval Engineers Journal, 2008, 120(3): 51-65.

[18] VAN OERS B, STAPERSMA D, HOPMAN H, et al. A 3D packing approach for the early stage configuration design of ships[C]//Proceedings of the 10th International Naval Engineering Conference,

Gubbio, Italy, 2010.

[19] GILLESPIE J W, DANIELS A S, SINGER D J. Generating functional complex-based ship arrangements using network partitioning and community preferences[J]. Ocean Engineering, 2013, 72(7): 107-115.

[20] KIM K S, ROH M I, HA S. Expert system based on the arrangement evaluation model for the arrangement design of a submarine[J]. Expert Systems with Applications, 2015, 42(22): 8731-8744.

[21] SHIELDS P F, SYPNIEWSK J I, SINGER J. Characterizing general arrangements and distributed system configurations in early-stage ship design[J]. Ovean Engineering, 2018, 163: 107-114.

[22] 李俊华, 陈宾康, 应文烨, 等. 船舶舱室布置方案的模糊综合评价[J]. 中国造船, 2000, 41(4): 22-27.

[23] 王凯. 高速客船总布置方案综合模糊评价[J]. 船舶, 2003(1): 16-18.

[24] 马中亚. 船舶总布置设计评估方法研究[D]. 哈尔滨: 哈尔滨工程大学, 2008.

[25] 王健, 陈立. 舰船总布置中的综合评估模型及其应用研究[J]. 中国舰船研究, 2010, 5(1): 19-23.

[26] 赵楠, 胡耀, 姜治芳, 等. 生活区舱室布局设计模糊层次分析综合评价[J]. 中国舰船研究, 2013(6): 54-62.

[27] 胡耀. 舰船典型区域舱室布局设计评价及优化研究[D]. 北京: 中国舰船研究院, 2014.

[28] 郭丰铭. 船舶典型区域布局优化及参数化系统设计[D]. 哈尔滨: 哈尔滨工程大学, 2017.

[29] 冯军. 船舶舱室智能虚拟布置设计方法与关键技术研究[D]. 武汉: 武汉理工大学, 2005.

[30] ZHENG X L, LIN Y, JI Z S. Ship cabin layout design using game theory[J]. Journal of Marine Science & Technology, 2008, 13(4): 446-454.

[31] ZHENG X L, LIN Y, JI Z S. Collaborative multidisciplinary decision making based on game theory in ship preliminary design[J]. Journal of Marine Science and Technology, 2009, 14(3): 334-344.

[32] 郑玄亮. 船海工程设计中的博弈分析法研究与应用[D]. 大连: 大连理工大学, 2010.

[33] 李俊华, 陈宾康, 应文烨, 等. 基于 SA 算法的舰艇舱室三维优化布置设计[J]. 计算机辅助工程, 2000, 9(1): 28-32.

[34] 李俊华. 基于复合知识模型的船舶舱室智能三维布置设计理论及方法研究[D]. 武汉: 武汉理工大学, 2000.

[35] 李俊华, 应文烨, 陈宾康, 等. 基于集成知识模型的船舶舱室智能三维布置设计[J]. 中国造船, 2002, 43(2): 1-8.

[36] 苏成冠. 船舶起居舱室三维参数化仿真设计方法研究[D]. 大连: 大连海事大学, 2009.

[37] 邓小龙, 柳存根. 船舶三维数字化设计研究[J]. 船舶工程, 2010, 32(5): 44-47.

[38] 邓小龙. 船舶智能总布置设计若干关键技术研究[D]. 上海: 上海交通大学, 2012.

[39] 王运龙, 王晨, 纪卓尚, 等. 船舶居住舱室智能布局优化设计方法研究[J]. 中国造船, 2013(3): 139-146.

[40] 王运龙, 王晨, 彭飞, 等. 基于人机结合遗传算法的船舶管路三维布局优化设计[J]. 中国造船, 2015(1): 196-202.

[41] 何旺, 柳存根, 汪学峰. 船舶机舱智能布置方法研究[J]. 船舶工程, 2014(6): 85-88.

[42] 何旺. 船舶机舱智能布置方法研究[D]. 上海: 上海交通大学, 2014.

[43] 刘满霞, 程远胜, 张攀. 考虑多人相互影响的舰船通道最短路径规划[J]. 中国造船, 2015(2): 185-192.

[44] 王宇, 黄胜, 廖全蜜, 等. 基于引力搜索算法的多层甲板舱室分布设计方法[J]. 中国舰船研究, 2016, 11(3): 11-16.

[45] 廖全密. 基于生命力的大型舰船总布置优化设计研究[D]. 哈尔滨: 哈尔滨工程大学, 2017.

[46] ANDREWS D J. Creative ship design[J]. Transactions of RINA, 1981, 4(6): 447-471.

[47] ANDREWS D J. An integrated approach to ship synthesis[J]. Transactions of RINA, 1986, 128: 73-102.

[48] ANDREWS D J, DICKS C A. The building block design methodology applied to advanced naval ship design[C]// International Marine Design Conference, Newcastle, 1997.

[49] ANDREWS D J. SUBCON-a new approach to submarine concept design[C]//Rina Warship, London, 1996.

[50] ANDREWS D J, PAWLING R. SURFCON-a 21st Century ship design tool[C]//International Marine Design Conference, Athens, 2003.

[51] ANDREWS D, GREIG A, PAWLING R. The implications of an all electric ship approach on the configuration of a warship[J]. Journal of Naval Engineering, 2005, 42(2): 212-230.

[52] ANDREWS D J, PAWLING R. Fast motherships-a design challenge[J]. Transactions of RINA, 2004, 200: 8-9.

[53] ANDREWS D J. Architectural considerations in carrier design[J]. Transactions of RINA, Part A: International Journal of Maritime Engineering, 2004, 146(4): 227-246.

[54] PAWLING, GEORGE R. The application of the design building block approach to innovative ship design[D]. London: University College London, 2007.

[55] DANIELS A, PARSONS M G. An agent-based approach to space allocation in general arrangements[C]// Proceedings of the 9th IMDC, Ann Arbor, MI, 2006.

[56] NICK E, PARSONS M G, NEHRLING B. Fuzzy optimal allocation of spaces to zone-decks in general arrangements[C]//Proceedings of the 9th IMDC, Ann Arbor, MI, 2006.

[57] NICK E K. Fuzzy optimal allocation and arrangement of spaces in naval surface ship design[D]. Ann Arbor: University of Michigan, 2008.

[58] DANIELS A S, TAHMASBI F, SINGER D J. Intelligent ship arrangement passage variable lattice network studies and results[J]. Naval Engineers Journal, 2010, 122(2): 107-119.

[59] VAN DER NAT C G J M. A knowledge-based concept exploration model for submarine design[J]. Mechanical Maritime and Materials Engineering, 1999: 484-494.

[60] VAN OERS B, STAPERSMA D, HOPMAN H. Development and implementation of an optimisation-based space allocation routine for the generation of feasible concept designs[C]//Proc. 5th International Conference on Computer Applications and Information Technology in the Marine Industries (COMPIT), Cortona, Italy, 2007: 171-185.

[61] WAGNER K, WASSINK A, OERS B V, et al. Modeling complex vessels for use in a 3D packing approach: An application to deepwater drilling vessel design[C]//9th International Conference on Computer and IT Applications in the Maritime Industries, gubbia, Italy, 2010: 259-272.

[62] ÖLÇER A İ, TUZCU C, TURAN O. An integrated multi-objective optimisation and fuzzy multi-attributive group decision-making technique for subdivision arrangement of Ro-Ro vessels[J]. Applied Soft Computing, 2006, 6(3): 221-243.

[63] ÖLÇER A İ. A hybrid approach for multi-objective combinatorial optimisation problems in ship design and shipping[J]. Computers and Operations Research, 2008, 35(9): 2760-2775.

[64] PETER J. Introduction to expert system[M] 3rd ed. New Jersey: Wesley, 1998.

[65] RASHEDI E, NEZAMABADI-POUR H, SARYAZDI S. GSA: A gravitational search algorithm[J]. Information Sciences, 2009, 179(13): 2232-2248.

[66] 张葛祥, 潘林强. 自然计算的新分支: 膜计算[J]. 计算机学报, 2010, 33(2): 208-214.

[67] PĂUN G, SUZUKI Y, TANAKA H, et al. On the power of membrane division in P systems[J]. Theoretical Computer Science, 2004, 324(1): 61-85.

[68] BLUM C, PUCHINGER J, RAIDL G R, et al. Hybrid metaheuristics in combinatorial optimization: A survey[J]. Applied Soft Computing, 2011, 11(6): 4135-4151.

[69] EIBEN A E, SMITH J E. Introduction to evolutionary computing[M]. Berlin: Springer, 2003: 269-271.

[70] HEDAR A R, ALI A F. Genetic algorithm with population partitioning and space reduction for high dimensional problems[C]//International Conference on Computer Engineering & Systems, Cairo, Egypt, 2009: 151-156.

[71] DUAN Q Y, GUPTA V K, SOROOSHIAN S. Shuffled complex evolution approach for effective and efficient global minimization[J]. Journal of Optimization Theory and Applications, 1993, 76(3): 501-521.

[72] CHU W, GAO X, SOROOSHIAN S. A new evolutionary search strategy for global optimization of high-dimensional problems[J]. Information Sciences, 2011, 181(22): 4909-4927.

[73] THAKUR M. A new genetic algorithm for global optimization of multimodal continuous functions[J]. Journal of Computational Science, 2014, 5(2): 298-311.

[74] WANG Y, LI B. A restart univariate estimation of distribution algorithm: Sampling under mixed Gaussian and Lévy probability distribution[C]//2008 IEEE Congress on Evolutionary Computation, Hong Kong, China, 2008: 3917-3924.

[75] WANG Y, LI B. A self-adaptive mixed distribution based uni-variate estimation of distribution algorithm for large scale global optimization[M]. Nature-Inspired Algorithms for Optimisation. Berlin: Springer, 2009: 171-198.

[76] WANG Y, HUANG J, DONG W S, et al. Two-stage based ensemble optimization framework for large-scale global optimization[J]. European Journal of Operational Research, 2013, 228(2): 308-320.

[77] GARCÍA-MARTÍNEZ C, LOZANO M. Continuous variable neighbourhood search algorithm based on evolutionary metaheuristic components: A scalability test[C]//2009 Ninth International Conference on Intelligent Systems Design and Applications, Pisa, Italy, 2009: 1074-1079.

[78] OMIDVAR M N, LI X. A comparative study of CMA-ES on large scale global optimisation[C]//Australasian Joint Conference on Artificial Intelligence. Berlin: Springer, 2010: 303-312.

[79] BAO C, XU L, GOODMAN E D, et al. A novel non-dominated sorting algorithm for evolutionary multi-objective optimization[J]. Journal of Computational Science, 2017, 23: 31-43.

[80] ZHANG Y N, LIU P, LIU B, et al. Application of improved hybrid genetic algorithm to optimized design of architecture structures[J]. Journal of South China University of Technology(Natural Science Edition), 2005, 33(3): 69-72.

[81] LU X, ZHOU Y. A novel global convergence algorithm: Bee collecting pollen algorithm[C]//International Conference on Intelligent Computing. Berlin: Springer, 2008: 518-525.

[82] HSIEH S T, SUN T Y, LIU C C, et al. Solving large scale global optimization using improved particle swarm optimizer[C]//IEEE Congress on Evolutionary Computation, Hong Kong, China, 2008: 1777-1784.

[83] HATANAKA T, KORENAGA T, KONDO N, et al. Search performance improvement for PSO in high dimensional space[J]. InTech, 2009: 249.

[84] CHENG R, JIN Y. A competitive swarm optimizer for large scale optimization[J]. IEEE Transactions on Cybernetics, 2014, 45(2): 191-204.

[85] GARCÍA-NIETO J, ALBA E. Restart particle swarm optimization with velocity modulation: A scalability test[J]. Soft Computing, 2011, 15(11): 2221-2232.

[86] DE OCA M A M, AYDIN D, STÜTZLE T. An incremental particle swarm for large-scale continuous optimization problems: An example of tuning-in-the-loop (re)design of optimization algorithms[J]. Soft Computing, 2011, 15(11): 2233-2255.

[87] XIA X, GUI L, HE G, et al. A hybrid optimizer based on firefly algorithm and particle swarm optimization algorithm[J]. Journal of Computational Science, 2018, 26: 488-500.

[88] DORIGO M, BIRATTARI M, STUTZLE T. Ant colony optimization[J]. IEEE Computational Intelligence Magazine, 2006, 1(4): 28-39.

[89] KOROŠEC P, ŠILC J. The differential ant-stigmergy algorithm for large scale real-parameter optimization[C]// International Conference on Ant Colony Optimization and Swarm Intelligence. Berlin: Springer, 2008: 413-414.

[90] MIRJALILI S, MIRJALILI S M, LEWIS A. Grey wolf optimizer[J]. Advances in Engineering Software, 2014, 69: 46-61.

[91] KARABOGA D, BASTURK B. A powerful and efficient algorithm for numerical function optimization: Artificial bee colony (ABC)algorithm[J]. Journal of Global Optimization, 2007, 39(3): 459-471.

[92] MIRJALILI S. The ant lion optimizer[J]. Advances in Engineering Software, 2015, 83: 80-98.

[93] MENG X B, GAO X Z, LU L, et al. A new bio-inspired optimisation algorithm: Bird swarm algorithm[J]. Journal of Experimental and Theoretical Artificial Intelligence, 2016, 28(4): 673-687.

[94] GAIDHANE P J, NIGAM M J. A hybrid grey wolf optimizer and artificial bee colony algorithm for enhancing the performance of complex systems[J]. Journal of Computational Science, 2018, 27: 284-302.

[95] YANG H, CHEN T, HUANG N. An adaptive bird swarm algorithm with irregular random flight and its application[J]. Journal of Computational Science, 2019, 35: 57-65.

[96] KIRKPATRICK S, GELATT C D, VECCHI M P. Optimization by simulated annealing[J]. Science, 1983, 220(4598): 671-680.

[97] FORMATO R A. Central force optimization: A new deterministic gradient-like optimization metaheuristic[J]. Opsearch, 2009, 46(1): 25-51.

[98] KAVEH A, TALATAHARI S. A novel heuristic optimization method: Charged system search[J]. Acta Mechanica, 2010, 213(3-4): 267-289.

[99] MISRA U, BLOEBAUM C. A parallel hybrid genetic simulated annealing algorithm for large-scale constrained optimization[C]//9th AIAA/ISSMO Symposium on Multidisciplinary Analysis and Optimization, Atlanta, 2002: 5578.

[100] CAO Z, WANG L, HEI X, et al. A phase-based optimization algorithm for big optimization problems[C]// 2016 IEEE congress on evolutionary computation Vancouver, Canada, 2016: 5209-5214.

[101] CAO Z, WANG L, HEI X. A global-best guided phase-based optimization algorithm for scalable optimization problems and its application[J]. Journal of Computational Science, 2018, 25: 38-49.

[102] BEIGVAND S D, ABDI H, LA SCALA M. Hybrid gravitational search algorithm-particle swarm optimization with time varying acceleration coefficients for large scale CHPED problem[J]. Energy, 2017, 126: 841-853.

[103] GEEM Z W, KIM J H, LOGANATHAN G V. A new heuristic optimization algorithm: Harmony search[J]. Simulation, 2001, 76(2): 60-68.

[104] RAO R V, SAVSANI V J, VAKHARIA D P. Teaching-learning-based optimization: An optimization method for continuous non-linear large-scale problems[J]. Information Sciences, 2012, 183(1): 1-15.

[105] PĂUN G. Computing with membranes[J]. Journal of Computer and System Sciences, 2000, 61(1): 108-143.

[106] KRISHNA S N. Universality results for P systems based on brane calculi operations[J]. Theoretical Computer Science, 2007, 371(1): 83-105

[107] BERNARDINI F, GHEORGHE M. Cell communication in tissue P systems: Universality results[J]. Soft Computing, 2005, 9(9): 640-649.

[108] NISHIDA T Y. Membrane algorithms: Approximate algorithms for NP-complete optimization problems[M]. Berlin: Springer, 2006: 303-314.

[109] NISHIDA T Y. Membrane algorithms[C]//International Workshop on Membrane Computing. Berlin: Springer, 2005: 55-66.

[110] NISHIDA T Y. An application of P system: A new algorithm for NP-complete optimization problems[C]// Proceedings of the 8th World Multi-conference on Systems, Cybernetics and Informatics Orlando, 2004, 5: 109-112.

[111] ZHANG G X, GHEORGHE M, WU C Z. A quantum-inspired evolutionary algorithm based on P systems for knapsack problem[J]. Fundamenta Informaticae, 2008, 87(1): 93-116.

[112] SUN Y, ZHANG L, GU X. Membrane computing based particle swarm optimization algorithm and its application[C]//IEEE Fifth International Conference on Bio-Inspired Computing: Theories and Applications, Changsha China, 2010: 631-636.

[113] PENG H, SHAO J, LI B, et al. Image thresholding with cell-like P systems[J]. Proceedings of the Tenth Brainstorming Week on Membrane Computing, 2012(2): 75-88.

[114] ZAHARIE D, CIOBANU G. Distributed evolutionary algorithms inspired by membranes in solving continuous optimization problems[C]//International Workshop on Membrane Computing. Berlin: Springer, 2006: 536-553.

[115] LIU C, HAN M, WANG X. A novel evolutionary membrane algorithm for global numerical optimization[C]// International Conference on Intelligent Control and Information Processing, Dalian, China, 2012: 727-732.

[116] LIANG H, LEI S, NING W, et al. Multiobjective optimization of simulated moving bed by tissue P system[J]. Chinese Journal of Chemical Engineering, 2007, 15(5): 683-690.

[117] HUANG L, WANG N, ZHAO J H, et al. Multiobjective optimization for controller design[J]. Acta Automatica Sinica, 2008, 34(4): 472-477.

[118] YIN X C, LIANG Q, HAILING Z. A distributed approach inspired by membrane computing for optimizing bijective S-boxes[C]// 27th Chinese. Control Conference, 2008. IEEE, 2008: 60-64.

[119] HUANG L, SUH I H. Controller design for a marine diesel engine using membrane computing[J].

International Journal of Innovative Computing Information and Control, 2009, 5(4): 899-912.

[120] HUANG L, SUH I H, ABRAHAM A. Dynamic multi-objective optimization based on membrane computing for control of time-varying unstable plants[J]. Information Sciences, 2011, 181(11): 2370-2391.

[121] ZHANG G, CHENG J, GHEORGHE M, et al. A hybrid approach based on differential evolution and tissue membrane systems for solving constrained manufacturing parameter optimization problems[J]. Applied Soft Computing, 2013 13(3): 1528-1542.

[122] ZHANG G, RONG H, CHENG J, et al. A population-membrane-system-inspired evolutionary algorithm for distribution network reconfiguration[J]. Chinese Journal of Electronics, 2014, 23(3): 437-441.

[123] BOLLOBÁS B, BÉLA B. Random graphs[M]. Cambridge: Cambridge University Press, 2001.

[124] ALBERT R, BARABÁSI A L. Statistical mechanics of complex networks[J]. Reviews of Modern Physics, 2002, 74(1): 47.

[125] MOLLOY M, REED B. A critical point for random graphs with a given degree sequence[J]. Random Structures and Algorithms, 1995, 6(2-3): 161-180.

[126] CLAUSET A, NEWMAN M E J, MOORE C. Finding community structure in very large networks[J]. Physical Review E, 2004, 70(6): 066111.

[127] KOTYK A. Cell membrane transport: Principles and techniques[M]. Berlin: Springer Science and Business Media, 2012.

[128] YANG X S. Firefly algorithm, Levy flights and global optimization[M]//Research and development in intelligent systems XXVI. Berlin: Springer, 2010: 209-218.

[129] HAKLI H, UĞUZ H. A novel particle swarm optimization algorithm with Levy flight[J]. Applied Soft Computing, 2014, 23: 333-345.

[130] MANTEGNA R N. Fast, accurate algorithm for numerical simulation of Levy stable stochastic processes[J]. Physical Review E, 1994, 49(5): 4677.

[131] KARABOGA D, AKAY B. Artificial bee colony (ABC), harmony search and bees algorithms on numerical optimization[C]//Innovative Production Machines and Systems Virtual Conference, Cardiff, UK, 2009.

[132] LIANG J J, SUGANTHAN P N, DEB K. Novel composition test functions for numerical global optimization[C]//Proceedings 2005 IEEE Swarm Intelligence Symposium, Pasadena, CA, USA, 2005: 68-75.

[133] TESSEMA B, YEN G G. A self adaptive penalty function based algorithm for constrained optimization[C]// IEEE Congress on Evolutionary Computation, 2006:246-253.

[134] RUNARSSON T P, XIN Y. Search biases in constrained evolutionary optimization[J]. IEEE Transactions on Systems Man and Cybernetics Part C, 2005, 35(2): 233-243.

[135] MALLIPEDDI R, SUGANTHAN P N. Ensemble of constraint handling techniques[J]. IEEE Transactions on Evolutionary Computation, 2010, 14(4): 561-579.